Michael Dell
Direkt von Dell

W0056997

SERIE

PIPER

Zu diesem Buch

Die Zahlen sind mehr als beeindruckend: Gewinne und Umsätze von Dell Computer brechen schon seit Jahren alle Rekorde. Auch auf den Hitlisten der Wirtschaftsmagazine steht Dell ganz oben. Worin liegt das Erfolgsgeheimnis von Dell? Gegründet wurde das Unternehmen 1984 von Michael Dell, der auch heute noch die Fäden in der Hand hält. Seitdem setzt das Unternehmen auf den Direktvertrieb über Telefon, Fax und Internet sowie auf die Erfüllung individueller Kundenwünsche – jeder gelieferte PC ist praktisch ein Unikat. In diesem Buch erläutert Michael Dell sein Strategiekonzept, das direkte Geschäftsmodell, das die gesamte Computerindustrie revolutioniert hat. Unternehmer und Manager aller Branchen finden hier wertvolle Anregungen für ihre Geschäftstätigkeit.

Michael Dell, Gründer, CEO und Chairman von Dell Computer, ist der amerikanische Vorzeigeunternehmer schlechthin. Im Alter von 19 Jahren begann er mit dem Verkauf von Computern, heute gehört er zu den erfolgreichsten Unternehmern der USA und ist laut »Fortune« der drittreichste Mann der amerikanischen Geschäftswelt.

Michael Dell

mit Catherine Fredman

Direkt von Dell

Die Erfolgsstrategie eines Branchenrevolutionärs

Aus dem Englischen von
Frank Baeseler

Piper München Zürich

Ungekürzte Taschenbuchausgabe
Piper Verlag GmbH, München
Januar 2003
© 1999 Michael Dell
Titel der amerikanischen Originalausgabe:
»Direct From Dell«, HarperBusiness, New York
© der deutschsprachigen Ausgabe:
1999 Campus Verlag GmbH, Frankfurt am Main
Umschlag/Bildredaktion: Büro Hamburg
Isabel Bünermann, Julia Martinez/
Charlotte Wippermann, Katharina Oesten
Satz: Frank Baeseler Communication, Börm
Druck und Bindung: Clausen & Bosse, Leck
Printed in Germany   ISBN 3-492-23768-1

www.piper.de

In Liebe widme ich dieses Buch meiner Familie:
Susan, Kira, Alexa, Zachary und Juliette

Inhalt

Vorwort

» Es hat mich schon immer begeistert,
überflüssige Schritte zu vermeiden.«

Als ich in der dritten Schulklasse war, bewarb ich mich um ein High-School-Diplom. Hinten in einer Zeitschrift hatte ich eine Anzeige gefunden: »Erwerben Sie Ihr High-School-Diplom durch das erfolgreiche Bestehen eines einzigen Tests«. Nicht, dass ich etwas gegen die Schule hatte, ich fühlte mich in der dritten Klasse wohl, zumal gute Schulbildung in meiner Familie etwas zählt.

Aber in diesem Alter war ich ungeduldig und neugierig zugleich. Wenn es schon eine Möglichkeit gäbe, etwas schneller und einfacher zu erreichen, wollte ich sie auch ausprobieren. Es erschien mir eine ziemlich gute Idee zu sein, neun lange Schuljahre mit einem »einfachen Test« abzukürzen. An einem der folgenden Abende stand eine Dame vom Testinstitut vor der Haustür meiner Eltern in Houston. Meine Mutter öffnete und die Dame fragte höflich nach Mr. Michael Dell. Zuerst war meine Mutter etwas verwirrt, aber nach einigen Fragen verstand sie, worum es ging.

»Er liegt gerade in der Badewanne, aber ich rufe ihn«, sagte sie. Als ich dann herauskam, muss die Dame ziemlich überrascht gewesen sein – vor ihr stand ein Achtjähriger in einem roten Frottee-Bademantel.

Meine Eltern und auch die Dame vom Testinstitut dachten, dass meine Bewerbung für den Test nur ein Jux gewesen sei. Doch ich hielt dies für eine ganz ernste Angelegenheit.

Schon von frühester Kindheit an begeisterte mich die Idee, unnötige Schritte vermeiden zu können. Deshalb überrascht es wohl auch kaum, dass ich ganz bewusst die Mittelsmänner überging, als ich ein eigenes Unternehmen gründete. Dell verkauft direkt an seine Kunden, verhandelt direkt mit den Lieferanten und kommuniziert direkt mit seinen Mitarbeitern – ohne überflüssige und ineffiziente Zwischenstationen. Diese Vorgehensweise heißt bei uns »das direkte Modell« und hat uns, um eine bei Dell geläufige Wendung zu zitieren, »direkt nach oben« gebracht.

Wir wurden 1998 der weltweit zweitgrößte Hersteller und Vermarkter von Personal Computern. In diesem Jahr wuchsen wir fünfmal schneller als der Branchendurchschnitt. Unsere Aktien stiegen um 200 Prozent – die größte je erreichte Kurssteigerung in den S&P 500 und den NASDAQ 100.

Man hat uns oft gesagt, dass das, was wir vorhatten, unmöglich sei. Tatsächlich hängt unser Erfolg teilweise davon ab, dass wir Dinge nicht nur anders sehen können, sondern sie auch anders sehen wollen. Ich glaube, dass Chancen zu einem Teil aus Instinkt und zum anderen aus einem »Hineintauchen« bestehen – in eine Branche, in eine Sache oder in einen Bereich, wo man sich auskennt. Dell weiß, dass man Chancen erkennen und wahrnehmen kann, von denen andere glauben, daß es sie überhaupt nicht gibt. Man muss weder ein Genie oder ein Visionär sein, noch muss man ein Hochschulstudium abgeschlossen haben, um unkonventionell denken zu können. Man benötigt nur einen klar abgegrenzten Rahmen und einen Traum.

In diesem Buch finden Sie weder meine Memoiren noch die vollständige Geschichte der Dell Computer Corporation. Stattdessen soll Ihnen das Buch dabei helfen, selbst ein wettbewerbsfähiges Profil zu entwickeln und zu schärfen, unabhängig davon, in welchem Bereich Sie arbeiten und welche Position Sie einnehmen. Wir haben in der Computerbranche Erfolg gehabt, aber Möglichkeiten zu erkennen und einzuschätzen sind Fähigkeiten, die überall anwendbar sind, sofern man neugierig ist und sich voll einsetzen will. Und wegen der einzigartigen Weise, wie Dell in meiner Mansarde in der Universität von Texas gestartet wurde, ist meine Entwicklung vom Entrepreneur zum CEO fest mit der des Unternehmens gekoppelt.

Wir werden in diesem Buch unsere »Wettbewerbsstrategien« herausarbeiten: Schnelligkeit im Markt, hervorragender Kundenservice, gleichbleibend hohe Qualität, individuell hergestellte Computer, die unseren Kunden höchste Leistung und neueste Technik bieten, sowie die frühe Entdeckung des Internets. Im ersten Teil beschreibe ich, wie diese Strategien, die aus guten und aus schlechten Zeiten erwachsen sind, eingesetzt wurden. Währenddessen wuchs das Unternehmen, veränderte sich und wuchs noch weiter. Im zweiten Teil erfahren Sie, wie wir diese Strategien ausgebaut haben. Und wie wir Technik und Informationen, die wir durch unsere direkte Verbindung mit Mitarbeitern, Kunden und Lieferanten erhielten, innovativ kombinierten. Dell hat seinen eigenen, höchst kritischen Wettbewerbsvorteil entwickelt: Das Unternehmen wuchs zu einer virtuell integrierten Organisation heran.

TEIL I

Die Geburt des direkten Geschäftsmodells

Im Alter von zwölf Jahren entdeckte ich zum ersten Mal die Vorteile – und den Lohn – eines direkten Vorgehens. Der Vater meines besten Freundes in Houston war begeisterter Briefmarkensammler und so kam es, dass auch mein Freund und ich Briefmarken sammeln wollten. Um mein Hobby zu finanzieren, nahm ich einen Job als Tellerwäscher in einem Chinarestaurant um die Ecke an. Spaßeshalber stöberte ich damals in Briefmarkenzeitschriften und stellte schnell fest, dass die Preise stiegen. Schon bald ging mein Interesse an Briefmarken über den reinen Sammelspaß hinaus. Ich erkannte hier etwas, das meine Mutter, ihres Zeichens Börsenmaklerin, häufig als »kommerzielle Möglichkeit« bezeichnet hätte.

In unserer Familie waren wir von »kommerziellen Möglichkeiten« nur so umgeben. Die Gespräche beim Essen drehten sich in den siebziger Jahren um das, was der Chef der Zentralbank tat und welchen Einfluss seine Entscheidungen auf die Wirtschaft und die Inflationsrate nehmen könnten; um die Ölkrise und darum, in welche Unternehmen man investieren und welche Aktien man kaufen und verkaufen sollte. In dieser Zeit boomte die Wirtschaft in Houston und der Markt für alles Sammelbare war äußerst lebhaft. Aus allem, was ich las und hörte, schloss ich, dass der Wert von Briefmarken stetig stieg. Und da ich ein ziemlich ökonomisch denkendes Kind war, sah ich darin eine Chance für mich.

Mein Freund und ich hatten bereits Briefmarken auf einer Versteigerung gekauft, und da ich wusste, dass kaum jemand etwas umsonst macht, ging ich davon aus, dass die Auktionäre erhebliche Provisionen bekamen. Ich malte mir aus, dass es reizvoller sein könnte, die Marken selbst zu kaufen und zu verkaufen und die Provision selbst einzustreichen. Außerdem könnte ich dabei noch mehr über Briefmarken erfahren. Ich war also im Begriff, mein allererstes Geschäft anzugehen.

Zunächst konnte ich einige Leute aus der Nachbarschaft überzeugen, mir ihre Briefmarken in Kommission zu geben. Danach inserierte ich »Dell's Stamps« im *Linn's Stamp Journal*, dem damaligen Fachblatt für Briefmarkenhändler. Und dann tippte ich (mit einem Finger) einen zwölfseitigen Katalog (ich konnte weder Maschineschreiben noch besaß ich einen Computer) und startete eine Mailing-Aktion.

Zu meiner Überraschung kam ein Gewinn von 2 000 Dollar dabei heraus. Ich lernte also früh und auf recht eindrucksvolle Weise, wie vorteilhaft es ist, Mittelsmänner und Zwischenhändler auszuschalten. Und erfuhr eindrucksvoll, wie lohnenswert es ist, sich für eine Idee stark zu machen.

Das Muster erkennen

Einige Jahre später erkannte ich eine noch größere Chance: Als ich 16 Jahre alt war, verkaufte ich während der Sommerferien Zeitungsabonnements für *The Houston Post*. Damals erhielten die Verkäufer der Zeitungsabonnements eine Liste mit allen neuen Telefonanschlüssen, und man sagte uns, wir sollten die Leute anrufen. Mir erschien dieses Vorgehen zu zufallsabhängig, um erfolgreich Neukunden zu gewinnen. Schon bald erkannte ich ein Muster, das sich aus den Gesprächen mit potentiellen Neukunden ergab. Es gab zwei verschiedene Kundentypen für Abonnements der *Post*: Kunden, die gerade geheiratet hatten, und Kunden, die in neue Häuser oder Wohnungen eingezogen waren. Das im Hinterkopf, fragte ich mich: »Wie kannst du herausbekommen, wer Hypotheken aufnehmen oder heiraten will?«

Ich machte mich schlau und fand heraus, dass ein Paar vor der Heirat beim Standesamt ein Aufgebot bestellen musste. Hier musste es auch seine Adresse angeben. Und diese Daten kann im Staat Texas jeder einsehen, der es will. Also heuerte ich einige meiner Schulkollegen an und dann grasten wir 16 Gemeinden in der Umgebung von Houston ab und notierten Namen und Anschriften der neu oder in Kürze verheirateten Paare.

Ich fand heraus, dass es Firmen gab, die Listen derjenigen Leute zusammenstellten, die eine Hypothek beantragt hatten. Diese Listen waren nach Höhe der Hypothek sortiert. Man konnte also ganz einfach diejenigen mit den höchsten Hypotheken herausfiltern und dadurch gezielt die finanzkräftigen Kunden ansprechen.*

Ich sprach diese potentiellen Kunden an, indem ich ein persönliches Anschreiben entwarf und darin ein Abonnement der Tageszeitung anbot.

Inzwischen war der Sommer vorbei und die Schule fing wieder an. So wichtig die Schule auch war: Sie unterbrach mein regelmäßiges Einkommen. Da ich ziemlich hart für mein lukratives System gearbeitet hatte, wollte ich es nicht einfach aufgeben. Also arbeitete ich den größten Teil der Bestellungen abends nach der Schule und den Rest samstagvormittags ab. Ich konnte Tausende von Abonnements abschließen.

Eines Tages konfrontierte uns unsere Lehrerin für Geschichte und Wirtschaftskunde mit einem Projekt, bei dem wir unsere Steuererklärung ausfüllen mussten. Ausgehend von meinem Abonnementverkauf hatte ich in diesem Jahr ein Einkommen von ungefähr 18 000 Dollar. Zuerst korrigierte mich meine Lehrerin – sie ging davon aus, dass ich mich bei den Dezimalstellen vertan hatte. Als sie jedoch erkannte, dass dem so nicht war, staunte sie noch mehr: Sie musste feststellen, dass ich mehr Geld verdiente als sie selber.

---

* Das war meine erste Erfahrung mit dem, was ich später als »Marktsegmentierung« bezeichnete – eine der wichtigsten Erfolgsstrategien für Dell.

Der erste Computer

Ich entdeckte bald ein neues Hobby: Computer. In Wahrheit reicht mein Interesse an Computern noch weiter zurück. Als ich sieben Jahre alt war und meinen ersten Taschenrechner kaufte, faszinierte mich die Idee dieser Maschine, die Dinge berechnen konnte. In der Grundschule zählte ich zu den Besten und gehörte dem *Number Sense Club* an. Seine Mitglieder lösten komplizierte mathematische Probleme ohne technische Hilfsmittel und traten in Mathewettbewerben gegeneinander an. Unser »Trainer«, die Mathematiklehrerin Mrs. Darby, installierte das erste Teletype-Terminal in unserer Schule. Wer nach dem Unterricht länger blieb, konnte an dieser Maschine herumspielen und Programme schreiben. Oder man ließ Gleichungen berechnen. Es war wirklich das Erstaunlichste, was ich je gesehen hatte.

Ich hielt mich immer öfter bei Radio Shack auf und spielte dort mit den Computern. Und ich begann, Geld für meinen eigenen Rechner zu sparen. Damals war der Apple der beliebteste Computer in den Vereinigten Staaten. Gleichzeitig gab es eine Menge Software dafür und das war wichtig. Das Beste am Apple II war jedoch, dass er nicht so kompliziert aufgebaut war wie die heutigen Computer. Jeder Schaltkreis befand sich auf einem eigenen Chip und man konnte ganz einfach das Gehäuse öffnen und herausfinden, wie er funktionierte. Die Zeitschrift *Byte* berichtete regelmäßig über die aktuellsten Komponenten und die Halbleiterhersteller veröffentlichten Datenblätter, in denen die Bauweise bestimmter Chips offen gelegt und bis ins Detail erklärt wurde. Man musste nur ein Datenbuch aufschlagen um herauszufinden, was ein 74LS07 machte und wo seine In- und Outputs waren. Ich erinnere mich an einen Artikel in *Byte* über das erste $5\frac{1}{4}$-Zoll-Diskettenlaufwerk von Shugart; ich fand das unglaublich toll.

Ich nervte meine Eltern regelmäßig mit der Bitte, mir einen eigenen Computer kaufen zu dürfen. Schließlich, an meinem 15. Geburtstag, sagten sie »Ja«. Damals hatte ich noch keinen Führerschein, aber ich konnte das Eintreffen meines Computers nicht abwarten. Also fuhr mein Vater mit mir direkt zur UPS-Niederlassung, um den Computer dort abzuholen. Als wir in unsere Garageneinfahrt fuhren, sprang ich aus dem Wagen, schleppte die wertvolle Fracht in mein Zimmer und zerlegte meinen Computer ganz genüsslich.

Meine Eltern waren außer sich. Ein Apple kostete damals eine Menge Geld. Sie glaubten, ich hätte den Computer zerstört. Dabei wollte ich nur herausfinden, wie er funktioniert.

Wie bei den Briefmarken entwickelte sich meine Computerfaszination schnell vom Hobby zur Geschäftsmöglichkeit. IBM brachte 1981 den PC heraus und schon bald wechselte ich von Apple zu IBM. Im Vergleich zum Apple, für den es damals vorwiegend viele Spiele gab, war der IBM leistungsstärker. Der IBM-PC bot Software für Geschäftsanwendungen an, und obwohl ich noch nicht viel Erfahrung im Business hatte, genügte mir das um zu wissen, dass dieser PC die einzig *richtige* Wahl für die kommerzielle Anwendung werden würde.

Ich wollte so viel wie möglich über PCs erfahren und kaufte alles zusammen, was einen PC leistungsstärker machte – mehr Speicher, Diskettenlaufwerke, größere Monitore und schnellere Modems. (Damals hatten Personal Computer noch keine Festplatten – es gab also nur wenig Optionen). Ich erweiterte meinen PC so wie andere Tuning an ihrem Auto betrieben. Anschließend verkaufte ich den Computer mit Gewinn und fing wieder von vorne an. Schon bald kaufte ich meine Teile bei Distributoren als Bulk-Ware, um die Kosten zu reduzieren. Meine Mutter beschwerte sich, weil mein Zimmer sich mehr und mehr in eine Werkstatt verwandelte.

Zufällig fand die National Computer Conference im Juni 1982 im Astrodome von Houston statt – vier Monate, nachdem ich meinen Führerschein gemacht hatte. (Die NCC wurde danach durch die Comdex ersetzt). Ich schwänzte die Schule, um daran teilnehmen zu können; meine Eltern kamen nie dahinter. Es war eine unglaubliche Erfahrung, die mir die Augen öffnete.

Ich hatte viel Zeit in Computerläden verbracht und bereits mit Distributoren von Bauelementen verhandelt, hatte bis zu diesem Zeitpunkt aber noch keinen Kontakt zur Computerindustrie. Auf der NCC wurden die neuesten Prototypen und Technologien vorgestellt, die schon bald danach auf den Markt kommen sollten. Hier sah ich auch die erste 5-Megabyte-Festplatte. (Heute verkauft Dell ganz normale Personal Computer mit 18-Gigabyte-Festplatten – sie sind mehr als dreitausendmal so groß!) Ich erinnere mich an den Besuch des Messestands der Firma Seagate, an dem ich fragte, was die Platte kosten solle. Ich erinnere mich noch – es waren einige Tausend Dollar. Man stellte mir die Gegenfrage: »Sind Sie ein OEM*?« Ich wusste damals überhaupt nicht, was ein OEM war. Ich begann das Computergeschäft zu verstehen.

Schließlich hatte ich genug Geld für eine Festplatte zusammengespart. Ich baute mit ihr ein Netzwerk auf, über das ich Neuigkeiten mit anderen Computer-Interessierten austauschte. Und während ich die unterschiedlichen Informationen über PCs verglich, stellte ich fest, dass es große Abweichungen beim Verkauf und bei der Ausstattung dieser Geräte gab.

Der IBM PC wurde im Handel normalerweise für 3 000 Dollar angeboten. Die einzelnen Komponenten konnte man dagegen für 600 bis 700 Dollar erstehen und außerdem stammte die Technologie nicht von IBM. (Ich wusste, was die Komponenten kosteten und wer sie herstellte, da ich Computer zerlegte und erweiterte). Das Ganze schien mir wenig Sinn zu machen.

Ebenso wenig überzeugend war es, dass die Verkäufer in den Computergeschäften ziemlich wenig über PCs wussten. Die meisten hatten vorher Stereoanlagen oder Autos verkauft und glaubten, dass Computer das nächste »große Geschäft« sein würden. »Warum nicht, die verkaufen wir auch noch«. In Houston schossen Hunderte von Computergeschäften aus dem Boden. Diese Händler zahlten 2 000 Dollar an IBM, verkauften den PC für 3 000 Dollar und machten auf die Schnelle 1 000 Dollar Gewinn. Dabei boten sie dem Kunden nur einen geringen oder gar keinen Support, also Serviceleistungen, an. Trotzdem machten sie viel Geld, weil viele einen Computer haben wollten.

---

* »Original Equipment Manufacturer« (OEM = Hersteller von Originalausrüstung), ein Begriff, der in der Computerbranche so geläufig ist wie »Gewinn und Verlust«.

Zu dieser Zeit kaufte ich bereits die gleichen Komponenten ein, die in diesen Rechnern verbaut waren, ich erweiterte meine PCs und verkaufte sie an Bekannte. Schließlich stellte ich fest, dass ich bei höheren Stückzahlen mit den Computergeschäften konkurrieren könnte – nicht nur über den Preis, sondern auch in puncto Qualität. Dabei könnte ich auch einen schönen kleinen Gewinn erzielen und mir all die Dinge leisten, von denen High-School-Kids träumen.

Allerdings gingen meine Überlegungen noch etwas weiter. Ich erkannte, dass hier ein enormes Potential lag.

Ich war sowohl unruhig als auch begeistert, als ich mir die vielen Möglichkeiten vor Augen hielt. Aber es gab noch viele Fragen: »Reicht mein Wissen aus? Was muss ich noch lernen? Und wie?«

Doch meine Eltern erhoben Einspruch. Sie wollten, dass ich ein Examen an der Universität von Texas mache, so wie mein älterer Bruder. Und so geschah es auch. Ich machte mich auf zum College – in meinem weißen BMW, den ich mir aus den Verkäufen der Zeitungsabonnements geleistet hatte, und mit drei Computern im Fond. Meine Mutter war wohl ein bisschen misstrauisch.

Eine gute Idee nimmt Form an

Ich nahm das College ernst. Ich besuchte die Seminare und erledigte meine Arbeit. Ich wäre der Letzte, der dafür plädiert, dass junge Menschen die Chancen zu einer guten Ausbildung nicht wahrnehmen sollten. Aber mein erstes Jahr war ziemlich langweilig, verglichen mit der Idee, ein eigenes Geschäft zu starten – und nicht irgendein Geschäft, sondern eines, bei dem die Erfolgschancen so offensichtlich waren. Zum Glück ist die Universität von Texas sehr groß – niemand weiß so genau, was der andere wirklich macht: Man kann also einiges nebenher unternehmen. Zum Beispiel ein Unternehmen gründen.

Ich muss schon ziemlich merkwürdig ausgesehen haben – über den Campus eilend, Bücher in der einen und ein Päckchen Speicherbausteine in der anderen Hand. Ich besuchte die Seminare und zog mich danach in meine Mansarde zurück, um Computer aufzurüsten. Zu dieser Zeit hatte sich meine Idee bereits verselbständigt und Geschäftsleute (keine Studenten) – Anwälte und Ärzte aus der Umgebung – kamen vorbei, um bei mir ihre Computer abzuholen.

Der Staat Texas schreibt Aufträge öffentlich aus. Jeder Händler kann sein Angebot für Staatsaufträge einreichen. Ich besorgte mir also einen Gewerbeschein. Ohne die laufenden Kosten eines Computerladens würde ich leistungsstärkere Computer zu niedrigeren Preisen anbieten können. Ich erhielt eine Menge Aufträge.

Im November desselben Jahres (1983 – ich war gerade 18 Jahre alt) kamen meine Eltern dahinter, dass ich an den Seminaren kaum noch teilnahm und immer weniger Scheine machte. Sie flogen zu einem Überraschungsbesuch nach Austin. Ich erinnere mich, dass Sie mich vom Flughafen aus anriefen, um mir zu sagen, dass sie gerade gelandet seien. Ich hatte kaum Zeit, die vielen Computer hinter dem Duschvorhang im Badezimmer meines Mitbewohners zu verstecken, als sie bereits eintrafen. Trotzdem war nur zu offensichtlich, dass in diesem Zimmer nur wenig studiert wurde.

Mein Vater fing an: »Du musst mit diesen Computern aufhören und dich auf dein Studium konzentrieren! Setze klare Prioritäten. Was willst du denn aus deinem Leben machen?« »Ich will mit IBM konkurrieren!« antwortete ich. Er war wenig erfreut.

Ich erklärte mich einverstanden, mit dem »Computerzeug« aufzuhören – nur um meine Eltern zu beruhigen. Und ich versuchte es tatsächlich – drei ganze Wochen lang. Aber allen guten Vorsätzen zum Trotz konnte ich es nicht lassen. Im Dezember wusste ich dann, dass meine Computerfaszination nicht nur ein Hobby oder eine vorübergehende Phase war. Ich war mir ganz sicher, dass ich eine fantastische Geschäftsmöglichkeit nicht an mir vorübergehen lassen durfte. Da gab es ein Gerät, das die Arbeitsweise von Menschen grundlegend verändern konnte – und die Kosten dafür sanken. Ich wusste, dass dieses Werkzeug, das bisher nur einige wenige Auserwählte besaßen, für jeden verfügbar werden könnte: für große und kleine Firmen, für Privatleute und für Studenten gleichermaßen. Der Computer würde sich als die wichtigste technische Entdeckung dieses Jahrhunderts erweisen.

Allerdings konnte ich damals noch nicht einschätzen, wie groß diese Chance tatsächlich sein würde. Ich war nicht sicher, wie sich die Technik entwickeln würde. Aber auch ohne über die Einzelheiten Bescheid zu wissen war mir klar, dass dies etwas ganz Wichtiges war. Damals gab es mehr unbekannte als bekannte Größen. Welche Hürden würde es beim Eintritt in diese explodierende Branche geben? Wie könnte ich das Kapital aufbringen, wie viel würde ich benötigen und wie schnell würde der Markt wachsen?

Aber ich war entschlossen es zu wagen: bessere Computer als IBM zu bauen, dem Kunden durch Direktverkauf einen größeren Wert und einen besseren Service anzubieten – ich wollte die Nummer 1 in der Branche werden.

Ich erzählte nur meinen Eltern von der Idee – bestimmt hätte mich jeder andere für verrückt erklärt. Doch ich sah eine ganz konkrete Möglichkeit. Und ich fühlte, dass der Zeitpunkt genau richtig war.

Die große Chance wird klarer

Ich sah also eine große Möglichkeit, Computertechnik sehr viel effizienter anbieten zu können. Das war die Grundidee für die Dell Computer Corporation und die Basis für das, mit dem wir uns seitdem beschäftigen.

In der Computerindustrie baut normalerweise ein Hersteller die Computer zusammen, um sie dann über Großhändler und Händler an Unternehmen und Endverbraucher weiterzuverkaufen. In den Anfangsjahren hatten Unternehmen wie Apple und IBM ihre Computer über Computerhändler verkauft, da man über ein dichtes Händlernetz eine landesweite Distribution sicherstellen wollte. Als IBM den Original-IBM-PC einführte, entschied man sich ebenfalls für diese Vertriebsschiene, obwohl IBM über die weltweit beste Verkaufsorganisation verfügte. Da damals alle Marktführer über den Handel verkauften, glaubte jeder, dass dieser indirekte Weg der einzig mögliche sei.

Es war eine Verbindung zwischen dem unbekannten Käufer und dem unwissenden Verkäufer – ich wusste, dass sie nicht von langer Dauer sein könnte. Ich bin mit Computern aufgewachsen. Jedes Papier, das ich in der High School abgeben musste, wurde mit einem Computer geschrieben. Sie gehörten bereits zum festen Bestandteil meines Lebens und mir war klar, dass es nur eine Frage der Zeit sein konnte, bis jedes Unternehmen, jede Schule und sogar jede Privatperson nicht mehr ohne einen Computer auskommen konnte. Bereits 1984 galt die Prognose: »In zehn Jahren wird es Millionen von Computeranwendern geben.« Damals konnte ich – im Gegensatz zu heute – allerdings noch nicht davon ausgehen, dass im Jahr 2008 durchaus 1,4 *Milliarden* PCs im Einsatz sein könnten. Aber ich war immerhin sicher, dass es ein großer Markt werden würde. Und ich wusste – auf Grund meiner Erfahrung als Anwender und meiner eingeschränkten Erfahrungen mit Kunden – dass derlei Wissen und Erwartungen mit jedem Jahr steigen würden.

Ich begann mein Geschäft mit einer einfachen Frage: »Wie können wir Computer besser verkaufen?« Die Antwort war: »Verkaufe sie direkt an den Endverbraucher! Vermeide die Preisaufschläge des Handels und gib die Einsparungen an den Kunden weiter.«

Mir kam gar nicht der Gedanke, dass andere das nicht wüssten – es war doch so offensichtlich. Wenn ich mir die Zeit genommen hätte nachzuforschen, hätten bestimmt viele gesagt, dass meine Idee nicht funktionieren könnte – so, wie ich es während der 15 Jahre nach meinem Geschäftsstart häufig gehört habe.

Manchmal ist es besser, nicht zu fragen oder zuzuhören. Besonders, wenn man nur hört, dass etwas so nicht gehen kann. Ich habe weder Erlaubnis noch Bestätigung gesucht. Ich habe einfach losgelegt.

Es wird offiziell

Am 2. Januar 1984 fuhr ich vor Seminarbeginn nach Austin zurück und bereitete die Geschäftsgründung vor. Ich ließ meine Firma vom Staat Texas als »PC's Limited« registrieren. Und ich gab eine Anzeige in unserer regionalen Tageszeitung auf.

Aufbauend auf bereits bestehenden Kundenkontakten und die kleine Anzeige machte ich schnell einen guten Umsatz in der Region Austin – monatlich zwischen 50 000 und 80 000 Dollar mit aufgerüsteten PCs, Erweiterungskits und Zusatzkomponenten. Kurz nach Schulbeginn konnte ich aus dem vollgestopften Mansardenzimmer, das ich mit einem Kommilitonen teilte, in ein Apartment mit normaler Zimmerhöhe und zwei Schlafzimmern umziehen. (Allerdings verschwieg ich einige Monate den Umzug gegenüber meinen Eltern).

Anfang Mai, etwa eine Woche vor den Abschlussprüfungen für das erste Studienjahr, ließ ich die Firma als »Dell Computer Corporation« eintragen und gab an, dass sie ihre Geschäfte als »PC's Limited« ausführte. Das im Staat Texas erforderliche Einlagekapital von 1 000 Dollar war gleichzeitig mein Startkapital. Wir zogen mit unserer Firma von meinem Campus-Apartment in ein 300 Quadratmeter großes Büro in einem kleinen Geschäftszentrum in Nord-Austin um. Ich stellte einige Leute ein, die am Telefon die Aufträge entgegennehmen sollten und einige Mitarbeiter für die Abwicklung dieser Aufträge. Die Fertigung bestand aus drei Jungs mit Schraubenziehern, die an zwei Meter langen Tischen saßen und die Computer aufrüsteten. Das Geschäft wuchs ständig und ich begann darüber nachzudenken, welches zusätzliche Potential wir ausschöpfen könnten, wenn ich mich rund um die Uhr um die Firma kümmern würde.

Wo ich herkomme, da bricht man ein Studium nicht einfach ab. Es wäre also unmöglich gewesen, meinen Eltern ein Einverständnis abzuringen. Deshalb tat ich es einfach – ohne Rücksicht auf die Folgen. Ich beendete mein erstes Studienjahr und verließ das College. Nach einer Weile vergaben mir meine Eltern. Und etwas später vergab ich auch ihnen.

Heute werde ich gefragt, ob ich damals Angst gehabt hätte. Sicher – aber fast jeder wird durch Angst irgendwie motiviert. Ich hatte Angst, keinen guten Job zu machen, und Angst, dass mein Geschäft ein kompletter Misserfolg werden könnte. Allerdings waren in meinem Fall die negativen Aspekte überschaubar. Die Universität von Texas hat ein großartiges Programm, das Studenten die Möglichkeit gibt, ein Semester auszusetzen, ohne irgendwelche Nachteile befürchten zu müssen. Das gab mir den Freiraum, mein Unternehmen zu gründen, ohne befürchten zu müssen, die Chance auf eine Fortsetzung des Studiums zu verlieren. Ich konnte also nicht allzu viel verlieren, außer dass ich vielleicht auf einige Parties mit Studienkollegen verzichten musste. Und sollte der Laden nicht laufen, würde ich getrost die Pläne meiner Eltern weiterverfolgen und mit dem Medizinstudium beginnen.

Es stellte sich heraus, dass das Timing für PC's Limited nicht besser hätte sein können. Um mich herum gab es viele Leute, die sich mehr und mehr für Computer interessierten, die immer mehr darüber wussten und die nach leistungsfähigeren Versionen der IBM PCs suchten. Doch IBM stellte diese Geräte nicht her. Außerdem funktionierte der Vertrieb dieser PCs nicht, was zu einem großen Ungleichgewicht zwischen Nachfrage und Lieferfähigkeit führte. Ein Computerhändler orderte beispielsweise 100 Computer, erhielt aber nur zehn. Um beim nächsten Mal das zu bekommen, was er benötigte, bestellte er 1 000 Computer. Diesmal erhielt er jedoch 633 Computer, obwohl er tatsächlich nur 100 benötigte. Natürlich drückte ihn der große Lagerbestand und die damit verbundenen Kosten und das führte dazu, dass viele Computer unter Selbstkosten verkauft wurden. Das war dann der sogenannte »graue IBM-Markt«. Diese heruntergepreisten Computer kauften wir auf, bauten Festplattenlaufwerke ein, erweiterten den Arbeitsspeicher und verkauften die Geräte danach mit Gewinn.

Obwohl das ein einträgliches Geschäft war, wurde uns nach nur sieben oder acht Monaten klar, dass die Herstellung eigener PCs noch bessere Möglichkeiten bieten würde. Eines Tages fand ich in einer Elektronikzeitschrift einen Artikel über einen Chipset für Computer. Heute weiß jeder, der im Computergeschäft tätig ist, was ein Chipset ist, aber als Gordon Campbell sein Unternehmen mit dem Namen Chips & Technologies startete, war diese Idee neu. Er wollte die 200 Chips, die für die Herstellung eines PCs auf Basis des Intel-286-Mikroprozessors benötigt wurden, auf nur fünf oder sechs ASIC-Chips (ASIC = Application Specific Integrated Circuit) zusammenfassen. Ein derartiger Chipset würde das PC-Design nicht nur erheblich vereinfachen, sondern es uns ermöglichen, einen eigenen PC zu bauen. Einzige Voraussetzung dazu wären eben diese Chipsets und einige auf diesem Gebiet erfahrene Ingenieure. (Natürlich stellte sich dann heraus, dass dieser Prozess erheblich komplizierter war, aber das Vorhandensein von Chipsets erleichterte unseren Eintritt in das PC-Geschäft.)

Ich nahm Kontakt zu Campbell auf, erhielt drei oder vier Chipsets und legte sie zur Erinnerung auf meinen Schreibtisch – mit diesen Chips muss irgendetwas geschehen. Dann kontaktierte ich den lokalen INTEL-Verkäufer und fragte: »Wer in dieser Stadt ist in der Lage, das Design für einen 286-Computer zu entwickeln?«

Schließlich erhielt ich die Namen von sechs oder sieben Ingenieuren und Gruppen von Ingenieuren, die als Team arbeiteten. Ich rief sie an und erklärte, dass ich von ihnen das Design für einen PC haben wollte. Ich fragte, was das kosten würde, wie viel Zeit sie benötigten und welche Risiken es dabei gäbe.

Der Ingenieur Jay Bell antwortete: »Das kann ich in einer oder eineinhalb Wochen für 2 000 Dollar machen.«

»Das klingt, als würde ich nicht allzu viel verlieren«, sagte ich. »Ich bin für eine Woche weg. Sie bekommen sofort 1 000 Dollar und den Rest, wenn ich wieder da bin.«

Als ich zurückkam, hatte Jay Bell unseren ersten 286-PC gebaut. Wir waren auf dem richtigen Weg.

Das direkte Geschäftsmodell
auf Expansionskurs

Es gab ganz einfach keine Kurse über Existenzgründung und Unternehmensführung in der High School. Ich musste mir also eine ganze Menge selber beibringen. Und das geschah hauptsächlich durch Ausprobieren, wobei mir allerdings auch viele Fehler unterliefen. Schon zu Beginn lernte ich, dass es einen Zusammenhang zwischen dem »Schlauerwerden« und dem »Lernen« gab: Je mehr Fehler ich machte, desto schneller lernte ich. Sie können sich vorstellen, wie *effizient* ich war.

Ich versuchte mich mit fähigen Ratgebern zu umgeben und setzte alles daran, Fehler nicht zu wiederholen. Zum Glück unterliefen mir keine schwerwiegenderen Fehler. Obwohl erfolgreich, war die Firma noch so klein, dass alle unsere Fehler ohne Auswirkungen blieben – zumindest in der Rückschau. Weil wir so schnell wuchsen, gab es permanente Veränderungen. Wir fragten uns: »Wie können wir das am besten machen?« und hatten sofort eine Antwort parat. Der sich daran anschließende Prozess funktionierte eine Weile – dann mussten wir ihn neu überdenken und etwas anderes ausprobieren. Wir hatten zum Beispiel angefangen, Aufträge per Hand aufzuschreiben und die Zettel an eine Wäscheleine zu hängen. Nach einer Weile sahen wir ein, dass wir die hereinkommenden Aufträge mit diesem System nicht mehr vernünftig abwickeln konnten. Wir stellten deshalb einen jungen Programmierer ein, der uns eine Auftragserfassung schreiben sollte. Da unsere Computer nicht vernetzt waren, sollten die Verkäufer die

Aufträge auf ihren PCs erfassen und ich würde dann die auf Disketten abgespeicherten Aufträge einsammeln und sie in einer Auftragsdatenbank zusammenfassen. Das Ganze war ein großes Experiment.

Ich lernte viele wertvolle Lektionen. Beispielsweise die über das Delegieren. Als ich Student war, plante ich meinen Tag so, dass ich lange schlafen konnte. Als ich jedoch meine Unternehmen gründete, lernte ich früh aufzustehen. Ich war der einzige mit einem Schlüssel und wenn ich verschlafen würde, würden 20 oder 30 Angestellte warten, ohne mit der Arbeit anfangen zu können. Am Anfang öffnete ich die Tür selten vor halb zehn. Daraus wurde neun Uhr und schließlich begannen wir morgens um acht Uhr. Dann übertrug ich jemand anderem die Schlüsselgewalt.

Eines Tages befand ich mich in meinem Büro und war damit beschäftigt, ein kompliziertes Systemproblem zu lösen. Ein Angestellter kam herein und beschwerte sich, dass der Cola-Automat ein 25-Cent-Stück nicht wieder herausgab.

»Warum erzählen Sie das mir?« fragte ich. »Weil Sie den Schlüssel für den Cola-Automaten haben.«

In diesem Augenblick lernte ich, wie sinnvoll es gewesen wäre, jemand anderem die Schlüssel für den Automaten zu überlassen.

Immer weiter wachsen

Die Firma lief großartig – überflüssig zu sagen, dass wir weiter wuchsen. Nur einen Monat, nachdem wir unser 300-Quadratmeter-Büro eingerichtet hatten, zogen wir in ein neues Domizil mit 800 Quadratmetern. Und weitere vier oder fünf Monate später gab es den nächsten Umzug in ein 2 500 Quadratmeter großes Büro. Und nach einem halben Jahr zogen wir erneut um. Wir bauten unsere Telefonanlage aus, unsere Möglichkeiten, unsere organisatorischen Strukturen und vieles andere mehr. Schließlich machten wir den Sprung in ein 10 000 Quadratmeter großes Gebäude. Es war so groß wie ein Fußballfeld und ich konnte mir überhaupt nicht vorstellen, wie wir das jemals vollständig würden nutzen können. Aber schon nach zwei Jahren mussten wir erneut umziehen.

Jetzt entwickelte sich vieles – und es entwickelte sich permanent weiter. In dieser Zeit schälte sich unser Profil heraus. Wir waren damals ein recht risikofreudiges Unternehmen, weshalb wir auch Leute einstellten, die abenteuerlustig und flexibel waren. Natürlich mussten wir in bestimmten Bereichen wie Finanzen, Herstellung und Informationstechnik Leute mit Erfahrung einstellen. In anderen Bereichen hatten wir dagegen mehr Freiheit. Ich erinnere mich daran, wie ich auf dem Fußboden saß, Stapel von Bewerbungen wie Spielkarten sortierte und dachte: »Vielleicht wäre diese Person gut für jenen Job und diese Person für einen anderen Job.« Glücklicherweise waren damals sehr viele talentierte Leute auf Arbeitsuche. Sie kamen aus Firmen vor Ort und von unseren Mitbewerbern. Wir achteten in den Abschlusssemestern der Universität von Texas besonders auf die Studenten, die in der Region bleiben wollten. Damals wussten wir bereits, dass jeder gute Mitarbeiter weitere gute Mitarbeiter nach sich ziehen würde.

Von Beginn an wollten wir anstehende Probleme pragmatisch lösen. Ich fragte immer: »Was ist der effizienteste Weg, dies oder jenes zu bewerkstelligen?« Als Konsequenz daraus verhinderten wir jede Bürokratie, noch bevor sie sich ausbreiten konnte, was wiederum auch Möglichkeiten zum Lernen bot. Unsere Verkaufsmannschaft musste beispielsweise ihre Computer selber einrichten. Das hat den Leuten bestimmt wenig Spaß gemacht, aber es gab ihnen (und uns) einen Einblick in die Kundensituation – schließlich mussten unsere Kunden ihre Computer auch selbst einrichten. Die Verkäufer verstanden danach die Produkte, die sie verkaufen sollten, so gut, dass sie dem Kunden bei der Kaufentscheidung sachkundig helfen und Hardwareprobleme lösen konnten.

Aus dieser Zeit stammt unser Ruf, guten Service zu bieten – eines unserer Mittel, um besser als die Konkurrenten zu sein.

Ab 1985 herrschte in der Computerbranche bereits ein so harter Wettbewerb, dass wir weiterhin innovativ bleiben mussten. Das permanente Hinterfragen konventioneller Denkweisen wurde Teil unserer Unternehmensphilosophie. Und unser explosives Wachstum förderte unseren Zusammenhalt. Alle Mitarbeiter hatten die richtige Einstellung: »Wir schaffen es« war die Devise.

Es gab Zeiten, in denen wir so eng aufeinandersaßen, dass zwei Leute sich eine Mini-Arbeitszelle teilen mussten. Ingenieure halfen aus, wenn die Fertigung nicht nachkam. Jeder sprang ein und beantwortete Anrufe, wenn das Telefonsystem zusammenbrach. Unsere Verkäufer schoben RAMs in Versandhülsen, während sie gleichzeitig weitere Aufträge am Telefon entgegennahmen. (Damals bestanden die RAM-Bausteine aus einzelnen Chips, mit denen der Kunde den Arbeitsspeicher seines PCs ausbauen konnte.)

Wir achteten auch auf die Kosten. Unsere Leute hatten keine Papierkörbe. Stattdessen wurden die Kartons wieder verwendet, in denen uns die Computerteile angeliefert wurden – niemand schien sich darüber zu wundern. Wir gingen einfach davon aus, dass wir etwas völlig Anderes machten, dass wir Teil von etwas ganz Besonderem waren. Diese Einstellung ist bis heute die Grundlage unseres Unternehmens.

Wir fragten uns permanent, wie wir stärker wachsen oder unseren Kunden einen noch besseren Service bieten könnten. Wir haben jedes neue Ziel, das wir uns setzten, auch erreicht. Danach hielten wir dann für einen Augenblick inne und lobten uns gegenseitig, um anschließend neue Ziele anzugehen. Der Mensch scheint gewaltige Energien freizusetzen, wenn er von Kollegen umgeben ist, die hohe Erwartungen an sich selbst und an das Unternehmen stellen. An dem Tag, als wir die erste Million Dollar Umsatz erreicht hatten, brachte jemand kleine Törtchen für die Mitarbeiter mit, auf denen »$ 1 000 000« stand. Wir versuchten eine Atmosphäre zu schaffen, in der man nicht nur seine Zeit absaß und das Gehalt kassierte, sondern in der man Spaß hatte und auch seiner Abenteuerlust häufig freien Lauf lassen konnte.

Das Jahr 1986 war ein weiterer Meilenstein – Lee Walker kam als Präsident zu uns. Lee war erfahren im Umgang mit Risiko-Kapital und vorher im Top-Management in verschiedenen Firmen tätig gewesen. Zum ersten Mal besetzten wir eine Schlüsselposition im Management. Damals war unsere Wachstumsrate gewaltig und wir benötigten dringend Kapital. Eine seiner ersten Handlungen war, dass er einen Freund bei der Texas Commerce Bank anrief und sagte: »Ich habe hier eine tolle Firma und du musst uns einen Kredit einräumen.« Innerhalb von 18 Stunden verfügten wir über ein ausreichendes Kreditlimit.

Lee formte auch unseren Vorstand, als wir 1988 eine Aktiengesellschaft wurden. Wir versuchten eine Wunschliste möglicher Direktoren aufzustellen und landeten bei zwei Namen: George Kozmetsky und Bob Imman. Beide lebten in Austin, wussten gut über die Computerindustrie Bescheid und verfügten über einen ausgezeichneten Background. George war Mitbegründer von Teledyne und hatte als Dekan an der University of Texas School of Business gearbeitet; Bob war der Chef von Westmark Systems, einem privaten Rüstungsunternehmen. Er hatte ausgezeichnete Kontakte zu Regierungsstellen. Lee und ich nahmen uns jeweils einen der beiden vor und nachdem wir ihnen erzählt hatten, was wir bis dato erreicht hatten, stimmten beide zu. Ihre Mitarbeit verschaffte uns einen immensen Schub an Glaubwürdigkeit; junge Firmen wie Dell können normalerweise keinen derart starken Vorstand vorweisen. Als erste Mitglieder halfen George und Bob mit klugen und wertvollen Ratschlägen; sie brachten uns dorthin, wo wir heute stehen.

Das direkte Modell – Version 1.0

Da wir immer sowohl über mögliche Neukunden diskutierten als auch über Kunden, die bereits Computer bei uns gekauft hatten, wussten wir genau, was sie wollten, womit sie zufrieden waren und wo wir Verbesserungen vorzunehmen hatten. Ich fand es immer besser, ein Unternehmen auf Grundlage der *tatsächlichen* Kundenbedürfnisse aufzubauen. Ich wollte nicht erraten, was Kunden *vielleicht* haben wollten. Für uns war diese Vorgehensweise auch eine Notwendigkeit, da wir mit sehr wenig Eigenkapital begonnen und weder Zeit noch Mittel hatten, mit übermäßig großen

Lagerbeständen zu operieren. Das war die Ausgangsbasis für den offiziellen Beginn unseres »direkten Modells«.

Von Anfang an orientierte sich unser gesamtes Geschäft am Endanwender – vom Design über die Fertigung bis hin zum Verkauf. Auf ihn hörten wir, wir gingen auf seine Wünsche ein und lieferten ihm sein Produkt. Der direkte Kundenkontakt – zuerst über Telefon, dann persönlich und jetzt über das Internet – ermöglicht uns – heute wie gestern – umgehend vom Input durch reale Kunden zu profitieren. Das betrifft die Anforderungen an bereits vorhandene, aber auch an zukünftige Produkte.

Das direkte Modell, das direkt an die Kunden verkauft und Händler und Vertriebskanäle umgeht, ist nicht neu. Dennoch war die Art und Weise, wie wir vorgingen, eine besondere. Normalerweise werden Großrechner und Minicomputer direkt verkauft, und weil dieser direkte Vertrieb eine teure und aufwendige Organisationsstruktur erfordert, verkauften die meisten Computerhersteller direkt nur an ihre besten und größten Kunden. Der Handel wurde nur für die umsatzschwachen Kunden genutzt. Dagegen verkauften wir – damals wie heute – direkt an alle unsere Kunden, einschließlich der 400 Firmen, die zu den Fortune 500 zählen, den 500 erfolgreichsten Unternehmen in den USA.

Während andere Firmen erraten mussten, welche Konfigurationen am stärksten gefragt werden würden, konnten wir das schon allein aus dem Auftragsverhalten unserer Kunden ablesen. Wir wussten genau, wer ein oder zwei Diskettenlaufwerk(e) oder ein Disketten- und ein Festplattenlaufwerk bestellte. So konnten wir immer genau den Computer zusammenstellen, den der Kunde wünschte.

Andere Unternehmen mussten einen großen Lagerbestand aufbauen, um die Handelskanäle bedienen zu können. Da wir aber nur das fertigten, was unsere Kunden zu einem bestimmten Zeitpunkt bestellten, brauchten wir keinen großen Lagerbestand, der nur unnötig Platz und Kapital beansprucht hätte. Da bei uns keine zusätzlichen Kosten für Händler und Lagerbestände anfielen, konnten wir unseren Kunden einen entsprechenden Preisvorteil bieten. Und wir wurden immer größer. Mit jedem neuen Kunden erhielten wir mehr Informationen über die Erwartungen an Produkt und Service. Es war das perfekte System.

Das direkte Modell besticht durch eine große Produktivität und natürlich durch den ungewöhnlichen Verkaufszyklus. Beim indirekten Modell gibt es zwei Verkaufswege: die für den Verkauf vom Hersteller an den Händler und die für den Verkauf vom Händler an den Endanwender. Dagegen haben wir beim direkten Geschäftsmodell nur eine Vertriebsorganisation, die ausschließlich auf den Endanwender ausgerichtet ist. Dabei handelt es sich nicht um beliebige, sondern um jeweils ganz besondere Kunden. Wir stellten schnell fest, dass es große Unterschiede zwischen den Verkäufen an große Unternehmen und an Einzelpersonen gab. Wir stellten deshalb Verkäufer ein, die persönlich direkt in den Firmen verkaufen konnten. Andere Verkäufer waren auf Verkäufe für staatliche Organisationen, für Bildungseinrichtungen, für kleine Firmen oder für Einzelpersonen spezialisiert.

Unsere Verkäufer waren Spezialisten auf ganz bestimmten Gebieten und wir stellten schnell fest, welche immensen Verkaufsvorteile diese Struktur bot. Sie mussten nicht das komplette Wissen über acht verschiedene Produkte von acht unterschiedlichen Herstellern haben. Sie mussten sich auch nicht die Produktvorteile für jeden unterschiedlichen Kundentyp einprägen. Das war eine große Entlastung für unsere Verkaufsorganisation und gleichzeitig ein Vorteil für unsere Kunden. Doch auch die Einkäufer in den jeweiligen Firmen und Institutionen hatten Vorteile, da wir direkt und sachkundig auf spezielle Wünsche, Fragen und Anforderungen eingehen konnten. Insgesamt also weitere Pluspunkte für Dell.

Mit dem direkten Modell als logische Erweiterung unseres Kundenkontakts konnten wir uns auf Anhieb in jedem Marktsegment etablieren und dem jeweiligen Kunden die richtige Technologie anbieten. Das direkte Modell wurde zum Rückgrat unseres Unternehmens und es ist auch heute hauptverantwortlich für unser Wachstum. Das alles entstand aus der Idee, unnötige Mittelsmänner auszuschalten.

Schneller, größer, besser

Natürlich waren wir nicht das einzige Unternehmen, das IBM-kompatible PCs baute. Es entwickelte sich eine ganz neue Industrie, mit deren Hilfe man in das Computergeschäft einsteigen konnte. Obwohl wir diejenigen waren, die mit dem Direktverkauf begonnen hatten, waren wir nicht die einzigen. Und es gab immer noch viele Kunden, die nicht genau wussten, was sie mit uns anfangen sollten. Wir mussten uns also noch stärker von den vielen Neugründungen im PC-Geschäft absetzen.

Eines der größten Hindernisse im Direktverkauf bestand darin, dass viele potentielle Kunden durchaus nachvollziehbare Befürchtungen hegten. Immerhin sollten sie 4 000 Dollar an eine Firma zahlen, von der sie noch nie gehört hatten und die auch keinen Laden hatte, in dem man »sein« System ansehen konnte. Wir warben deshalb mit einer 30-Tage-Geld-Zurück-Garantie für unsere Produkte. Sie gab den Kunden das nötige Vertrauen und trug Dell den Ruf der Glaubwürdigkeit ein.

Qualität war ein weiteres wichtiges Differenzierungsmerkmal. Manchmal entdeckten wir Inkompatibilitäten zwischen den Komponenten unserer Zulieferer. Wir haben diese Teile dann zurückgeschickt, da sie nicht unseren Standards entsprachen. Doch die Probleme hörten nicht auf. Wir verwandten deshalb noch mehr Mühe (und Ressourcen) auf das Design von PCs, die IBM-kompatibel und mit hochwertigen Komponenten ausgestattet waren. Wir arbeiteten eng mit unseren Lieferanten zusammen, indem wir ihnen unsere Anforderungen übermittelten sowie Test- und Gültigkeitsdaten austauschten. Auf diese Weise initiierten wir bei den Lieferanten einen permanenten Verbesserungsprozess.

Indem wir unsere eigenen Produkte entwickelten, konnten wir auch deren Performance verbessern. Zu jener Zeit drehte sich alles um Performance, also Leistungsfähigkeit, und wenn man einen IBM-kompatiblen PC bauen konnte, der schneller als der IBM-PC war, hatte man einen gewaltigen Wettbewerbsvorteil. Wir wussten, dass sich das damalige PC-Design auf eine noch schnellere Verarbeitungsgeschwindigkeit konzentrierte. Daraus folgerten wir: Wenn

IBM mit einem 6-Megahertz-286-PC einen Marktanteil von 70 Prozent erreichen konnte, mussten wir einen 8-Mhz-PC auf den Markt bringen. Am Ende bauten wir einen 12-Mhz-Computer.

Tatsächlich hatten wir im Labor 16 Megahertz erreicht, waren aber der Meinung, dass sich 12-Mhz-Maschinen leichter in Mengen produzieren lassen. Wir konnten nun den besten Service, die beste Qualität *und* die größte Performance bieten. Deshalb platzierten wir eine doppelseitige Anzeige in *PC Week* und *PC Magazine*, in der wir unsere 12-Mhz-Maschine (für 1 995 Dollar) mit IBM-6-Mhz-Original (für 3 995 Dollar) verglichen. Dann gingen wir auf die Frühjahrs-Computermesse Comdex 86.

Damals wurde die Comdex hauptsächlich von Computerhändlern und anderen Wiederverkäufern besucht. Es war absolut unüblich, dass ein Unternehmen direkt an die Messebesucher verkaufte. Glücklicherweise erhielten wir in der Haupthalle den letzten noch verfügbaren Stand, da eine andere Firma kurzfristig abgesagt hatte. Wir bauten eine Mauer aus Styroporsteinen auf, die von unserem 12-Megahertz-PC durchbrochen wurde – wir wollten zeigen, dass wir die 12-Megahertz-Grenze überwunden hatten. Das Ganze war etwas ungewöhnlich, verglichen mit dem Edeldesign der Compaq- und IBM-Stände, aber das kümmerte uns wenig. Wir hatten schließlich den bis dahin schnellsten Rechner.

Schon bald nach Messebeginn gab es vor unserem Stand zwei lange Menschenschlangen. Die eine bestand aus Presseleuten, die kritisch darüber nachdachten, ob tatsächlich jemand einen derartig schnellen Computer brauchen würde. In der anderen Schlange standen Neugierige, die vom Konzept unseres Rechners total begeistert waren und wissen wollten, wie und wo man sie kaufen konnte.

Die Comdex hat uns den Wert von Performance und passendem Timing für den Markteintritt vor Augen geführt. Aus dem Nichts heraus standen wir plötzlich im Scheinwerferlicht, weil wir einen Rechner besaßen, mit dem wir die Konkurrenz weit hinter uns ließen. Statt uns auf Seite 87 der *PC Week* verstecken zu müssen, landeten wir jetzt auf der Titelseite.

Natürlich waren Performance und das richtige Timing für den

Markteintritt großartige Möglichkeiten für die Profilierung unseres Images. Damals hatten wir bereits einen großartigen Ruf im Hinblick auf Service und Support sowie den von uns gebotenen Gegenwert. Das veranlasste unsere Kunden zu der simplen Frage: »Warum sollen wir bei einem Händler mehr Geld für einen langsameren Rechner bezahlen?« Man konnte den gewaltigen Mehrwert einfach nicht ignorieren, den unsere Kunden erhielten.

Diese Stimmung hielt an, als die Presse auf uns aufmerksam wurde und unsere Systeme vorstellte. Unsere Computer fingen an, Performance-Spitzenplätze einzunehmen. Wir erhielten fünf Sterne für Qualität, Support und Service. Alle wichtigen Zeitschriften begannen Dell für das beste Preis-Leistungs-Verhältnis zu empfehlen. Wir zogen noch mehr erfahrene Geschäftskunden an, die schon immer zu unseren Hauptabnehmern zählten. Jetzt konnten wir uns endgültig zu den Großunternehmen in Amerika zählen.

Die Erfolgskrise

Ende 1986 erzielte Dell einen Umsatz von 60 Millionen Dollar. Das Geschäft boomte und wir hatten unseren Bekanntheitsgrad überproportional gesteigert. Dennoch machten wir uns Sorgen um die Zukunft.

Tatsächlich war unser Erfolg auch in irgendeiner Weise ein Krisenpunkt. Finanzleute mit Risikokapital riefen an und boten uns Kapital an. Andere Unternehmen wollten wissen, ob und wann wir verkaufen wollten. Wir waren offensichtlich sehr erfolgreich, aber nicht ganz sicher, ob wir diese Optionen wahrnehmen könnten, wenn wir so weitermachen würden wie bisher. Wir mussten etwas völlig anderes machen.

Ich beschloss im Herbst 1986, ein Brainstorming-Meeting in einem kalifornischen Weingut zu veranstalten. Teilnehmen sollten die Führungskräfte unseres Unternehmens sowie führende Köpfe innerhalb und außerhalb der Computerbranche. Wir wollten herausfinden, wie man das Unternehmen am besten weiterentwickeln könnte. Natürlich war es riskant, unsere Strategien und Unsicherheiten gegenüber führenden Leuten wie Jim Seymor und Esther Dyson offen zu legen, aber ich wusste um deren unkonventionelle Perspektiven. Die Ratschläge dieser Kapazitäten würden unser Risiko mehr als nur kompensieren. Wir stellten Fragen wie: »Wo steht das Unternehmen heute? Was wird aus dem Unternehmen werden? Wohin soll die Entwicklung gehen? Wie kommen wir dahin und was nützt uns das?« Wir endeten schließlich mit einer Wunschliste, die immerhin 131 Punkte umfasste.*

Über die Wunschliste hinaus gab es noch drei weitere wichtige Ergebnisse aus diesem Meeting. Erstens: Um unser Geschäft wirklich ausweiten zu können, mussten wir Großunternehmen ansprechen. Zweitens: Um bei Großunternehmen Erfolg zu haben, mussten wir führend beim Kundensupport sein. Deshalb kam uns die Idee, als Erste den Vor-Ort-Service für Personal Computer zu etablieren – und statt uns lange mit den sich daraus ergebenden logistischen Problemen zu beschäftigen, boten wir diesen Service einfach von heute auf morgen an. Rief ein Kunde wegen eines aktuellen Problems an, antworteten wir: »Wir sind morgen da und lösen das Problem.« Das stand in völligem Kontrast zum bisher üblichen Verfahren, bei dem der Kunde seinen PC entweder zum Händler bringen oder, noch schlimmer, den Computer ans Werk zurückschicken musste.

Wir haben uns schon immer Gedanken über das Machbare und Erreichbare gemacht und unsere Ziele entsprechend gesetzt. Das Ziel, das wir in diesem Meeting gesetzt hatten, war ein Umsatz von einer Milliarde Dollar im Jahr 1992. Ein beachtliches Ziel, das wir jedoch mit Zahlen unterfüttert hatten. Wir kamen zu dem Ergebnis, dass der angenommene Markt durchaus realistisch war – ausgehend vom derzeitigen Markt, von unserer Produktqualität und unserem schon erreichten Marktanteil. Wir mussten nur noch festlegen, wie wir dieses Ziel erreichen könnten.

---

* Zurückschauend freue ich mich darüber, dass wir im Laufe der Jahre fast alle Punkte dieser Liste realisiert haben – ausgenommen der Punkt, der sich darauf bezog, dass Kunden mit einem persönlichen Roboter sprechen, der mit der Stimme von Cathérine Deneuve spricht.

Der Einstieg ins internationale Geschäft

Die dritte große Idee unseres Brainstormings war die globale Expansion. Uns war klar, dass wir außerhalb der Vereinigten Staaten Fuß fassen mussten, obwohl unsere Firma gerade zweieinhalb Jahre alt war und wir nur über wenig Kapital verfügten. Ich erinnere mich noch daran, wie ich nach dem Brainstorming-Meeting in das Büro zurückkam und den Leuten mitteilte, dass wir ab jetzt auch international tätig sein würden. Die Leute dachten, ich sei durchgedreht.

Natürlich beschlossen wir nicht, den gesamten Globus abzudecken, sondern wir prüften sorgfältig die Märkte in Kanada, Großbritannien, Deutschland und Frankreich. Wir dachten auch kurz über Japan nach, entschieden dann aber, dass dies ein langfristigerer Traum bleiben müsste. Die für einen Eintritt in den japanischen Markt erforderlichen Investitionen lagen außerhalb unserer Möglichkeiten, zumal wir es hier mit fest etablierten japanischen Unternehmen zu tun haben würden. Kanada versprach eine relativ einfache und sichere Angelegenheit zu werden, Europa war schon ein anderer Fall. Ich wusste jedoch, dass gerade dort ein großes Potential für uns vorhanden war.

Zwei Jahre zuvor war ich während der Frühlingsferien mit meiner Familie in London. Mein älterer Bruder lebte dort für sechs Monate zwischen seinem Studienabschluss und dem Beginn seines Medizinstudiums. Ich hatte mir in London einige Computerläden angesehen und festgestellt, dass deren Service genauso schlecht war wie der in den USA. Das war der erste Grund, uns zunächst in Großbritannien zu etablieren. Der zweite Grund war die Sprache. Und der Zeitpunkt hätte nicht besser gewählt sein können.

So wie in den USA gab es in Großbritannien eine Reihe von Firmen, die schlecht funktionierende Billigcomputer anboten. Dennoch verkauften sich diese Computer in großen Stückzahlen. Wir waren uns ziemlich sicher, dass auch dort viele potentielle Kunden vorhanden waren, die sich aber schlechten Produkten und einem schlechten Service ausgesetzt sahen. Die dortigen Anbieter hatten letzthin einen idealen Markt für Dell vorbereitet.

Dell UK nahm im Juni 1987 seine Geschäfte auf. Von den 22 Journalisten, die zu unserer Pressekonferenz kamen, sagten 21 unser Scheitern voraus. Das direkte Geschäftsmodell sei ein typisch amerikanisches Konzept – hier würde niemand seinen Computer direkt beim Hersteller kaufen wollen. Eine schlechte Idee sei das, wir sollten lieber wieder nach Hause gehen.

Aber die Kunden reagierten anders. Sie wussten, was sie wollten, und sie wussten, dass wir ihnen genau das bieten konnten. Das Geschäft war vom ersten Tag an erfolgreich, und heute macht Dell UK einen Jahresumsatz von einer Milliarde Dollar.

Während wir an unsere frühen Leitsätze wie »Denke unkonventionell« und »Höre nicht auf Leute, die dir sagen, etwas sei unmöglich« dachten, wurde uns von vielen Seiten gesagt, wir würden mit dem direkten Modell in nahezu jedem Land scheitern, in dem wir uns in den nächsten zehn Jahren niederließen. Wir hörten immer dasselbe: Unser Land ist anders, euer Vertriebskonzept funktioniert hier nicht. Doch schließlich verstummten die Unkenrufe in dem gleichen Maße, wie wir uns in West- und Mitteleuropa ausweiteten. Die negativen Stimmen waren allerdings sofort wieder da, als wir den asiatischen Markt angingen – nur mit einer etwas anderen Betonung. Das ist ein westliches Konzept, erzählte man uns. Hier funktioniert das nicht, ihr solltet lieber wieder nach Hause gehen. Doch anstatt unsere Strategie an die asiatische Kultur anzupassen, erklärten wir: »Wir sind der Meinung, dass das direkte Modell unabhängig von der jeweiligen Kultur funktioniert. Wir sind bereit, das Risiko auf uns zu nehmen.«

Um sicherzugehen, nahmen wir jedoch einige Anpassungen an die lokalen Voraussetzungen vor. Natürlich konnten wir keine englischsprachigen Computer in China verkaufen. Und aus kultureller Sicht sind Kunden von Land zu Land anders. Beispielsweise machten wir die Erfahrung, dass die Deutschen ungern per Telefon auf eine Anzeige reagieren – das ist ihnen einfach zu direkt. Sie antworten jedoch problemlos auf eine Anzeige, wenn eine Faxnummer angegeben ist. Sie schicken ein Fax heraus, bitten um weitere Informationen und geben dabei ihren Namen und ihre Telefonnummer an. Der Dell-Verkäufer konnte also zurückrufen.

Das daraus resultierende Gespräch unterschied sich absolut nicht von dem, das ein deutscher Endanwender von sich aus geführt hätte. Es war also nur eine kleine Änderung, mit der wir auf länderspezifische Verhaltensweisen eingingen, ohne unsere Geschäftsstrategie generell zu ändern.

Es gab auch Länder, in denen das Management unsere Strategien nur teilweise adaptierte und sie so abwandelte, dass sie nicht mehr unserem ursprünglichen Direktmodell entsprachen. Das Ergebnis war, dass nicht nur das Management versagte, sondern auch der mögliche Erfolg für Dell in diesen Märkten ausblieb. Natürlich haben wir sofort die notwendigen Korrekturen vorgenommen. Die Lehre daraus ist: »Glaube an das, was du tust. Wenn du eine wirklich starke Idee hast, musst du die Leute ignorieren, die dir einen Fehlschlag voraussagen. Stelle stattdessen Leute ein, die deine Vision teilen und die dich voll unterstützen.«

Going Public

Wir dachten in dieser Zeit auch über eine Kapitalerhöhung durch den Gang an die Börse nach. Wir benötigten weiteres Kapital für zusätzliches Wachstum, für bessere Konditionen bei unseren Lieferanten und um größeres Vertrauen bei unseren Großkunden zu schaffen. Um unser verstärktes Engagement im Großkundenbereich finanzieren zu können, brauchten wir Kapital zur Zwischenfinanzierung der Aufträge, die, so hofften wir, größer und zahlreicher als bisher eingehen würden.

Unser damaliger Präsident Lee Walker und ich trafen uns mit interessierten Investmentbankern in unserer Zentrale in Austin. Jeder Banker erzählte uns eine immer noch bessere Geschichte über das, was er für uns tun könnte und welche Vorteile uns daraus erwachsen würden. Lee und ich schauten uns an und stimmten darin überein, dass man uns nur das erzählte, was wir vermutlich hören wollten. Nachdem wir die einzelnen Investmentfirmen lange und genau unter die Lupe genommen hatten, entschieden wir uns für Goldman Sachs. Warum? Wir gaben deren Empfehlung, *nicht* an die Börse zu gehen, den Vorzug. Goldman Sachs legte uns nahe, erst einmal den Weg von Privatbeteiligungen durch eine kleine Gruppe von Investoren zu wählen. So hätten wir genügend Spielraum (und Zeit) für ein weiteres Wachstum unseres Unternehmens. Zwischenzeitlich könnten wir uns in aller Ruhe auf die Anforderungen vorbereiten, die als Aktiengesellschaft auf uns zukommen würden. Und *dann* könnten wir an die Börse gehen, sofern wir das wollten. Das war absolut nicht die Antwort, die wir erwartet hatten – doch es zeigte sich, dass diese Empfehlung genau richtig war.

Das Memorandum für die Platzierung von Privatanteilen wurde im Juli 1987 veröffentlicht. Ich fasste das bisher Erreichte zusammen:

Dell Computer Corporation konzipiert, entwickelt, vermarktet, fertigt, unterstützt und pflegt technologisch fortschrittliche IBM-kompatible Personal Computer. Die Produkte werden zur Zeit unter der Marke »PC's Limited« direkt an den Endverbraucher verkauft. Die Kunden der Dell Computer Corporation sind hauptsächlich Kleinunternehmen und Einzelpersonen sowie international tätige Unternehmen, Regierungseinrichtungen und im Bildungsbereich tätige Institutionen. Seit dem Markteintritt 1984 hat Dell mit Computern und Computerzubehör einen Umsatz von über 160 Millionen Dollar erzielt – und das mit einem Anfangskapital von nur 1 000 Dollar. Das Unternehmen arbeitete von Anfang an in jedem Quartal profitabel.

Das Memorandum fuhr mit der Auflistung und Beschreibung der drei wichtigsten Stärken von Dell fort, die unseren Wettbewerbsvorteil ausmachen:

- Unsere Fähigkeit, äußerst leistungsstarke Systeme zu produzieren, die kompatibel zu den verbreiteten IBM-Standards sind. (Tatsächlich war die Performance vieler unserer Produkte besser als die vergleichbarer Produkte von IBM und wir nahmen regelmäßig Spitzenplätze in Zeitschriften wie *PC Magazine* und *PC World* ein.)
- Unser direktes Marketingkonzept: »Dell erhält im Schnitt täglich 1 400 Telefonanrufe und damit Informationen über die Kundenmeinung zu Produkten, Service und anderen angebotenen Produkten. Hinzu kommt ein optimales Feedback auf alle Werbemaßnahmen. Diese Informationen sind

für Dell ein Wettbewerbsvorteil, da Produktangebot und Werbung maßgeschneidert auf die Kundenbedürfnisse zugeschnitten werden können.
Der Direktverkauf kommt ohne die 25- bis 40-prozentige Gewinnspanne
für den Handel aus – Dell kann seine Produkte zu attraktiven Preisen
anbieten. Unsere Marketingstrategie beinhaltet den Verkauf über eigene
Mitarbeiter, die speziell auf Dell-Produkte trainiert sind.«

- Unsere Fähigkeit der effizienten und flexiblen Fertigung durch eine optimale Lagerhaltung. Wir müssen kein großes Kapital binden und unser
Lagerbestand ist ungewöhnlich niedrig, da wir unsere Systeme auftragsbezogen fertigen und nicht auf Basis unsicherer Vorbestellungen durch
die Händler.

Im Oktober 1987 waren wir so weit, Kapital in Höhe von 20 Millionen Dollar aufzunehmen. Kurz bevor wir abschließen konnten,
brach der Aktienmarkt zusammen – ich glaubte, das sei unser Un-
tergang. Es stellte sich aber heraus, dass unsere Geschäftsstrategie
und unsere bisherigen Ergebnisse so überzeugend waren, dass der
Crash sich kaum auf die Stimmung der Investoren auswirkte. Am
Morgen des »Schwarzen Montags« betrug der Wert der Anteile
23 Millionen Dollar, und einige Tage nach Zeichnung aller Anteile immerhin noch 21 Millionen Dollar mit steigender Tendenz.

Unter den Tausenden beabsichtigten Transaktionen kam unsere
tatsächlich zustande, vielleicht auch, weil die Investoren unserem
Unternehmen wirklich vertrauten.

Die private Finanzierung hielt uns den Rücken frei und im
darauf folgenden Juni gingen wir an die Börse. Wir realisierten 30
Millionen Dollar – der Marktwert unseres Unternehmens betrug
zu diesem Zeitpunkt etwa 85 Millionen Dollar. Wir haben das
gerade einmal in drei Jahren erreicht – mit einer Idee und 1 000
Dollar Anfangskapital.

Gelernte und verpasste Lektionen

Es ist interessant, das Memorandum 12 Jahre nach seiner Erstel-
lung noch einmal durchzulesen. Wir sind inzwischen ein 18-Milli-
arden-Dollar-Unternehmen, doch die ursprünglichen Stärken, mit

denen wir einen Wettbewerbsvorsprung erzielen konnten, sind auch heute noch zentrale Voraussetzung unserer Existenz.

Wir haben gelernt, unsere wichtigsten Stärken zu erkennen. Schon recht früh in unserer Unternehmensgeschichte kamen wir zu dem Schluss, dass wir unseren Ruf auf der Grundlage eines hervorragenden Kundenservices und hervorragender Produkte erwerben müssen. Dahinter stand die Erkenntnis, dass ein Geschäft allein auf der Basis von Kosten oder Preisen kein tragfähiger Wettbewerbsvorteil sein könnte. Es würde immer jemanden geben, der Produkte billiger anbieten oder kostengünstiger produzieren könnte. Wirklich wichtig war der Aufbau von Loyalität bei Kunden und Mitarbeitern, was nur durch besten Service und sehr leistungsstarke Produkte zu erreichen ist.

Wir investierten viel Zeit und Mühe um herauszufinden, warum und wann ein Kunde zufrieden ist – egal, ob es sich um unsere Reaktionszeit am Telefon, die Produktqualität, um bestimmte Produkteigenschaften oder das einfache Handling unserer Produkte handelte. Das gesamte Unternehmen war in diesen Prozess der »Kundenorientierung« eingebunden, das heißt, alle Mitarbeiter von der Fertigung, über die Entwicklung und den Verkauf bis hin zum Support. Die Analyse der Bedürfnisse unserer Kunden ist noch immer Schwerpunkt bei Management sowie Training und in der Mitarbeiterschulung.

Wir machten die Erfahrung, dass man konventionelle Ratschläge erst einmal ignorieren und eigene Wege einschlagen sollte. Nachdem wir die Platzierung unserer privaten Anteile im Jahre 1987 abgeschlossen hatten, behauptete ein bekannter Analyst, dass unser Jahresumsatz nie mehr als 150 Millionen Dollar erreichen würde. Falsch – er hatte einige Nullen ausgelassen.

Es macht Freude Dinge zu tun, die andere für unmöglich halten. Es ist außerdem befriedigend, etwas Unvorhersehbares zu erreichen. Unsere Konkurrenten haben uns lange Zeit nicht ernst genommen und damit unsere Chancen vergrößert, sie durch unseren Erfolg zu überraschen.

Schließlich eigneten wir uns ein gesundes Maß von Anpassungsfähigkeit an. Was ich als Möglichkeit für eine effizientere Ausrichtung unserer eigenen Geschäftstätigkeit eingeschätzt hatte, erwies sich als ein Modell, das unsere gesamte Branche revolutionierte.

Wir hatten auf unserem Brainstorming-Meeting 1986 einen Umsatz von einer Milliarde Dollar für 1992 projektiert. Tatsächlich erzielten wir 1992 einen doppelt so hohen Umsatz.

Direkt zu agieren hat uns einen unglaublich großen Erfolg beschert. Trotzdem reicht ein brillantes Vertriebsmodell allein in der heutigen wettbewerbsorientierten Welt für einen dauerhaften Erfolg nicht aus. Und wir mussten in den folgenden Jahren einsehen, dass manches, was wir in unserer Anfangsphase nicht gelernt hatten, ebenso wichtig sein würde wie alles bisher Erreichte.

Schon bald würden wir uns Herausforderungen stellen müssen, die an die Substanz unseres Unternehmen gehen würden.

3

Die schmerzhafte Art zu lernen

Man sagt, dass eine bis zum Exzess ausgereizte Stärke zu einer Schwäche werden kann, und das sollte sich auch für uns bewahrheiten. Zu Ende der achtziger Jahre und bis in die ersten neunziger Jahre hinein wuchs Dell gewaltig. Unsere Umsätze stiegen im Schnitt um jährlich 97 Prozent, wobei sich die Erträge noch schneller um durchschnittlich 116 Prozent jährlich steigerten. In dieser Zeit schien es, als sei Wachstum unsere größte Stärke. Zum Teil traf das natürlich auch zu. Allerdings hielten wir uns nicht vor Augen, dass das stetige Wachstum der noch jungen Dell Computer Corporation das einzige Vertraute war. Ein Erfolg löste den anderen ab – es war nur schwer vorstellbar, dass dieses Wachstum zu einem bestimmten Zeitpunkt unsere größte Schwachstelle werden könnte.

Wir hatten das Unternehmen um einen systematischen Prozess herum aufgebaut: Gib dem Kunden so schnell wie möglich leistungsstarke Computer zu wettbewerbsfähigen Preisen mit starkem Service. Deshalb – und weil wir auch noch relativ klein waren – schienen die Wachstumschancen unbegrenzt zu sein. Wir gewöhnten uns daran.

Wir realisierten zunächst nicht, dass wir mit jeder neuen Wachstumschance auch ein entsprechend großes Risiko eingingen – eine Lektion, die uns dann auf die schmerzhafte Art und Weise beigebracht wurde.

Erdrückender Lagerbestand

Dell wurde auf der Geschäftsgrundlage »weniger versprechen und mehr liefern« aufgebaut – gegenüber Kunden, Angestellten und Lieferanten. Unser Ruf war zum Teil auch darin begründet, dass wir unsere Lagerbestände gut im Griff hatten, was einen schnelleren Service und größere Einsparungen für unsere Kunden ermöglichte. Deshalb erschien es etwas merkwürdig, dass unser erster spürbarer Rückschlag im Jahre 1989 durch *zu große* Lagerbestände ausgelöst wurde.

Da wir gewohnt waren, jeden Dollar wieder zu investieren, konnten wir unsere Verkäufe bzw. Umsätze sehr schnell steigern. Natürlich haben wir das als positives Zeichen gedeutet. Und um die Nachfrage zu befriedigen, mussten wir selbstverständlich Teile einkaufen – darunter auch Speicherbausteine. Doch statt nur die relativ kurzfristig benötigte Menge an Speicherbausteinen einzukaufen – was heute eine Selbstverständlichkeit für uns ist – kauften wir so viele Chips auf, wie wir bekommen konnten.

Diejenigen unter Ihnen, die mit dem Konzept des »Bedarfskettenmanagement« vertraut sind, wissen bereits, was als Nächstes geschah.

Wir kauften mehr Chips ein, als wir tatsächlich benötigten, und das zu einem Zeitpunkt, als die Preise in diesem zyklischen Markt ganz oben waren. Und dann sanken die Preise in den Keller. Und als sei das noch nicht genug, wurden wir vom »technischen Fortschritt« eingeholt: Fast über Nacht erhöhte sich die Speicherkapazität der Chips von 256 Kilobyte auf 1 Megabyte.

Wir hatten plötzlich zu viele Speicherbausteine, die niemand mehr haben wollte und die uns darüber hinaus enorm viel Geld gekostet hatten. Da standen wir nun – die Firma, die sich auf den Direktverkauf gründete, befand sich in derselben Lagerbestandsfalle, die bislang nur ein Problem unserer indirekten Mitbewerber gewesen war.

Zu hoher Lagerbestand ist das Schlimmste in einer Industrie, in der die Verfallszeit von Material oder Informationen sehr kurz ist. Heute trifft das auch auf viele andere Bereiche zu – angefangen bei Computern, über Fluggesellschaften bis hin zur Textilindustrie. In der Elektronikindustrie kann beispielsweise der rasante Fortschritt (und die damit einhergehenden technologischen Veränderungen) den Wert des Lagerbestands in nur wenigen Tagen erheblich reduzieren. In der Informationsindustrie nimmt der Wert von Informationen in Stunden oder Minuten, ja sogar in Sekunden ab; in den Finanzmärkten z.B. ist das die Tagesordnung. Ein in unserer Industrie tätiger Manager beschrieb diesen Tatbestand sehr treffend, indem er die Verfallszeit des Lagerbestands mit der eines Kopfsalats verglich.

Wenn man noch keine Spitzenposition in der Industrie eingenommen hat, ist die Kontrolle beziehungsweise das Management des Lagerbestands noch schwieriger. Doch zurück in das Jahr 1989. Wir hatten noch nicht die heutigen Lieferantenkontakte, mit denen wir die damalige Situation viel eher hätten vermeiden können. Das Controllingsystem war noch nicht auf dem heutigen Stand, und im Gegensatz zu heute (wir haben aus der schmerzhaften Erfahrung gelernt) unterschätzten wir damals die Bedeutung des richtigen Lagerbestands.

Wir mussten den überzähligen Lagerbestand unter Wert verkaufen, wodurch unsere Gewinne derartig reduziert wurden, dass wir nur einen Penny pro Anteil und Quartal machten. Wir mussten also die Preise anheben, um überhaupt ein Wachstum ausweisen zu können. Außerdem mussten wir die geplante Ausweitung in andere Länder verschieben. Zum ersten Mal in unserer Firmengeschichte konnten wir nicht liefern. Wir konnten einfach nicht glauben, wie schnell wir als das Unternehmen mit den Lagerbestandsproblemen abgestempelt wurden.*

Das Lagerbestandsproblem brachte uns auf den Boden der Tatsachen zurück. Es zwang uns, übereilte Schritte zu meiden und einen der Eckpfeiler unseres Erfolgs wieder zu entdecken: den Wert und die Bedeutung des Lagerbestands-Managements. Wir hatten die Erfahrung gemacht, dass ein schnellerer Lagerumschlag nicht

---

* Seitdem haben wir uns beim Lagerbestands-Management vom letzten auf den ersten Platz bewegt.

nur eine Erfolgsstrategie, sondern eine Notwendigkeit ist. Ein optimaler Lagerumschlag verhindert den schnellen Wertverlust von Material, bindet weniger Kapital und vermeidet unnötige Risiken. Außerdem achteten wir verstärkt auf ein verlässlicheres Forecasting.

Heute werde ich manchmal gefragt, ob ich während dieser Zeit Angst hatte. Natürlich hatte ich Angst. Nachdem ich unsere Kunden, Mitarbeiter und Aktionäre enttäuscht hatte, fürchtete ich um deren Vertrauen. Aber ich hatte auch deshalb Angst, weil ich zum ersten Mal befürchtete, mir würde alles über den Kopf wachsen.

Lektion mit olympischen Dimensionen

Die nächste Krise – wir empfanden sie eher als Lektion – trug wenig zu meiner Beruhigung bei. Wenn das Problem mit dem Lagerbestand diametral entgegengesetzt zu unserer Stärke als Direktverkäufer war, war die »olympische« Lektion genauso bestürzend, da wir ein Unternehmen waren, das immer stolz auf ihr Kundenfeedback und die daraus resultierenden Anregungen war.

Ausgehend von dem, was wir heute (etwas scherzhaft) als »Fehlentscheidung im Hinblick auf die Wichtigkeit bestimmter technologischer Features« eingestehen, verabschiedeten wir einen Plan zur Einführung einer Produktfamilie mit dem Kodenamen »Olympic«. Treffend benannt nach dem enormen Anwendungsbereich, war Olympic (im Technikerjargon) ein Einer-für-alle-Produkt: Es deckte den Markt für Desktops, Workstations und Server ab und sollte nahezu alle hier geforderten Funktionen erfüllen. Der Plan war unglaublich ehrgeizig und beinhaltete das erste wirklich große Entwicklungsprojekt innerhalb unseres Unternehmens. Olympic machte zum damaligen Zeitpunkt viel Sinn; wir waren überzeugt, dass wir einige unserer Hauptstärken gewinnbringend in diesen Märkten einbringen könnten. Die Möglichkeiten waren verführerisch. Wenn wir Olympic würden realisieren können, hätten wir die bisher breiteste Produktlinie entwickelt. Das Projekt würde uns einen enormen Wachstumsschub verleihen. Wir erkannten in unserem Eifer allerdings nicht, dass eine ungewollte Technologie zum allerletzten gehörte, was wir in dieser Situation benötigten.

Wir starteten die Einführung der Olympic-Linie mit all den wahnsinnigen Anwendungsmöglichkeiten für unsere Kunden mit großem Enthusiasmus. Aber diese waren nicht besonders beeindruckt.

»Es gibt einiges, das verlockend ist«, sagten unsere Kunden. »Aber das Produkt insgesamt überzeugt *nicht*. Ich werde es überspringen.« Wir konnten kaum glauben, was wir hörten – die Wahrheit ist, dass wir es nicht glauben wollten – und wir verdrängten diese Reaktionen. Wir setzten die Entwicklung der Prototypen für die Präsentation auf der Comdex im November 1989 fort. Dort wurden sie dann mit entsprechender Begleitung vorgestellt.

Unsere Kunden blieben zurückhaltend: »Was soll das? So viel Technik brauchen wir nicht. Trotzdem vielen Dank.«

Wir wussten, dass dieses Produkt von der technologischen Seite her betrachtet überzeugte. Die Systeme enthielten großartige Neuerungen wie die Grafikdarstellung und die Festplattentechnologie, die wir später in äußerst erfolgreiche andere Systeme übernahmen. Wir waren damals (und das ist sicher auch heute noch so) nicht in der Lage, die Menschen zu überzeugen, etwas zu kaufen, das sie nicht haben wollten. Wir stoppten das Olympic-Projekt sofort und wir mussten uns eingestehen, dass wir einen Fehler gemacht hatten. Wir waren nach vorn geprescht und hatten ein Produkt mit einer Technik um ihrer selbst willen entwickelt, und nicht mit einer Technik, die auf die Kundenbedürfnisse ausgerichtet war. Hätten wir unsere Kunden vorher gefragt, was *sie* aktuell benötigten – und so hatten wir es in der Vergangenheit immer gehalten – hätten wir uns sehr viel Zeit und Ärger erspart.

Aus diesem Fehltritt lernten wir zweierlei: Egal in welchem Industriebereich du arbeitest, versuche mögliche Probleme früh zu erkennen und schnell zu lösen. Und binde deine Kunden früh in den Entwicklungsprozess ein. Denn Kunden sind die wertvollste Bezugsgruppe. Höre deinen Kunden früh und aufmerksam zu.

Technologie für den Kunden

Wir hatten außerdem gelernt, dass eine derartige »Paukenschlag-Produktentwicklung« nicht zu uns passt und wir uns besser auf graduelle und schrittweise Verbesserungen der einzelnen Produktlinien konzentrierten. Dafür sprachen zwei Hauptgründe: Unser Risiko wäre geringer und wir könnten Vorteile aus der jeweils aktuellen Technologie ziehen, das heist die schnellsten und besten verfügbaren Komponenten anbieten. Wir begannen einzusehen, dass wir unsere Investitionen an unsere Entwicklung anpassen mussten – finanziell waren wir einfach nicht mehr die kleine Newcomer-Firma von einst. Wir mussten jetzt äußerst sorgfältig die Möglichkeiten herausfiltern, die auf lange Sicht für uns am besten sein würden.

Das Olympic-Experiment hatte uns geholfen, unsere Einstellung gegenüber Forschung und Entwicklung neu zu definieren. Der traditionelle Denkansatz in der Computerindustrie ist: »Wenn wir das bauen, wird es auch gekauft.« Doch statt etwas zu bauen und auf den Erfolg zu hoffen, entwickelten wir von nun an Produkte, die ausschließlich den Bedürfnissen und Anforderungen unserer Kunden entsprachen.

Das Olympic-Experiment zog weitere Veränderungen nach sich. Wir fingen z.B. an, uns den Begriff »relevante Technologie« zu eigen zu machen, indem wir die für unsere Kunden wichtigen Features definierten. Außerdem entschieden wir von nun an immer nach dem Prinzip »Kaufen kontra Fertigen«. Es gab Situationen, in denen wir Forschung und Entwicklung den Lieferanten überließen, und es gab solche, in denen wir Eigenentwicklungen bevorzugten. Diese Philosophie leitete unsere Entscheidungen und erlaubte uns den bestmöglichen Einsatz unserer Ingenieure.

Im Zusammenhang mit dem Olympic-Projekt hatten wir eine große Anzahl äußerst talentierter Ingenieure engagiert. Nachdem wir Olympic eingestellt hatten, hätten wir ganz einfach sagen können: »Die Leute haben ein Ding entwickelt, das niemand haben wollte. Wir kündigen ihnen und machen weiter wie bisher.« Wir kamen aber zu der Auffassung, dass wir exzellente Ingenieure hat-

ten. Sie hatten nur nicht gewusst, was unsere Kunden haben wollten. Wir glaubten, dass wir den richtigen Input eingeben sowie
Ziele und Richtung vorgeben mussten, damit diese Leute in der
Lage sein würden, genau die richtigen Produkte für unsere Kunden zu entwickeln.

Aber diese Einstellung – und das Konzept im Zusammenhang
mit »Kaufen kontra Fertigen« – führte zu einem interessanten Dilemma bei einigen unserer Ingenieure. Wir ermunterten sie, die
Bedürfnisse unserer Kunden kennen zu lernen, indem sie viel mit
unseren Verkäufern zusammen waren. Wir bezogen die Ingenieure verstärkt in die Produktplanung ein, um ihnen die Logik der
Entscheidungsprozesse nahe zu bringen. Und wir versuchten sie
so weit zu bringen, dass sie ihren Beitrag für das Gesamtgeschäft
genau einschätzen konnten. Einige Ingenieure weigerten sich: »Das
ist nicht meine Aufgabe, ich will weiterhin Silikon designen.« Aber
einige entwickelten sich in der richtigen Richtung.

Es ist nicht einfach, wirklich guten Technikern beizubringen,
sich Gedanken über die Technologie hinaus zu machen, und zwar
ausgehend von den tatsächlichen Kundenwünschen und den Anforderungen an ein gutes Geschäft. Dieser Umdenkungsprozess
kann viel Zeit in Anspruch nehmen. Er sollte am besten so be-
werkstelligt werden, daß die Techniker mit dem Verkauf sowie
der Strategie und Logik konfrontiert werden, die hinter jeder
Kundenentscheidung stehen. Es ist äußerst zufriedenstellend zu
beobachten, wie sich ein brillanter Techniker weiter entwickelt
und viele zusätzliche Aspekte unseres Geschäfts verstehen lernt.

Bei dem Olympic-Projekt war es paradoxerweise am schlimms-
ten und besten zugleich, dass das ganze Unterfangen so ehrgeizig
war. Insgesamt waren Umfang und Ausrichtung einfach zu groß;
aber um ehrlich zu sein – wir haben in dieser Zeit auch einige
geniale und sehr wertvolle Erfindungen gemacht.

Die Anforderungen von Olympic zwangen uns, in unserem Unternehmen die Ressourcen für Technologie und Produktentwicklung auszubauen. Indem wir unsere Entwicklungsabteilung auf
relevante Technologien ausrichteten und eindeutig entschieden,
welche Entwicklungen wir nicht selbst durchführen wollten, konn-

ten wir in den Folgejahren eine fantastische Produktpalette liefern, die wieder für ein kräftiges Wachstum sorgte. Tatsächlich haben wir nur wenige Monate nach der Einstellung des Olympic-Projekts sehr erfolgreiche Einzelprodukte eingeführt. Dabei handelte es sich um ein High-End-Towersystem und um fortschrittliche Speicheroptionen – Technologien, die im Zusammenhang mit dem Olympic-Projekt entwickelt wurden. Dank unserer Kunden konnten wir einen für viele Firmen verhängnisvollen Fehler als große Chance nutzen – wir sicherten unserem Unternehmen eine Spitzenposition für technologische Entwicklungen.

Wachsen oder nicht wachsen…

Nachdem wir die Probleme mit dem Lagerbestand und dem Olympic-Projekt hinter uns gelassen hatten – von 1990 bis 1992 – folgten drei äußerst erfreuliche Jahre mit einem gewaltigen Wachstum für Dell. Unsere direkte Strategie bewährte sich ausgezeichnet. Unsere Wachstumsrate stieg von 50 Prozent auf über 100 Prozent jährlich und die Rendite bei unseren Verkäufen betrug fünf Prozent.*

Dell führte neue Desktops und Notebooks ein und sogar einen eigenen Server. Wir hatten uns über West- und Mitteleuropa ausgedehnt und planten den Markteintritt in Asien. Unsere Möglichkeiten schienen grenzenlos zu sein.

Doch wie schlecht waren wir auf das vorbereitet, was noch kommen sollte.

Im Rückblick ist es einfach, über das Management eines schnellen Wachstums zu sprechen. Aber während des Tagesgeschäfts bemerkt man kaum, wie schnell – oder wie langsam – man wächst.

---

* Fünf Prozent lag unter dem, was einige unsere Mitbewerber verdienten – allerdings mussten sie sich mit einer niedrigeren Wachstumsrate zufrieden geben. Wir setzten an diesem Punkt unserer Entwicklung stärker auf Wachstum denn auf Gewinnoptimierung.

Man geht in sein Büro, redet mit Kunden, arbeitet an neuen Produkten und weitet sein Geschäft auf neue Länder aus. Es ist halt nicht so, dass Sirenen aufheulen oder Leute über die Flure rennen und sagen: »Du wächst zu schnell, hör auf!« Tatsächlich scheint alles in Zeitlupe abzulaufen.

In unserer Industrie waren allerdings einige Kräfte am Werke, die mir im Hinblick auf unsere Wachstumsrate einiges Kopfzerbrechen bereiteten. Das Ganze hatte mit beabsichtigten globalen Zusammenschlüssen zu tun.

In den USA suchten die großen Unternehmenskunden nach Komplettanbietern: Man wollte nicht mehr bei acht verschiedenen PC-Anbietern einkaufen. Endanwender entwickelten ein verstärktes Marken- und Servicebewusstsein. Es gab inzwischen weltweit genügend PC-Anbieter, die stark genug waren, um alleine zurechtzukommen. Einige Unternehmen hatten eine starke Distribution und andere operierten mit einem guten Markennamen. Viele Unternehmen, wie Tulip in Holland, Olivetti in Italien und Siemens in Deutschland, konzentrierten nahezu alle Aktivitäten in ihrem Mutterland, indem sie Systeme für den eigenen Markt entwickelten – für einen globalen Markt waren sie nicht wettbewerbsfähig.

Wir glaubten, dass sie durch den Konzentrationsprozess in der Computerindustrie vom Markt verschwinden würden. Mit Blick auf unsere Unternehmensgröße hatten wir die Befürchtung, dass dies auch uns passieren könne.

Zu diesem kritischen Zeitpunkt sah ich ein, dass wir uns entscheiden mussten. Entweder blieben wir bei der Größe, die wir hatten (mit den Konsequenzen, die sich daraus ergeben würden), oder wir mussten ein noch stärkeres Wachstum anstreben. Wir waren damals bei einem Umsatz von einer Milliarde Dollar angelangt, aber das spielte kaum ein Rolle. Wir wuchsen nicht in dem Maße, dass wir den globalen Wettbewerb im schon einsetzenden Konzentrationsprozess hätten durchstehen können.

Würden wir bei der jetzigen Größe stehen bleiben, würden wir unsere Entwicklungskosten nicht über die Stückzahlen amortisieren können. Unsere Kostenstruktur wäre zu hoch und wir würden das Risiko eingehen, nicht mehr wettbewerbsfähig zu sein. Wir würden aufgeben müssen. Wir benötigten einen neuen Plan – und das möglichst schnell.

Stehe zu deinen Talenten

Wir entschieden uns für Wachstum – in einem großen Sprung. Eine unserer Strategien war, uns der Handelsschiene zuzuwenden. Diese Entscheidung entsprach absolut nicht unserer Überzeugung und überhaupt nicht unserer Kompetenz – aber wir waren in Panik. Zu diesem Zeitpunkt verkauften alle Mitbewerber indirekt über den Handel. Natürlich machten auch sie sich Sorgen wegen des Konzentrationsprozesses, aber sie waren größer als wir und sicherlich auch besser abgesichert. Dell konnte ein weiteres Wachstum nicht ausschließlich über Direktverkäufe erzielen. Unsere einzige Chance war es, unser Direktgeschäft mit Verkäufen von Software, Zubehör und Computern in Läden zu kombinieren.

Nachdem wir bereits zwei der drei goldenen Dell-Regeln verletzt hatten (1. Vermeide Lagerbestand, 2. Höre dem Kunden zu), waren wir dabei, die dritte Regel nicht mehr zu befolgen: *Verkaufe niemals indirekt.*

Statt uns selber treu zu bleiben, hörten wir auf das, was andere uns rieten – immerhin so genau, um auf diesem neuen Schauplatz herumzuexperimentieren. Wir begannen, Computer über Comp-USA (damals als »Soft Warehouse« bekannt) und einige Ketten wie Price Club und Sam's zu verkaufen. Unsere Computer verkauften sich gut, obwohl wir damals im Grunde genommen kein Gefühl dafür hatten, ob wir mit diesen Geschäften Geld machten oder nicht. Es würde einige Jahre dauern – und eine Menge Hausarbeiten erfordern, bis wir wirklich einschätzen konnten, welche Vorteile das Direktmodell für uns brachte.

Während uns bekannt war, dass es uns von der übrigen Industrie unterschied, gab es 1991 ein weiteres Unterscheidungskriterium. Zum Jahresende begannen wir unsere gesamte Desktop-Produktlinie auf den Intel-486-Prozessor umzustellen.

Zu diesem Zeitpunkt erzeugten Prozessoren mit mehr Leistung eine erneute Wachstumswelle – nicht zuletzt auch durch den großen Erfolg des Windows-Betriebssystems von Microsoft. Die Kunden benötigten und forderten leistungsstärkere Computer, um Windows effizient einsetzen zu können.

Nachdem wir unsere Produktlinie auf den 486-Prozessor umgestellt hatten, realisierten wir unseren damit einhergehenden Wettbewerbsvorsprung. Wir stellten aber auch fest, dass unsere Möglichkeiten zur Umsetzung dieses Vorteils in weiteres Wachstum relativ begrenzt waren. Wir hatten erfahren, dass unsere Mitbewerber die Einführung preiswerterer Computer vorbereiteten. Einige wollten diese Computer außerdem noch direkt verkaufen. Wir mussten uns schnell etwas einfallen lassen.

Im Jahr 1992 verfolgten wir eine aggressive Preisstrategie, um unsere Wachstumsraten zu beschleunigen – mit Erfolg. Wir konnten allein in diesem Jahr unseren Umsatz von 890 Millionen auf mehr als zwei Milliarden Dollar steigern, also mit einer astronomisch hohen Steigerungsrate von 127 Prozent. Uns war zwar bekannt, dass man zu schnell wachsen kann, aber uns war auch bewusst, dass wir ohne dieses kräftige Wachstum jetzt nicht mehr existieren würden und Ihnen diese Story erzählen könnten.

Ende 1992 war es so weit – wir waren zu schnell gewachsen. Wir hatten einen Umsatz von mehr als zwei Milliarden Dollar erzielt, doch entsprach unsere Infrastruktur noch immer derjenigen eines 500-Millionen-Dollar-Unternehmens. Fast alle internen »Systeme«, die wir einige Jahre zuvor installiert hatten, entsprachen nicht mehr unserem Geschäftsvolumen. Dazu zählten die Telefonanlage, die Buchhaltung, der Support und unsere Artikelnummern. Und auch die Fertigung wurde weit über die ursprüngliche Kapazität hinaus ausgelastet. Besonders augenfällig war, dass einige Mitarbeiter mit der neuen Unternehmensgröße nicht mehr zurechtkamen. Sie hatten nicht die Erfahrung, ein Unternehmen mit mehr als zwei Milliarden Dollar Umsatz zu führen. Wir konnten ganz einfach mit unserer Wachstumsrate nicht Schritt halten. Spätestens jetzt war mir *klar*, dass ich Hilfe benötigte.

Wir finden unseren Platz

Wären wir ein kleines PC-Unternehmen geblieben, wären wir in den Bankrott gegangen. Dennoch: Schnelles Wachstum bringt ganz eigene Probleme mit sich. Wenn man vorab eine Infrastruktur für ein Drei-Milliarden-Unternehmen aufbaut, kann das derartig belastend sein, dass man das geplante Ziel *nicht* erreicht. Man sollte an sich sowie an die Chance glauben und man sollte die dafür notwendige Infrastruktur parallel zum Wachstum aufbauen. So jedenfalls haben wir es gehalten und mir ist auch keine bessere Alternative bekannt.

Wie viele Unternehmen hielten wir immer unsere Gewinn- und Verlustsituation im Auge, doch wir hatten die Cash-flow-Situation durchaus nicht immer im Blick. Es war so, als würde man dahinfahren, nur den Tacho beobachten und plötzlich feststellen, dass der Tank leer ist. Wir hatten uns von einer einfachen Geschäftstätigkeit in einem oder zwei Märkten zu einem viel breiter angelegten Unternehmen entwickelt – mit unterschiedlichen Produktlinien, Vertriebskanälen und Vertriebsgebieten. Damals wussten wir noch nicht um die Unterschiede der jeweiligen Geschäftssparten – weder in der aktuellen Situation, noch über einen längeren Zeitraum – und wir hatten auch nicht die dafür erforderlichen Systeme oder das entsprechende Management. Wir verbrauchten erhebliche Finanzmittel, während sich gleichzeitig unsere Gewinnsituation verschlechterte. Hinzu kam, dass sowohl unsere Lagerbestände als auch unsere Außenstände in die Höhe gingen.

Anfang 1993 hatte ich das Gefühl, nur noch mit schlechten Nachrichten konfrontiert zu sein. Nach den vielen Jahren des Erfolgs und nachdem wir auch die Stürme der letzten Jahre gemeistert hatten, konnte ich mich nur noch fragen: »Was ist geschehen? Und warum?«

Zum Glück verschwendeten wir keine Zeit darauf, die offensichtlichen Probleme unter den Tisch zu kehren oder sie in irgendeiner Weise schön zu reden. Die Ursachen lagen auf der Hand. So wie bei dem Olympic-Projekt und bei anderen Problemen danach – es waren große und kleine Schwierigkeiten – verfolgten wir das aktuelle Problem bis an die Wurzel und fanden schnell eine Lösung.

Ein Teil dieser Lösung war Tom Meredith. Wir hatten Tom von Sun Microsystems geholt und ihn im November 1992 als unseren neuen Finanzchef eingestellt. Während der Einstellungsgespräche hatte mich Tom davor gewarnt, dass es nur noch eine Frage der Zeit wäre, bis Dell seine Grenzen erreichen würde. Und obwohl ich zu diesem Zeitpunkt um unsere Probleme wusste, hielt ich ihm entgegen, dass er zu schnell Alarm schlagen würde. Doch 1993 sah es so aus, als sei Toms Einschätzung richtig gewesen.

Wir hatten geplant, Anfang 1992 eine zweite Aktienzeichnung anzukündigen, die unsere Liquidität verbessern sollte. Doch da der Kurs unserer Aktien auf 30,08 Dollar gefallen war, sagten wir diesen Börsengang ab – keine Hilfe für unseren Cash-flow. Kurz danach mussten wir unseren ersten (und einzigen) Quartalsverlust in der Unternehmensgeschichte bekannt geben.

Wir hatten unter der Annahme operiert, dass wir schneller als der Gesamtmarkt wachsen und dabei noch immer eine Rendite von fünf Prozent erzielen würden. Es gab nur einen Fehler: Wir waren *zu schnell* gewachsen. Es war jetzt dringend geboten, unsere Prioritäten neu festzulegen. Das Wachstum sollte langsamer aber gleichmäßig sein und wir mussten unsere Liquidität im Auge behalten. Hätten wir erst einmal unsere Finanzsituation wieder in Ordnung gebracht, würden wir wieder an der Gewinnschraube drehen können und möglicherweise unser Wachstum wieder beschleunigen. Statt »Wachstum, Wachstum, Wachstum« würde die

neue Prioritätenliste des Dell-Geschäfts wie folgt aussehen: »Liquidität, Rentabilität und Wachstum« – und genau in dieser Reihen-
folge.

Der jetzt einsetzende Prozess war mühsam, aber recht aufschluss-
reich. Wir analysierten aufs Sorgfältigste jede einzelne Facette unserer Geschäftätigkeit mit dem Ziel, für *jedes* einzelne Segment
zu einer aussagekräftigen Gewinn- und Verlustrechnung zu kommen. Mit dem Wissen um die wirtschaftliche Situation der einzelnen Geschäftsbereiche könnten wir unsere Stärken bündeln und
eventuelle Schwächen ausmerzen.

Unsere neuen Schwerpunkte Liquidität, Rentabilität und Wachstum wurden zur unternehmensweiten Zielvorgabe. Jeder Manager ging auf die Jagd nach »Profit und Cash« und präsentierte
danach einen Plan zur Kostenreduzierung, zur Steigerung der Ver-
kaufszahlen und für einen besseren Cash-flow. Ich selber übergab
auf Managementmeetings pyramidenförmige Briefbeschwerer aus
Plexiglas mit dem Dell-Logo in der Mitte und den Zielen »Liquidität«, »Rentabilität« und »Wachstum« auf den Seiten.

Die Jagd nach Profit und Cash war auch deshalb so wichtig,
weil sie unsere Manager dazu brachte, Verantwortung für das Gesamtergebnis der von ihnen geführten Geschäftsbereiche zu übernehmen. Plötzlich sollten sie sich nicht nur Gedanken über das
Wachstum ihres Geschäftsbereichs machen, sondern auch darüber,
wie sie zu einem profitablen und effizienten Gesamtergebnis beitragen könnten. Allerdings war das neue Konzept einigen Managern noch so fremd, wie kaufmännische Dinge für einige Ingenieure sind.

Anfangs waren wir bereit, viele Lösungsansätze auszuprobieren. Dort, wo Produkt- und Technologieinnovationen im Mittelpunkt standen, räumten wir weiterhin höchste Prioritäten ein. In
Bezug auf die kaufmännischen Unternehmensbereiche war unsere
Zielsetzung ganz eindeutig: Wir mussten seriös werden.

Als wir diese klare Zielsetzung definiert hatten, konnten wir
leicht ablesen, welche Geschäftsbereiche sich verbesserten oder
nicht, und wir konnten dann unsere Strategie ändern. Wir verän-
derten zum Beispiel unsere Informationssysteme so, dass ein Ver-

käufer (bzw. eine Verkäuferin) schon während des Telefonverkaufs über die Gewinnspanne des jeweiligen Produkts informiert wurde. Oder denken Sie an Preisnachlässe. Stellen Sie sich vor, dass zwei Verkäufer jeweils Produkte im Wert von einer Million Dollar verkaufen, der eine mit 25 Prozent Gewinnspanne, der andere dagegen nur mit 8 Prozent. Unser neues Rabattsystem war jetzt auf eine Verbesserung der Gewinnsituation ausgerichtet und da die Gewinnspanne erheblich von den eingeräumten Preisnachlässen beeinflusst wird, setzten jetzt unsere Verkäufer alles daran, die bisherige Situation zugunsten eines besseren Ertrags zu ändern.

Wir behielten die Praxis eines starken Gewinn- und Verlustmanagements bei. Da wir detaillierte Soll-Ist-Analysen für jeden einzelnen Geschäftsbereich anforderten, erkannten wir den unschätzbaren Wert von Fakten und Daten für das Management komplexer Geschäftsvorgänge. Je stärker Dell wuchs, desto schneller wurden wir zu einem Unternehmen, dessen Business durch Daten sowie Gewinn- und Verlustzahlen gesteuert wurde – Zahlen geben seither den Ausschlag bei nahezu allem, was wir tun.

Im Zentrum des Sturms

Gerade als wir uns in unserer Cash-flow-Krise befanden, gab es Probleme mit unseren Notebooks – ein weiterer Grund, warum ich Anfang 1993 das Gefühl hatte, nur noch Hiobsbotschaften zu erhalten. Wir sind 1988 in den Notebook-Markt eingestiegen und konnten uns sehr schnell einen äußerst guten Ruf aufbauen. Wir waren die Ersten, die ein Notebook mit einem Intel-486-Prozessor und einem Farbdisplay anbieten konnten. Außerdem führten wir eines der dünnsten und leichtesten Subnotebooks ein. Aber in dem Maße, in dem unsere Produkte anspruchsvoller und damit auch technologisch komplexer wurden, wurde mir klar, dass wir nicht in der Lage waren, wirklich ausgereifte Produkte rechtzeitig in den Markt zu bringen. Die erste Schwierigkeit gab es bereits beim Design bzw. der Entwicklung neuer Produkte – es gab keinen Unterschied zwischen der Entwicklung eines Notebooks und der eines Desktop-Rechners. Das machte allerdings ebenso wenig Sinn, wie beispielsweise Kinder als kleine Erwachsene zu behandeln. So ungewöhnlich das klingen mag, unser Dilemma war, dass einige Ingenieure aus unserer Desktop-Abteilung sich jetzt mit der Entwicklung von Notebooks befassten.

Es lag auf der Hand, dass dieser Ansatz für die Entwicklung von Notebooks falsch war – die Unterschiede zwischen Desktops und Notebooks sind einfach zu groß. In einem Desktop gibt es 30 bis 35 Komponenten, dagegen ist bei einem normalen Notebook die Anzahl doppelt so groß. Hinzu kommt, dass viele Teile in einem Notebook anders zusammenarbeiten als in einem Desktop.

Im April 1993 stellten wir John Medica, vorher Entwicklungschef für die Apple PowerBooks, als Leiter unserer Notebook-Abteilung ein. Als er bei uns anfing, hatten wir bereits ein Produkt eingestellt. Allerdings waren noch andere Produkte in der Entwicklung und zwar mit einem Design, das länger als erwartet Bestand zu haben schien. John führte als Erstes eine realistische Beurteilung aller in der Entwicklung befindlichen Produkte aus. Er wollte ein Gefühl dafür bekommen, was kurz vor der Fertigstellung war und warum andere Dinge so lange dauerten.

Er kam zu dem Schluss, dass nur eines unserer Entwicklungsprojekte – der Latitude XP – konkurrenzfähig sein würde.

Wir steckten in einem Dilemma. Der Verkauf von Notebooks hätte unseren Cash-flow und die Gewinnsituation verbessert – das Streichen der in der Entwicklung befindlichen Produkte wäre schmerzhaft und teuer geworden. Aber wir konnten auch kein unausgereiftes Produkt verkaufen, das bei unseren Kunden nicht angekommen wäre. Und wir wussten, dass die Überarbeitung des Produktes (neues Design, Produktion und Lieferung) eine so große Zeitverzögerung mit sich gebracht hätte, dass der Lebenszyklus des Produktes schon fast abgelaufen sein würde.

Es war eine wirklich verzwickte Situation. Wir folgten Johns Empfehlung und trafen eine harte Entscheidung. Wir stoppten die Entwicklung diverser Produkte und konzentrierten uns fast gänzlich auf eines der verbleibenden Designs.

Nun stellte sich nicht mehr die Frage, ob alle Notebooks rechtzeitig fertig sein würden. Der Notebook-Markt war damals das
am schnellsten wachsende und profitabelste Marktsegment. Wir
hatten eine Menge Kunden, die auf unsere Ankündigungen setzten. Eine ganze Weile stagnierten wir zwischen vorhandenen »alten« Produkten und neuen, deren Entwicklung noch nicht abgeschlossen war – wir hatten nichts Neues anzubieten. Wenn Kunden nach unseren Notebooks fragten, mussten wir antworten: »Im
Augenblick können wir noch nichts zeigen, aber es wird bald vorgestellt«. Anschließend redeten wir über unseren Plan, mit dem
wir die Notebook-Situation lösen wollten.

Während die anderen Bereiche innerhalb unseres Unternehmens
erfolgreich waren, war die Stimmung in der Notebook-Gruppe
verständlicherweise gedrückt. Die Ingenieure hatten hart gearbeitet und viel Zeit in die Produkte investiert, die wir gerade gestoppt
hatten – natürlich waren sie frustriert und demotiviert.

Als Unternehmenschef tat ich das einzig Mögliche. Ich erläuter-
te der Notebook-Gruppe unsere neue Strategie und forderte alle
Mitarbeiter auf, gemeinsam daran zu arbeiten, dass der Latitude
XP zum Erfolg wird. Um unsere bisher eingegangenen Verpflichtungen erfüllen zu können, fanden wir einen Partner für die gemeinsame Entwicklung eines weniger fortschrittlichen Notebooks,
das uns bis zum Erscheinen des schnellen Latitude XP über Was-
ser halten sollte.

Die volle Konzentration aller Beteiligten auf den Latitude war
gut, weil sie von den Problemen im Zusammenhang mit der Einstellung der anderen Entwicklungsprojekte ablenkte. Unsere Ingenieure testeten neue Entwicklungs- und Prüfmethoden; die Mitarbeiter in der Produktion bauten, prüften und verpackten das Produkt und unsere Verkaufs- und Supportteams wurden geschult.
Und sie suchten das Gespräch mit unseren Kunden um herauszufinden, nach welchen neuen Produkten der Markt verlangte.

Kommunikation ist eine der wichtigsten Maßnahmen, um Fehler wieder gutzumachen. Wenn Sie jemandem, egal ob Entwickler,
Kunde oder Geschäftsführer, sagen: »Sehen Sie, wir haben ein Problem – hier ist das Problem, das ist passiert und so werden wir es

lösen«, können Sie viele Bedenken aus dem Wege räumen und die Lösung in den Mittelpunkt stellen. Da wir unseren Kunden und Aktionären unseren Lösungsplan offen und direkt präsentierten, hatten wir zu keinem Zeitpunkt ihr Vertrauen verloren. Wir nahmen zu jedem Kunden, der von der Notebook-Situation betroffen war, Kontakt auf und erklärten ihm Folgendes: »Wir bringen eine neue Produktlinie heraus. Hier ist unser Zeitplan und hier sehen Sie unsere Service- und Supportpläne. Es gibt also keinen Grund für Sie, sich über die Geschäftsbeziehungen mit uns Gedanken zu machen.«

Diese Offenheit hat die Leute einfach umgehauen, besonders weil nur wenige in unserer und auch in anderen Branchen ein derart offenes Gespräch mit ihren Kunden suchen. Wir wollten einfach vermitteln, dass wir Kunden nicht auf Zeit, sondern für immer haben wollen.

Das Notebook-Problem zeigte unseren Kunden die deutlichen Vorteile des direkten Modells. Dells gute Kundenkontakte fußten darauf, dass die Kunden auf uns bauen und uns vertrauen können – nicht nur bei einem Produkt oder in einer bestimmten Situation, sondern bei allen Produkten und in allen Situationen. Jeder weiß um bestehende Probleme, aber er weiß auch um die Lösungswege. Dank der Idee des Direktmodells konnten wir schnell und unmittelbar Kontakt zu unseren Kunden aufnehmen und uns schnell von unserem Problem erholen.

Dieses Beispiel zeigt auch, dass wir das direkte Vorgehen auch innerhalb des Unternehmens bevorzugen. Wir besprachen über unsere aus drei Schritten bestehende Strategie mit unseren Mitarbeitern ebenso offen wie mit unseren Kunden und Aktionären. Nachdem die Notebook-Gruppe etabliert war, verbrachten wir dort viel Zeit miteinander und konzentrierten unsere gesamte Energie auf ein einziges Produkt: den Latitude. Zurückschauend war das, ähnlich wie die Finanzkrise, eine im Grunde genommen befreiende Erfahrung – wir mussten uns statt auf zu viele Projekte diesmal nur auf ein Projekt konzentrieren. Vor dem Hintergrund immer vollerer Auftragsbücher war jedem von uns klar, dass der Latitude ein Erfolg werden musste.

Überrasche und liefere

Eines der Überraschungsmomente bei der Auslieferung des Latitude war der Lithium-Ionen-Akku.

Im Januar 1993, kurz nachdem wir uns mit Dell in Japan niedergelassen hatten, hatte ich ein Treffen mit Sony. Wir redeten über Monitore, magnetoptische und CD-ROM-Laufwerke sowie über die unterschiedlichsten Multimedia-Entwicklungen von Sony. Am Ende des Gesprächs kam ein junger Japaner auf mich zu und sagte: »Mr. Dell, Mr. Dell, bitte warten Sie noch eine Minute. Ich komme aus der Gruppe für Stromversorgungssysteme und muss mit Ihnen reden.«

»Stromversorgungssysteme?« überlegte ich. »Will dieser Mann mir ein Stromkraftwerk verkaufen?«

Ich war immer noch ein wenig befremdet, aber ich blieb und hörte ihm zu. Er präsentierte mir diverse Charts, mit denen er mir die Leistungsfähigkeit einer neuen Akku-Technologie mit der Bezeichnung »Lithium-Ionen« verdeutlichte. Plötzlich verstand ich seine Absicht: Er wollte Lithiun-Ionen-Akkus für Notebooks an Dell verkaufen.

Jeder, der mit einem Notebook gearbeitet hat, hat ganz oben auf seiner Wunschliste einen Akku mit möglichst langer Betriebszeit stehen. 1993 waren die meisten der in Notebooks verbauten Akkus nach etwa zwei Stunden leer. Nach den Unterlagen des Sony-Ingenieurs lag dagegen die Betriebszeit der Lithium-Ionen-Akkus bei etwa vier Stunden – also 100 Prozent über den damals üblichen Werten. Wenn das stimmte, würde ich jedes von uns produzierte Notebook mit Lithium-Ionen-Akkus ausliefern.

Ein Lithium-Ionen-Akku hat eine größere Leistungsdichte (geringeres Volumen bei mehr Leistung) als ein konventioneller Nickel-Hydrid-Akku. Man könnte mit einem Lithium-Ionen-Akku ein halbes Pfund Gewicht einsparen und gleichzeitig die Betriebszeit um 50 Prozent steigern. Hinzu käme ein intelligenteres, im Akku-Pack integriertes Power-Management, mit dem sowohl die Betriebszeit als auch die Lebensdauer der Akkus erheblich verlängert werden könnten. Die Pläne von Sony gingen in die Richtung,

die Lithium-Ionen-Technologie in Handys und Camcordern einzusetzen – allerdings verbrauchten diese Geräte nicht annähernd
so viel Strom wie ein Notebook. Sony hatte bis dahin noch keinen
Akku mit der von uns benötigten Leistung, mit der Anzahl der
dazu erforderlichen Zellen und der daraus resultierenden Größe
gebaut. Allerdings erkannte Sony, dass Notebooks eine großartige
Gelegenheit waren, einen völlig neuen Markt zu erschließen. Die
Lithium-Ionen-Technologie wurde ein großer Erfolg.

Rückblickend schien die Entscheidung zugunsten der neuen
Sony-Akkus einfach zu sein, doch da es sich um eine brandneue
Technologie handelte, war die Entscheidung auch mit Risiken be-
haftet. Da wir in unserem System nicht gleichzeitig die Lithium-
Ionen- und Nickel-Hydrid-Technik unterstützen konnten, mussten
wir uns für eine der Techniken entscheiden. Und obwohl Sony
immer die richtigen Antworten auf unsere Fragen parat hatte,
wusste niemand genau, wie sich die Lithium-Ionen-Technik entwickeln würde. Sie hob sich eindeutig von den bisherigen Akku-
Technologien ab, war aber so neu, dass nur Sony diese Akkus
fertigen und anbieten konnte. Ausgehend von unserem Bedarf, wäre
die Kapazität von Sony ausgeschöpft; das Unternehmen hätte an
keinen anderen Hersteller verkaufen können. Unsere Konkurrenten würden mindestens ein Jahr benötigen, um ebenfalls auf diese
Technik zugreifen zu können. Zwischenzeitlich würden wir mit
unseren Produkten – vorausgesetzt, es gäbe keine Probleme – einen immensen Wettbewerbsvorteil in Bezug auf Betriebszeit und
Leistungsdichte der Akkus verbuchen können.

Der Latitude XP mit einem Lithium-Ionen-Akku wurde im August 1994 eingeführt. Wir luden um die fünfzig Branchen-Analysten
und Journalisten zu einem Rundflug ein. Wir trafen uns mit den
Leuten in New York am John F. Kennedy Flughafen, übergaben
jedem Teilnehmer einen voll aufgeladenen Latitude XP mit einem
installierten Textverarbeitungsprogramm und flogen gemeinsam
nonstop nach Los Angeles. Als die Maschine fünfeinhalb Stunden
später zur Landung ansetzte, hatte der Latitude jeden Rekord für
die Akkubetriebszeit gebrochen. Die Nachfrage nach dem Latitude
steigerte den Anteil unseres Notebook-Umsatzes von zwei Pro-

zent im ersten Quartal auf 14 Prozent im vierten Quartal des Fiskaljahres 1995.

Jetzt lieferten endlich auch die Notebooks ihren Beitrag zu unserem Wachstum. Aber wir wussten, dass noch weitere Möglichkeiten vor uns lagen.

Weniger versprechen, mehr liefern

Überleben im Geschäftsleben ist nur dann möglich, wenn man die Zusammenhänge von »Geld verdienen« und »Geld ausgeben« versteht – dann stehen einem alle Türen offen. Ich erinnere mich noch genau an eine Phase im Jahr 1993, in der wir lernten, dass *zusätzliches* Wachstum uns nicht hätte helfen können, da uns das notwendige Wissen über die ökonomischen Abläufe in jedem unserer Geschäftsbereiche fehlte. Für uns war das eine völlig neue und äußerst unangenehme Zeit in unserer Firmengeschichte. Doch wir haben daraus etwas gelernt, was sonst kaum möglich gewesen wäre. Wir mussten unsere Aufbauphase hinter uns lassen und neue Ziele fixieren, bevor wir uns weiteren Herausforderungen stellen konnten. Statt unser Wachstum weiter zu beschleunigen, mussten wir abbremsen, um nicht jenseits unserer Möglichkeiten zu landen. Wir mussten die Chancen erkennen, die am ehesten zu unseren Stärken passten. Und statt alle Möglichkeiten weiter zu verfolgen, durften wir nur die vielversprechendsten wahrnehmen. Wir mussten unsere Investitionen an unsere Fortschritte anpassen und eine Wachstumsrate anpeilen, die unseren Verpflichtungen gegenüber Kunden, Mitarbeitern und Aktionären angemessen war. In dieser nicht einfachen Phase entdeckten wir wieder die Dell-Philosophie: »Weniger verprechen, mehr liefern«.

Nach unserem Quartalsverlust konnten wir entgegen allen Erwartungen sofort wieder schwarze Zahlen schreiben. Und dann, Ende 1993, wurde ich von der Zeitschrift *Upside* als »Tournaround-Chef des Jahres« tituliert.

»Vielen Dank«, dachte ich mir, »hoffentlich gewinne ich diesen

Preis nie wieder«. Irgendwer wies mich irgendwann einmal auf den wesentlichen Unterschied zwischen Dell und anderen Unternehmen hin. »Alle Unternehmen machen Fehler, doch Dell macht denselben Fehler nie zweimal«. Wir haben Fehler immer als etwas angesehen, aus dem man lernen kann. Wichtig ist, dass man die richtigen Rückschlüsse zieht und einen Fehler nie wiederholt. Wir mussten aus Fehlern lernen, die uns teilweise sogar in der Öffentlichkeit unterlaufen waren – scherzhaft ausgedrückt waren das die besten Lernmöglichkeiten. Glücklicherweise haben uns diese Lektionen dabei geholfen, diejenigen Verfahren zu bestimmen, die eine sichere Basis für unser zukünftiges Wachstum bilden würden.

5

Wir werden noch zielorientierter

Es gibt nichts Vergleichbares zu den Erfahrungen von 1993, als wir den Mitarbeitern die Wichtigkeit des zielorientierten Vorgehens vermitteln mussten. Es ist toll, wenn ein Unternehmen sehr viel schneller als der Branchendurchschnitt wächst. Aber ein Wachstum von 127 Prozent innerhalb eines Jahres kann verursachen, dass dieses Wachstum nicht mehr effektiv gesteuert werden kann. Wir hatten nicht etwa das Problem, dass sich Dell im freien Fall befand oder dass die Kunden unsere Produkte nicht mehr kaufen wollten. Das Gegenteil war der Fall – aber man kann eben auch zu schnell wachsen. Unser Problem war einfach, dass wir jeder sich bietenden Chance auf Mehrumsatz zu schnell nachgegangen waren. Wir mussten lernen, nicht auf jeden sich anbietenden Zug aufzuspringen. Das, was sich in der Vergangenheit als gut erwiesen hatte, mussten wir von nun an revidieren. Nur so konnten wir weiterhin gut dastehen.

Aufgrund unserer Cash-flow-Krise und der Gewinn- und Verlustinitiative begannen wir einzusehen, dass die Entscheidung, etwas zu unterlassen, genauso wichtig ist, wie die Entscheidung, etwas zu tun. Seitdem haben wir für jedes Jahr »große, irrsinnig kühne Ziele« definiert – wichtige Unternehmensprioritäten – natürlich ausgehend von Liquidität, Rentabilität und Wachstum. Das waren auch die Kernpunkte, auf die wir uns in den folgenden Jahren konzentrierten. Wir gewichteten die Ziele entsprechend den vorhandenen Gegebenheiten und unseren Möglichkeiten für deren

Realisierung. Im Verlaufe des Jahres 1993, als wir diese wichtige Erfahrung erstmalig gemacht hatten, mussten wir die einzelnen Ziele langsam und Schritt für Schritt angehen. Unsere bisherigen Ziele waren sowohl auf die Infrastruktur als auch auf Marktchancen ausgerichtet: Aufbau von Systemen und Prozessen; Einstellen, Binden und Fortbilden von talentierten Mitarbeitern; Markführer in den Segmenten Notebook und Server werden.

Anstatt jede sich bietende Möglichkeit mit vollem Risiko wahrzunehmen (wie wir es immer getan hatten), gingen wir jetzt schrittweise vor – mit dem Ziele, weiter, diesmal aber abgesichert, zu wachsen. Wir konzentrierten unser gesamtes kreatives Potential nicht mehr auf die Entwicklung neuer Dinge, sondern auf bereits entwickelte Dinge – und diese sollten durch eine Weiterentwicklung ihr volles Potential erlangen. Wir waren immer reich an neuen Ideen, doch jetzt war eine diszipliniertere Vorgehensweise notwendig, um unter den vielen Möglichkeiten angemessene Prioritäten zu setzen. Das war eine große Umstellung, nicht nur für mich, sondern auch für alle anderen in der Firma. Wir wägten die besten neuen Ideen sorgfältig gegen alles andere ab. Wir wollten herausfinden, wie gut diese Ideen tatsächlich waren und ob sie unseren Kunden und Aktionären einen realen Mehrwert bieten konnten. Erst danach hatten wir die Entscheidung zu treffen, ob sich die Umsetzung der jeweiligen Idee wirklich lohnte.

Wir mussten etwas Wichtiges lernen, das fast jedes andere, aber in diesem Stadium in der Regel noch kleinere Unternehmen erfahren hat: Wachse langsam und entwickle dich entsprechend weiter. Wir waren mit unseren Schwerpunkten Liquidität, Rentabilität und Wachstum auf dem richtigen Weg. Aber auch die Unternehmensstruktur war eine Herausforderung für uns.

Wir hatten eine Atmosphäre geschaffen, in der wir alle auf Wachstum ausgerichtet waren. Es war nicht außergewöhnlich, dass wir in Meetings auf Leute trafen, die mit großen »Schaumgummi-Zeigefingern« in die Luft zeigten und »Rang Eins« skandierten. Wir waren dabei, weltweit einer der drei größten Computeranbieter zu werden. Wir mussten diese externe Orientierung jedoch in eine Richtung lenken, die unser Unternehmen intern stärkte.

Für uns hieß das: »Erwachsenwerden«, einen Weg zu finden, auf dem wir unseren unkonventionellen Stil und das »Wunschdenken« mit dem tatsächlich »Machbaren« in Einklang bringen konnten – nur so würden wir uns als Unternehmen weiter entwickeln. Also mussten wir die wertvollen Erfahrungen hinsichtlich der Gewinn- und Verlustsituation in unsere normale Tagesarbeit einbringen. Wir mussten unsere Mitarbeiter dazu bringen, dass sie sich immer den Mehrwert für unsere Aktionäre vor Augen hielten. Jeder Mitarbeiter musste sich also nach den drei goldenen Dell-Regeln verhalten: »Vermeide Lagerbestand«, »Höre immer auf den Kunden« und »Verkaufe niemals indirekt«.

Ich weiß, das klingt ziemlich banal, aber häufig sind die besten Verfahren auch die einfachsten. Und dennoch braucht es Zeit, diese Vorgehensweisen in einem Unternehmen zu institutionalisieren.

Warum Fakten wahre Freunde sind

Wir hatten gerade von einer Periode, in der alles richtig gut funktionierte, in eine gewechselt, in der das einfach nicht mehr so war. Wenn alles gut läuft, stößt die Frage: »Was funktioniert und warum?« auf wenig Verständnis. Und es ist auch viel schwieriger, einen überzeugenden Zusammenhang zwischen Ursache und Wirkung zu etablieren, als ein Problem an der Ursache festzumachen. Aber genau das benötigten wir, um weltweit zu einem der erfolgreichsten Unternehmen zu werden.

Wir wussten 1993, dass uns noch viele wichtige Informationen für unsere Geschäftätigkeit fehlten. Wir kannten noch nicht alle Zusammenhänge zwischen den Kosten, Erträgen und Gewinnen der einzelnen Geschäftsbereiche. Intern gab es Unstimmigkeiten darüber, auf welche Geschäftsbereiche man setzen sollte und auf welche nicht. Wir trafen Entscheidungen, indem wir Stimmungen und Meinungen folgten.

In einer Führungsrolle ist es wichtig, Intuition zu entwickeln – jedoch immer unter Berücksichtigung der vorhandenen Fakten.

Ohne sichere Daten bringen in schwierigen Zeiten aus dem Bauch heraus getroffene Entscheidungen ein Unternehmen unweigerlich in eine große Gefahr. Und genau das ist uns widerfahren.

Man kann leicht herausfinden, ob man gefühlsmäßige Entscheidungen trifft. Wenn Sie auf Daten stoßen, die sich völlig konträr zu Ihrem bisherigen Wissensstand verhalten, wie lange benötigen Sie um umzudenken? Ignorieren Sie die Daten und sagen Sie: »Das glaube ich nicht«?

Je länger Sie brauchen, neue Erkenntnisse oder Informationen zu akzeptieren, desto stärker vertrauen Sie Ihrem Gefühl. Ausgehend vondem, was wir gerade durchgemacht hatten, konnten (und wollten) wir unser operatives Geschäft nur noch auf der Grundlage eindeutiger Fakten fortsetzen. Wir mussten also vollständig und schnell umdenken.

Sich mit Visionen umgeben

Ich habe immer versucht, mich mit besonders talentierten Freunden zu umgeben. Wenn man ein Unternehmen leitet, egal ob groß oder klein, kann man nicht alles alleine machen. Tatsächlich kann man nur *wenig* selber machen. Je mehr talentierte Mitarbeiter einem helfen, desto besser steht man selber da und desto besser geht es der Firma. Eine der Herausforderungen, denen man sich in einem immer größer werdenden Unternehmen stellen muss, ist, die eigenen Stärken und Schwächen zurückzunehmen; und dabei fällt es schwer, objektiv zu sein. Mir ist bekannt, dass diese Situation als »Sendungsbewusstsein« bezeichnet wird. Persönlich bevorzuge ich dagegen die Umschreibung »im eigenen Saft kochen«. Das klingt nicht sehr gesund – und ist es auch nicht.

Die Sicht eines Außenstehenden ist besonders dann von Nutzen, wenn man sich nur noch mit Problemen auseinander zu setzen hat, während gleichzeitig klare Fakten fehlen. Die von der Realität des Tagesgeschäfts losgelöste Sicht ist häufig ein guter Ausweg.

Im August 1993, mitten in einer der herausfordernsten Phasen unserer Entwicklung, erstellte ich für unseren Aufsichtsrat einen Sanierungsplan für unser Unternehmen. Ein Punkt auf dieser Liste betraf die zusätzliche externe Unterstützung. Wir wussten zu diesem Zeitpunkt, dass es Bereiche gab, in denen wir gewinnbringend arbeiteten, und andere, in denen das nicht der Fall war. Aber wir hatten noch zu wenig Informationen; wir wussten weder genau, wo im Unternehmen was geschah, noch kannten wir den Grad der Abweichungen. Wir baten deshalb erneut Bain & Company um Unterstützung, mit denen wir schon vorher erfolgreich zusammengearbeitet hatten, um Hilfe. Zu diesem Zeitpunkt wechselte Kevin Rollins, der führende Partner von Bain für Dell, in unser Führungsteam.

In Übereinstimmung mit unserem Controllingplan arbeiteten wir mit Bain daran, unsere Geschäftstätigkeit in alle Einzelbereiche zu zerlegen. Danach konnten wir diverse »Messlatten« entwickeln, anhand derer wir herausfinden konnten, welche Geschäftsbereiche erfolgreich waren und welche nicht. Wir konnten die Ergebnisse einzelner Gruppen miteinander vergleichen, Möglichkeiten der Optimierung ausdenken und dann das Wachstum in den Bereichen beschleunigen, die gewinnbringend arbeiteten. Nachdem wir die weniger gut abschließenden Bereiche herausgefiltert hatten, konnten wir diese Gruppen genauer untersuchen und eine abgesicherte Entscheidung dahingehend treffen, ob und wie wir die schwachen Gruppen stärken konnten – und wenn nicht, ob wir unsere Verluste abschreiben und den entsprechenden Bereich aufgeben sollten.

Diese Arbeit war äußerst effizient und lieferte uns einen »befreienden« Rahmen für weitere Entscheidungen.

Im Grunde genommen drehte sich alles darum, die Verantwortung für die Erträge auf die zuständigen Manager zu übertragen. Und wenn jetzt jemand fragt, ob das von den Managern angenommen wurde, lautet die ehrliche Anwort: »im Allgemeinen Ja«. Tatsächlich gab es einige, die bei ihren täglichen Entscheidungen weder auf Fakten noch auf Daten zurückgreifen wollten; sie mussten, so schmerzhaft es für uns alle war, schließlich unser Unternehmen verlassen. Aber der größte Teil unserer Mitarbeiter

entwickelte infolge der Veränderungen neue Energien. Es gab so
etwas wie eine »Reinigung« unserer Unternehmenskultur, da altes
Denken neuem Platz machte.

Wir hatten zum ersten Mal eine wirklich bedeutende Veränderung unserer Unternehmenskultur herbeigeführt. Wir sprachen
behutsam darüber, was diese Veränderungen für das Unternehmen, die Mitarbeiter sowie unsere Kunden und Aktionäre mit sich
brachte. Die Antwort war außerordentlich positiv, nicht zuletzt
wegen unserer klaren Vorstellungen. »Fakten sind deine Freunde«
wurde schon bald zur feststehenden Redewendung bei Dell. Unsere Firma war noch immer dieselbe, gekennzeichnet durch den für
Dell typischen Vorwärtsdrang – aber wir waren jetzt für wichtige
Entscheidungen besser gewappnet, die getroffen werden mussten,
um weiter voranzukommen und den Erfolg fortzusetzen.

Neben der Möglichkeit, von nun an unsere Aktivitäten genau
messen zu können, machten wir eine weitere Erfahrung, die Auswirkungen auf die Gesamtstruktur unseres Unternehmens haben
sollte. Wir erkannten, dass die Gewinn- und Verlustzahlen nicht
nur für kundenorientierte Aktivitäten wichtig waren (unsere Kostenstruktur wird sehr stark von den »Kundenkontakt-Aktivitä-
ten« beeinflusst), sondern auch auf unsere *Organisation*. Tatsächlich gab es bei uns nicht einen einzigen Geschäftsbereich, sondern
wir bestanden aus mehreren unterschiedlichen Geschäftsbereichen.
Um jedem einzelnen Geschäftsbereich am besten gerecht werden
zu können, mussten wir das Ganze zerlegen und die Grundstruk-
tur des Unternehmens ändern. Und das war wirklich keine leichte
Aufgabe.

Wir funktionierten wieder

So wie viele andere Unternehmen auch hatten wir unsere Geschäftsbereiche nach Funktionen organisiert, als da waren Produktentwicklung, Finanzen, Verkauf, Marketing und Produktion. Als funktionale Organisation wuchsen wir jedoch über diese selbst gestell-

ten Grenzen bis zu dem Punkt hinaus, an dem die Funktionen
anfingen sich zu verselbständigen. Je größer wir wurden, umso
schwieriger wurde es, als integriertes Team zu arbeiten. Anstatt
sich abgestimmt und gemeinsam nach vorn zu bewegen, wurden
die funktionalen Abteilungen zu einer locker verknüpften Ansammlung von »Silos«, wie wir sie nannten.

Ohne eine klare Vorstellung davon zu haben, wie jede einzelne
Abteilung zum positiven Gesamtergebnis des Unternehmens beitragen könnte, hatten die Manager der einzelnen funktionalen
Gruppen angefangen, sich in ihren Silos abzuschotten und vorrangig ihre eigenen Gruppeninteressen in den Vordergrund zu stellen und zu verteidigen. Unser Team hatte während der starken
Wachstumsphase den Blick auf fundamentale Werte verloren:
Wahrnehmung der Interessen unserer Kunden, der Aktionäre und
der Firma als Ganzes. Beispielsweise würde die Gruppe Informationssysteme sagen: »Wir sind die Gruppe für Informationssysteme
und es ist unsere Aufgabe, Informationssysteme zu erstellen«; statt
»Wir sind die Gruppe für Informationssysteme und es ist unsere
Aufgabe, den Informationsfluss für unsere Mitarbeiter, Kunden
und Aktionäre sicherzustellen.«

Diese Art von Abteilungsdenken macht es nahezu unmöglich,
notwendige Verknüpfungen zwischen den Leuten so zu etablieren, dass sie miteinander reden und arbeiten und gemeinsam die
unterschiedlichsten Zielvorgaben verfolgen. Anstatt das Ideal einer Firma zu haben, in der jeder die Verantwortung für seine Aktionen übernimmt und deren Auswirkungen auf andere Unternehmensbereiche berücksichtigt und versteht, ist man plötzlich mit
einer Situation konfrontiert, in der die Leute sagen: »Das ist nicht
mein Job, das ist sein Job«.

Wir waren ein Unternehmen, dessen Umsatz von 900 Millionen
Dollar auf drei Milliarden Dollar gestiegen war und es wurde offensichtlich, dass unsere funktionale Struktur überholt war. Es
wurde immer schwieriger, unsere unternehmensweiten Ziele zu
identifizieren, geschweige denn umzusetzen. In jenen Tagen sagte
ich manchmal im Scherz, warum meine High School keine Kurse
über das Managen eines 3-Milliarden-Dollar-Unternehmens an-

geboten hatte. Doch ich war damals eigentlich nicht zum Scher-
zen aufgelegt. Wir mussten etwas ändern und ich benötigte zusätzliche Hilfe.

Die Suche nach dem
Milliarden-Dollar-Management

Der Erfolg eines Unternehmens sollte immer durch dessen Strategie und die vorhandenen Ideen bestimmt werden – und nicht durch
die Menschen, die das Unternehmen führen, eingeschränkt werden. Als Manager und Firmenchef kannte ich meine Stärken und
Schwächen.

Ich brachte Lee Walker als Präsidenten in die Firma. Als er 1989
die Firma verließ, teilte ich mir seine Aufgaben mit einigen unserer anderen Manager. Ich hatte Tom Meredith eingestellt, als wir
unser Finanzwesen verbessern mussten, und ich stellte Bain ein,
als die Zeit für eine objektive Bewertung unserer Unternehmensstrategie gekommen war.

Ich wusste, dass unser Geschick alleine nicht ausgereicht hätte –
wir hatten auch Glück. Die Hälfte aller Firmenneugründungen in
Amerika führen aufgrund der Krisen, denen auch wir ausgesetzt
waren, zu einem Misserfolg. Und ich wusste, dass dies besonders
für Technologieunternehmen gilt. Ich musste nicht lange nach Firmen suchen, die raketenhaft in der Szene auftauchten und ebenso
schnell wieder verschwanden – oder deren Gründer das Unternehmen verlassen mussten. Allein in der Computerindustrie gab es
dafür genügend Beispiele: Steve Jobs bei Apple 1985, Ken Olsen
bei Digital Equipment Corporation und Rod Canion bei Compaq.

Unsere Firma war dem Management über den Kopf gewachsen.
Es hatte gut funktioniert, als wir noch ein Multimillionen-Dollar-
Unternehmen waren, doch jetzt, als Multimilliarden-Dollar-Un-
ternehmen, brauchten wir ein »Millarden-Dollar-Management«.

Ende 1993 wurde offensichtlich, dass ich meine Arbeit nicht
mehr alleine schaffen konnte. Es gab Kunden, für die ich Zeit

brauchte. Es gab Managementmeetings und Präsentationen, an denen ich teilnehmen wollte. Und mir lag daran Vorträge zu halten. Ich wollte Zeit für unsere Mitarbeiter haben, um sie besser zu verstehen und ihnen helfen zu können, bestimmte Teilbereiche unseres Geschäfts zu verbessern.

Ich wollte auch mehr Zeit für meine persönliche Weiterentwicklung haben. Und ich wollte auch eine ausgeglichene Balance zwischen Geschäfts- und Privatleben schaffen und Zeit mit meiner jungen, schnell größer werdenden Familie verbringen.

Wenn man versucht ein neues Geschäft aufzubauen, ist man auf die Erfahrung anderer angewiesen, die planen und Dinge vorhersehen, an die man selber nie gedacht hätte. Die Herausforderung, ein Geschäft wie unseres aufzubauen, liegt darin, dass man permanent mit völlig neuartigen Situationen konfrontiert wird. Man muss also ständig zwischen Erfahrung, Intellekt und Anwendbarkeit abwägen. Jemand mit außerordentlich großer Erfahrung könnte einem genau sagen, was bereits früher in gleichen Situationen passiert ist, aber umgekehrt wird in Finanzberichten darauf hingewiesen, dass eine zurückliegende Leistung bzw. ein Ergebnis nicht unbedingt ein Indikator für das zukünftige Ergebnis sein muss.

Die beste Kombination ist ein Managementteam, das sowohl Erfahrung als auch Intelligenz besitzt und das in einer dynamischen und sich permanent ändernden Industrie schnell die richtige Antwort findet. Das ist übrigens unsere heutige Situation, in der wir Mitarbeiter mit unterschiedlichstem Background und Erfahrung haben.

Im Januar 1994 traf ich mit Mort Topfer zusammen. Mort kam aus der Telekommunikations- und nicht aus der Computerbranche. Er war Executive Vice President bei Motorola und für die Produktbereiche Handy und Datensysteme zuständig. Die Art der Produkte, mit denen er zu tun hatte, und deren Produktzyklus unterschieden sich nicht allzu sehr von unseren Produkten. Außerdem hatte der Geschäftsbereich, für den Mort zuständig war, in etwa die gleiche Größe wie Dell damals. Wichtig war außerdem, dass Mort neben seinen vielen anderen Erfahrungen bereits die Umwandlung einer funktionalen Organisation in eine mit funktionsübergreifendem Management vorgenommen hatte. Als ich vor der Entscheidung stand, diese Umwandlung alleine durchzustehen oder zusammen mit jemandem, der bereits die dafür notwendige Erfahrung hatte und der uns unnötige Fehler ersparen könnte, gab es für mich kein Zögern – Dell brauchte Mort.

Mort und ich trafen uns sehr häufig, da dies eine Entscheidung war – und eine Verbindung – die keiner von uns beiden auf die leichte Schulter nahm. Wir verbrachten viel Zeit, uns gegenseitig besser kennenzulernen, Ansichten zu vergleichen, unseren Werdegang zu erzählen und Strategien zu entwickeln. Wenn jemand auf dieser Ebene in ein Unternehmen einsteigt, müssen beide Seiten überzeugt dahinter stehen. Mort wurde im Mai 1994 unser Vice Chairman.

Geteilte Macht

Jedes Unternehmen, das weiterkommen will, muss im Top-Management eine Gewaltenteilung vornehmen. Man sollte sich auf die Realisierung der Unternehmensziele konzentrieren und nicht darauf, die persönliche Macht zu vergrößern. Aktionäre und Kunden können eine Machtanhäufung keineswegs mit Erfolg gleichsetzen. Die erfolgreiche Umsetzung von Zielen dagegen steht für Erfolg. Außerdem muss man sich gegenseitig respektieren und permanent miteinander reden. Nur so erzielt man eine völlige Übereinstimmung bei den wichtigsten, das Unternehmen betreffenden Themen und Sachverhalten.

In unserem Fall waren die Chancen und Herausforderungen gewaltig und wir einigten uns immer schnell, wer von uns beiden was tun würde. Ich konzentrierte mich in erster Linie auf Produkte, Technik und die generelle Strategie, während die Schwerpunkte von Mort in den Bereichen operatives Geschäft, Verkauf und Marketing lagen. Ich arbeitete an den Kundenkontakten und vielen externen Dingen, hielt Reden oder veranstaltete Meetings mit Presseleuten und Analysten. Mort konzentrierte sich auf das Budget und das Tagesgeschäft – unabdingbare Voraussetzung für ein funktionierendes Unternehmen.

Schon bald haben wir die Verantwortung teilen können. Die Kundenkontakte wurden beispielsweise fest an den Verkauf angebunden, so dass dort – und das ist noch immer so – viel »Geben und Nehmen« vorhanden war. Manchmal haben wir sogar unsere Termine getauscht. Der Schlüssel für unseren Erfolg war, dass wir von Anfang an eine fließende und konsistente Kommunikation aufbauen konnten, die dann Einfluss auf jede Unternehmensebene hatte.

Planen oder untergehen

Planung ist ein Bereich, in dem Erfahrung ebenso viel zählt wie Verstand. Wenn man ein neues Geschäft aufbauen will, kann man nur schwer die damit einhergehenden Höhen und Tiefen vorhersehen, besonders wenn man diesen noch nie ausgesetzt war.

Rückschauend betrachtet waren wir etwas naiv – doch bevor Mort zu uns kam, kümmerten wir uns herzlich wenig um eine detaillierte, langfristig ausgerichtete Planung. Und als wir hätten planen müssen, gab es schon genug damit zu tun, die kurzfristigen Ziele zu erfüllen. Das Großartige in 1984 war, dass wir wieder frisch starten konnten. Wir besaßen sämtliche Elemente eines starken Managementteams, was uns zum ersten Mal in unserer Firmengeschichte erlaubte, über die Jahresplanung hinaus das wahre Potential einer langfristig angelegten Geschäftstätigkeit zu erkennen.

Mit Morts Hilfe sahen wir ein, dass unser Planungsprozess disziplinierter sein musste. Planung war nicht nur ein quartalsweise wiederkehrendes Ereignis, sondern ein permanenter Prozess. Und Planung durfte keine ausschließlich interne Initiative sein, sondern sie musste ein System sein, in das auch jeder Lieferant, Kunde und Mitarbeiter einbezogen werden musste. Ausgehend von unserem neuen Schwerpunkt »Verantwortlichkeit« machte das viel Sinn.

Wir erstellten zum ersten Mal einen soliden Drei-Jahres-Plan für das Gesamtunternehmen. Der Planungsprozess legte viele wichtige Sachverhalte bezüglich der Organisation sowie deren Möglichkeiten, Infrastruktur und Wachstumsmöglichkeiten offen. Wir schauten uns unseren Marktanteil in jedem einzelnen Land und für jedes Produkt an und prüften das jeweilige Wachstumspotential. Wir analysierten sorgfältig die Kostenstrukturen unserer Mitbewerber und wenn die Konkurrenz besser war als wir, prüften wir noch genauer. Wir wollten einfach verstehen, warum das so war. Diese intensive Überprüfung ließ uns beispielsweise zu dem Schluss kommen, dass wir nur dann höhere Marktanteile im Home- und Small-Business-Bereich erzielen könnten, wenn wir innerhalb der nächsten Jahre unsere Kostenstruktur so ändern würden, dass wir mit aggressiveren Preisen anbieten könnten. Gleichzeitig müssten wir in diesem Marktsegment unsere Strategie für das Produktdesign ändern und uns bei den Computern auf viel mehr Leistung und Geschwindigkeit konzentrieren.

Wir fanden heraus, wo wir uns neue Investitionen leisten konnten und wo wir vielleicht aggressiver vorgehen müssten. Und wir legten fest, in welchen Bereich wir vorsichtig sein mussten. Wir informierten alle Mitarbeiter über diese Möglichkeiten und es gab eine ebenso große Begeisterung wie damals bei unserer Controllinginitiative. Die Mitarbeiter empfanden die Änderung der quartalsweisen beziehungsweise halbjährlichen Planung in eine zukunftsorientierte und auf zwei, drei oder fünf Jahre ausgerichtete Planung als Motivation und Anreiz. Sie konnten kreativ darüber nachdenken, wie wir die gesetzten Ziele erreichen könnten. Da eine unserer Zielvorgaben war, den Jahresumsatz des Gesamtunternehmens innerhalb von drei Jahren von drei Milliarden Dollar auf zehn Milliarden Dollar zu steigern, waren sie begeistert und stolz, bei Dell* arbeiten zu können.

Es gab keinen Unternehmensbereich, der von dieser neuen, integrierten Planung nicht betroffen war. Wir durchleuchteten unse-

---

* Damals dachten wir, dies sei ein ehrgeiziger, aber durchaus realistischer Plan. Tatsächlich erreichten wir noch mehr – innerhalb von drei Jahren konnten wir unseren Jahresumsatz auf 12,2 Milliarden Dollar steigern.

re Führungsspitze und stellten fest, dass wir im Verlauf der nächsten Jahre viele Mitarbeiter zusätzlich würden einstellen müssen. Wir müssten ein großes Team von Senior Managern aufbauen, um dieses neue Geschäft überhaupt möglich zu machen. Wir schauten uns unsere Lieferantenkontakte an und kamen zu dem Schluss, dass wir für unsere neuen Ziele enorme Stückzahlen verkaufen müssten – drei- bis fünfmal so hoch wie im Jahr 1994. Wir wollten jedoch nicht in die Situation geraten, dass die Lieferkapazitäten unserer Lieferanten nicht ausreichten oder dass wir die gesamte weltweite Produktion von Flachdisplays nur für uns benötigten. Wir forderten deshalb unsere Einkaufsteams auf, gemeinsam mit jedem unserer Lieferanten einen Drei-Jahres-Plan auszuarbeiten.

Uns war zum Beispiel bewusst, dass wir bei einem angestrebten 30-Prozent-Anteil von Notebooks an unseren Gesamtverkäufen im gleichen Umfang unsere Fertigungskapazität ausbauen müssten. Das Gleiche würde auf die Verkaufsmannschaft und den Versand zutreffen. Zumindest waren wir strategisch wieder auf der richtigen Spur – und das tat gut.

Der Schlüssel zum Gelingen eines ehrgeizigen, aber durchaus realistischen Plans ist das Vorhandensein aussagekräftiger Daten. Je mehr Daten uns aus den unterschiedlichen Geschäftsbereichen unseres Unternehmens zur Verfügung standen, desto klarer erkannten wir die Stärken und die Verbesserungsmöglichkeiten. Wenn man jetzt sagen würde, wir seien ein datenorientiertes Unternehmen, wäre das noch untertrieben. Daten sind der Motor, der uns in der Spur hält. Zurückblickend kann man es kaum glauben: Wir entwickelten uns von einer Firma mit eher undurchsichtigen Geschäftsabläufen in ein Unternehmen, dessen Aktivitäten mehr als 4 000 verschiedene Analysen zugrunde liegen. Diese Analysen dienen als Grundlage der permanenten Überwachung unserer Gewinn- und Verlustsituation anhand der Soll-Ist-Daten.

Natürlich weiß man immer erst im Nachhinein, ob ein Plan richtig war – entweder geht er auf oder er schlägt fehl. Aber was ist richtig? Ein Plan, der einem hilft herauszufinden, wie der Erfolg abgesichert werden kann. Richtig ist der Plan, der Mitarbeiter für gemeinsame Ziele zusammenbringt und sie motiviert, diese Ziele zu erreichen. Es ist ein Plan, der die Ziele von Kunden und Lieferanten berücksichtigt und alle Beteiligten in einer übereinstimmenden Richtung zusammenbringt.

Das ist eine äußerst wertvolle Lektion für jedes aufstrebende Unternehmen.

Mit Überlegung aufdrehen

Planung ist sinnlos, wenn die entsprechende Umsetzung fehlt. Auch diese Lektionen haben wir auf althergebrachte Art und Weise gelernt – indem wir Fehler machten. Wenn man Anfang der neunziger Jahre verschiedene Produktmanager bei Dell fragte, wie ihre Produkte auf den Markt kommen, erhielt man unterschiedliche Antworten. Das Jonglieren mit verschiedenen Entwicklungsprozessen für die schnelle Bereitstellung neuer Produkte funktionierte recht gut, solange wir noch klein waren. Aber als die Stückzahlen und die Anzahl der unterschiedlichen Produkte größer wurden, mussten wir den Entwicklungsprozess standardisieren.

Wir engagierten deshalb eine Firma, die sich darauf spezialisiert hatte, High-Tech-Unternehmen bei der Organisation ihrer Produktentwicklungsprozesse zu helfen. Wir wollten mit Unterstützung dieses Unternehmens einen Prozess entwickeln, der die Phasen unserer Geschäftstätigkeit prüfen und optimal an unsere Bedürfnisse anpassen sollte. Das war keine schnelle Lösung – tatsächlich brauchte es einige Jahre, bis der optimierte Prozess implementiert war, da man laufende Prozesse nicht einfach unterbrechen kann. Schließlich hatten wir die richtige Planungsdisziplin, die wir zu dem Zeitpunkt auch benötigten, da sich unsere Mitarbeiterzahl von einigen Tausend auf mehrere Zehntausend erhöhte und aus einigen wenigen Hunderte von Produkten wurden. Durch diesen Optimierungsprozess entstand eine verbindliche Sprache sowie eine unternehmensübergreifende Übereinstimmung, wie Projekte entwickelt und in den Markt eingeführt werden sollten. Und da dieser Prozess für unseren Erfolg äußerst wichtig war, lohnt es sich, die Projektphasenüberprüfung, wie wir sie nannten, im Detail zu beschreiben.

Wir beginnen mit einem Kontrakt, das heißt, alle Abteilungen innerhalb unseres Unternehmens treffen eine Abmachung darüber, um welches Produkt es sich handelt und wie es sich im Markt behaupten soll. Jede Phase hat eigene Kriterien für die Umsetzung. Jede Abteilung wird von Beginn an in die Pflicht genommen: Entwicklung, Produktion, Finanzen, Verkauf, Service und Support. Der Projektphasenüberprüfung führt deshalb zu robusten Planungsdaten für die Produktentwicklung, weil das Team sich ihm verpflichtet fühlt und eindeutige Verantwortlichkeiten festgelegt sind.

Der Prozess der Projektphasenüberprüfung führt außerdem zu Grundlagen für die Finanzplanung. Er arbeitet heraus, welche Budgets erstellt und welche unternehmensweiten Maßstäbe und Ziele festgelegt werden. Dieser Prozess umfasst die Einschätzung des Marktpotentials und die Beurteilung unserer Chancen, ausgehend von den vorhandenen Möglichkeiten und den benötigten Ressourcen. Da wir Daten über alle Kunden und Produkte in allen Ländern der Welt zusammentragen, wissen wir ganz genau, was wir hinsichtlich Marktdurchdringung, Produktivität der Verkaufsorganisation und anderer Aspekte unserer Geschäftätigkeit leisten müssen. Der Planungsprozess ist nach oben auf das ausgerichtet, was der jeweilige Geschäftsbereich erreichen kann, und nach unten auf das, was das Management erreichen kann. Beide Ansätze sind äußerst wichtig.

Wir haben festgestellt, dass durch die gemeinsame Sprache und die effektive, gemeinsame Zielsetzung unsere organisatorische Struktur tatsächlich gestärkt wurde – das Unternehmen konnte einen schnelleren Gang einlegen. Wenn man so groß ist wie wir und auch so schnell wächst, kann man offensichtlich weder eine traditionelle, funktionsorientierte Organisationsstruktur haben noch mit einem völlig dezentralisierten Modell arbeiten. Das erste Modell endet in losen Gruppen mit unklaren Verantwortlichkeiten; beim zweiten Modell handelt es sich nicht um ein Unternehmen, sondern um eine Ansammlung von Einzelfirmen. Man muss die Vorteile des funktionsorientierten Modells beibehalten und gleichzeitig einzelnen Geschäftsbereichen die notwendige Verantwortung übertragen.

Um das zu erreichen, führten wir ein doppeltes Berichtssystem ein. Die meisten Senior Manager mit bestimmten Funktionen, zum Beispiel in den Bereichen Finanzen, Personal oder Recht, teilen die Verantwortung mit Managern in bestimmten Geschäftsbereichen, zum Beispiel Regionen oder Produktlinien. Unsere Anwälte in Europa berichten sowohl an die Spitze des Geschäftsbereichs Europa als auch an die zentrale Rechtsabteilung in unserer Firmenzentrale in Round Rock.

Viele sind der Ansicht, dass es nur einen einzigen Boss geben dürfe und dass ein Matrix-Management nicht funktioniere. Tatsächlich aber ist das doppelte Berichtssystem bei Dell äußerst effektiv.

Der Schlüssel liegt darin, dass man eine überlappende, aber dennoch volle Verantwortlichkeit hat. Die Manager tragen im Rahmen ihrer Leistungsmaßstäbe gemeinsam Verantwortung für die ihnen zugeordneten Mitarbeiter und damit letztlich auch für das Ergebnis – auch für den Teil, der rein technisch gesehen im Funktionsbereich der anderen Person angesiedelt ist.

Es handelt sich um ein System mit Kontrollen und geteilten Entscheidungen. Gemeinsame Zuständigkeiten führen zu einer gemeinsamen Verantwortlichkeit und ermuntern zur Zusammenarbeit, aber auch zum unternehmensweiten Austausch unterschiedlicher Perspektiven und Ideen.

Das doppelte Berichtssystem setzt viel Energie und große Begeisterung im Unternehmen frei. Wir kanalisieren diese Energien in Aktion: Wir produzieren Wachstum über einen Prozess mit der Bezeichnung »Segmentierung«.

Teile und herrsche

Wenn man eine große Marktmöglichkeit sieht, kann man diese
nur dann wahrnehmen, wenn man teilt und herrscht. Das ist die
Basis, auf der unser Konzept der Segmentierung aufbaut. Dieses
Konzept stellt sicher, dass wir auch in unserer Wachstumsphase
jeden einzelnen Kunden noch effektiver bedienen können. Dieses
Konzept wurde zur Organisationsphilosophie unseres Unternehmens.

Die meisten Unternehmen segmentieren nach Produktlinien. Wir
entschieden uns, außerdem noch nach Kunden zu segmentieren.
Wir glauben einfach, dass die individuellen Anforderungen und
Verhaltensweisen eines Kunden präzise festlegen, welche Produkte und Dienstleistungen wir entwickeln sollten. Weil Dell direkt
an seine Kunden verkauft, verstehen wir die individuellen Wünsche jedes einzelnen Kunden – wir können deshalb viel besser auf
die Kunden eingehen.

Betrachten Sie das Ganze einfach einmal aus folgender Sicht:
Wenn Sie ein Unternehmen wie unseres um Produkte herum orga-
nisieren, müssen Sie davon ausgehen, dass Ihre Mitarbeiter alles
über diese Kunden wissen, die Ihre Produkte kaufen – nicht nur
im eigenen Land, sondern auf der ganzen Welt. Es ist ein Irrglau-
be, dass diese Informationen für ein Unternehmen, das nur auf
einen bestimmten Kundentyp in einer bestimmten Region der Welt
ausgerichtet ist, einfacher zu beschaffen wären.

Schon ganz zu Beginn unserer Existenz hatten wir unterschiedliche Typen von Kunden. Nehmen wir zum Beispiel unsere großen
Firmenkunden und die Privatanwender. Jede Gruppe kauft andere
Produkte, erzeugt unterschiedliche Kostenstrukturen in Bezug auf
den Service für diese Produkte, und selbst die Verkaufsstrategien
unterscheiden sich. Die Verkaufsstrategie für Großkunden umfasst
direkte persönliche Kontakte, das Telefon und das Internet. Privatanwender und Kleinfirmen werden vorrangig mit Verkaufs-
modellen bedient, die auf den Kommunikationswegen Telefon und
Internet basieren. Ursprünglich war die Segmentierung ein
Verkaufskonzept, geschaffen, um effektiv auf die verschiedenen

Anforderungen unterschiedlicher Kunden eingehen zu können. Wir richteten unterschiedliche Verkaufsorganisationen ein, die sich auf bestimmte Kunden spezialisierten, und als wir größer wurden, unterteilten wir diese Kundensegmente in die Bereiche Großunternehmen und mittlere Unternehmen, Institutionen im Ausbildungsbereich, Behörden, Kleinunternehmen und Privatanwender.

Diese Idee geht weit über die einfache Demoskopie hinaus, die fragt, in welcher Altersgruppe man sich bewegt oder welche Umsatzgröße eine Firma hat. Wir segmentieren nach Kundenanforderungen und Kundenverhalten. Wie ein Kunde unser Produkt einsetzt, ist für die Produkteigenschaften genauso wichtig wie die Frage, wozu das Produkt genutzt werden soll.

Wir erkannten die Tragweite dieser Idee durch Herumprobieren in den frühen neunziger Jahren, als wir eine Produktserie mit der Bezeichnung »PCs fürs Volk« entwickelten. Jedes der fünf Produkte in dieser Serie war maßgeschneidert für einen bestimmten Anwendertyp, vom sogenannten »Techno-Teamer«, der einen Netzwerkcomputer für Arbeiten einsetzt, die sich hauptsächlich am Job und am Team orientieren, bis zum »Techno-Critical«, der meist für sich alleine arbeitet und den Computer für anspruchsvollere Aufgaben wie CAD (Computer Aided Design) benötigt.

Wir glauben auch deshalb, dass eine Segmentierung nach Kunden die richtige Vorgehensweise ist, weil in unserem Unternehmen der größte Kostenanteil für die Kundenbetreuung anfällt. Segmentierung nach Kunden bedeutet, dass jeder im Unternehmen dafür verantwortlich ist, den Kunden zufrieden zu stellen. Sie mögen vielleicht für den Com-puterverkauf an Banken oder Großunternehmen in Großbritannien verantwortlich zeichnen, aber Sie müssen auch jemanden in Ihrem Team haben, der alles über Server und Speicherprodukte weiß – und der sich aus Kundensicht um die technischen Produktanforderungen kümmert.

Während wir unser Unternehmen um die Kundengruppen herum organisierten, achteten wir nicht nur auf die Gewinn- und Verlustsituation innerhalb der eigenen Segmente. Wir prüften auch Zahlen für die einzelnen Produkte. Wir wollten wissen, wie unsere Position bei Großkunden und Privatanwendern in Deutschland aussah und auch, wie wir mit bestimmten Produkten in einzelnen Ländern dastehen. Mit anderen Worten: Wir mussten nach vorne marschieren und gleichzeitig auf der Stelle treten. Segmentierung ist keine neue Idee. Aber sie hat, wie so viele Dinge bei Dell, so besonders gut funktioniert, weil wir aus einer anderen Sicht heraus herangegangen sind:

Segmentierung über den Verkauf hinaus

Was als Verkaufskonzept zur Maximierung der Marktchancen begann, entwickelte sich bald zu einer Reihe autarker Geschäftseinheiten: jede mit den eigenen Bereichen Verkauf, Service, Finanzen, Informationstechnik, Technischer Support und Produktion. Für unser Geschäft war diese Entscheidung wirklich sinnvoll. Der direkte Kontakt zu unseren Kunden ermöglichte uns, die unterschiedlichen Anforderungen zu verstehen. Segmentierung arbeitet mit einer Feedback-Schleife. Sie macht den Kontakt noch persönlicher, das heist das Verhältnis zu unseren Kunden wurde nochmals verbessert.

Wir lernten immer besser die einzelnen Kundensegmente zu verstehen und wir bekamen gleichzeitig immer bessere Informationen, um das finanzielle Potential der einzelnen Segmente einschätzen zu können. Segmentierung ist auch deshalb so großartig, weil sie uns ermöglicht hat, Wachstumsraten, Rentabilität, Serviceleistung und Marktanteil in jedem einzelnen Segment zu erkennen – wir konnten unsere Aktivitäten entsprechend präzise ausrichten. Wir fanden einige Geschäftsbereiche, die sehr schnell wuchsen, aber nur wenig Gewinn abwarfen – beides wollten wir nicht. Wir wollten Geschäftsbereiche, die schnell wuchsen *und* vernünftigen Gewinn abwarfen.

Die Segmentierung ermöglichte es uns auch, die Effizienz dieser Geschäftsbereiche hinsichtlich des Kapitaleinsatzes zu beurteilen. Wir konnten den Kapitalertrag für jedes einzelne Segment erfassen und diesen mit anderen Segmenten vergleichen. Danach konnten wir festlegen, welchen Leistungsbeitrag die einzelnen Segmente erbringen mussten. Das Ganze entwickelte sich zu einer großartigen Möglichkeit: Wir konnten endlich herausfinden, was bei uns umgesetzt werden muss, um das volle Potential in jedem unserer Geschäftsbereiche ausschöpfen zu können.

Wir entwickelten die Konzepte weiter, die bereits in unserem »PCs for People«-Programm angewendet wurden, indem wir unsere Produktlinien nach verschiedenen Kundengruppen segmentierten. Wir begannen mit einer Basis-Produktlinie bestehend aus Desktop-PCs. 1994 positionierten wir die OptiPlex-Linie in den Firmenumgebungen, in denen großer Wert auf Netzwerkfähigkeiten und Plattform-Konsistenz gelegt wird, und entwickelten die Dimension-Linie für technisch anspruchsvolle Einzelanwender und Kleinunternehmen. Im Februar 1994 gingen wir wieder in den Notebook-Markt, und zwar mit der 486-basierenden Latitude-Familie, die von da an als Latitude-Linie für Firmenanwender und als Inspiron-Linie für Privatanwender, Homebusiness und Kleinunternehmen segmentiert wurde.

Während wir weiter wuchsen, beobachteten wir permanent unser Geschäft und segmentierten es, um vorhandene Chancen noch besser nutzen zu können. Wir hätten z.B. nie unseren Markt für mittelgroße Unternehmen entwickelt, wenn wir hochnäsig auf unserer ursprünglichen »Konfiguration« mit großen und kleinen Kundengruppen beharrt hätten. Aber wir stellten fest, dass es einen Markt irgendwo dazwischen gab, der ganz eigene Anforderungen hatte. Und vor kurzem haben wir das Bildungssegment in den USA in den K-12-Markt und in einen höher angesiedelten Bildungsmarkt aufgesplittet, da jedes Segment wieder unterschiedliche Anforderungen hinsichtlich Produkt und Service hat.

Kunden wissen, was eine herkömmliche, produktorientierte Firma von uns unterscheidet: Es ist der Service. Ob auf die technischen Anforderungen der Kunden eingegangen wird oder ob die Lieferungen und der Vor-Ort-Service schnell und zuverlässig sind – wir konnten ein persönliches Verhältnis zu unseren Kunden aufbauen, sobald er einen PC bei Dell kaufte. Und während einige fürchteten, dass dieses besondere Kundenverhältnis unter unserem Wachstum leiden könnte, war genau das Gegenteil der Fall. Immer wenn wir ein neues Segment erschlossen, erfuhren wir noch mehr über die speziellen Kundenwünsche. Wir haben es uns zum Ziel gemacht, über diese Wünsche ebenso gut wie unsere Kunden – oder sogar noch besser – Bescheid zu wissen.

Segmentierung ist ein wichtiges Element bei der virtuellen Integration von Kunden. Je feiner die Segmentierung, desto besser kann Dell einplanen, was Kunden benötigen und wann das der Fall ist. Wir gaben diese Informationen bis hin zu unseren Lieferanten weiter, um eine optimale Lagerhaltung sicherzustellen.

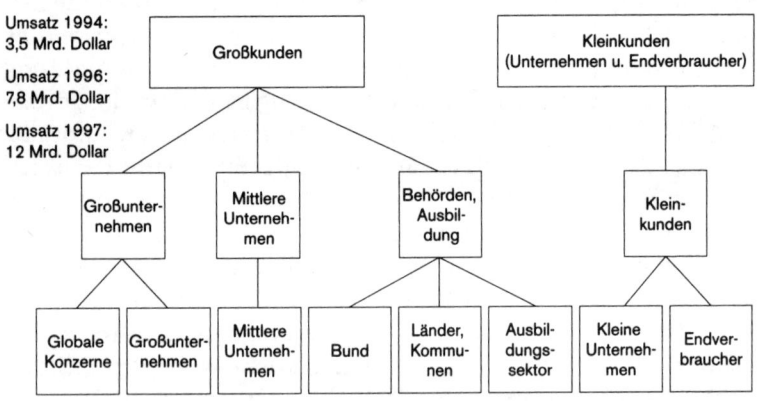

* Quelle: *Harvard Business Review* © 1998

Segmentierung ist eine Lösung für ein Grundproblem, mit dem Dell sich von Anfang an auseinandersetzen musste: Der Sicherung eines kontinuierlichen Wachstums. Man kann kleine Firmen schnell größer machen. Doch es ist viel schwieriger, in einem Großunternehmen eine hohe Wachstumsrate beizubehalten. Die Segmentierung ermöglicht es uns jedoch, unser Geschäftsvolumen sehr schnell zu vergrößern. Immer wenn wir feststellen, dass ein interessantes Segment mit einer spezifischen Kundengruppe vorhanden ist, brechen wir dieses Segment heraus und weisen ihm in unserem Unternehmen ein eigenes Team zu. Dieses Team operiert dann wie eine kleine, eigenständige Firma.

Alle Segmente zusammen ermöglichen uns, als Großunternehmen die Wachstumsraten eines Kleinunternehmens zu erzielen.

Rein in den Handel, raus aus dem Handel

Die Segmentierung veranlasste uns, die Ressourcen nur dort – und genau dort – einzusetzen, wo sie am sinnvollsten waren. In unserer Periode des zu schnellen Wachstums hatten wir erkannt, wie wichtig es ist, nur dann zu liefern, wenn auch die Erträge stimmen. Doch nachdem wir das Unternehmen in einer derart logischen und organischen Weise segmentiert hatten, erkannten Mort und ich, dass noch ein großer Brocken vor uns lag.

Obwohl wir uns voll auf das direkte Geschäftsmodell konzentrierten, lieferten wir noch immer Computer an den Handel. Wenn es überhaupt einen Bereich gab, bei dem eine Gewinn- und Verlustanalyse lohnte, dann war es der Vertrieb über den Handel.

Es muss an dieser Stelle angemerkt werden, dass zu diesem Zeitpunkt – 1994 – das Geschäft über den Handel mit einer jährlichen Wachstumsrate von 20 Prozent boomte. Während sich unsere Mitbewerber immer stärker auf die Händlerschiene stürzten, überlegte ich bereits, ob wir uns aus diesem Bereich zurückziehen sollten. Wir waren seit vier Jahren in diesem Markt und verkauften über fünf Ketten mit Massenmärkten, einschließlich der Elektronikmärkte wie CompUSA und CircuitCity.

Mort und ich prüften intensiv die uns vorliegenden Daten und wir entdeckten ein erstaunliches Phänomen. Obwohl wir erfolgreich PCs über die Händlerschiene absetzten, verdienten wir daran im Grunde genommen kein Geld – und wir glaubten, dass es bei unseren Mitbewerbern nicht anders war. Wir prüften genau, ob wir den Produktmix ändern oder unsere Kosten reduzieren sollten, um den Gewinn zu verbessern. Aber wir fanden keinen Ausweg und entschieden uns deshalb für die harte Linie. Unsere für den Wiederverkauf zuständige Abteilung erhielt eine Notiz mit der Aufforderung, das Geschäft in Ordnung zu bringen.

Als diese Abteilung schon in den letzten Zügen lag, erweiterte sie unser PC-Handelsgeschäft über die Superstores und Clubs hinaus auf Ketten wie Wal-Mart und Best Buy. Doch auch das half nicht mehr.

Noch im selben Jahr entschlossen wir uns, das Handelsgeschäft aufzugeben. Das war nur einige Monate später, als wir mit großem Getöse angekündigt hatten, dass wir jetzt auch über Wal-Mart verkaufen. Zum Glück hatte die Handelsschiene nur einen kleinen Anteil an unseren Verkäufen ausgemacht. Intuitiv wusste ich, dass die Entscheidung richtig war, doch mir lagen auch Zahlen vor, die meine Zweifel bestätigten. Und wieder gab es Gegenstimmen. Fast jede Pressemeldung zu diesem Thema zeigte den Tenor, dass Dell weiteres Wachstum ernsthaft gefährden würde, weil man die Handelsschiene aufgegeben hatte. Auch die Branchenanalysten waren der Meinung, dass dies ein Fehler sei, und sie sagten voraus, dass unser Wachstum zurückgehen würde. Und ungeachtet der Tatsache, dass wir viele strukturelle Verbesserungen innerhalb unseres Unternehmens vorgenommen hatten, gab es auch geteilte Meinungen darüber, ob für die Endverbraucherzielgruppe nicht der Wiederverkauf über den Handel besser als der Direktverkauf gewesen wäre.

Die Aufgabe der Handelsschiene hatte nicht nur den Vorteil, dass wir die Preisgestaltung unserer Produkte ändern konnten – das war relativ unbedeutend. Der wirkliche Wert lag darin, dass sich jetzt alle Mitarbeiter 100-prozentig auf das Direktmodell konzentrieren mussten. Diese Eindeutigkeit war die Kraft, mit der wir alle auf eine gemeinsame Linie eingeschworen wurden. Wir hatten vorher beispielsweise Produktmanager, die sowohl für den Handels- als auch für den Direktmodell-Kanal arbeiteten – sie machten jeweils nur den halben Job. Wir hatten Mitarbeiter in der Produktion, die sich überlegten, ob man eine eigene Fabrik für den Handelskanal bauen sollte. Wir hatten Außendienstmitarbeiter, die mit Problemen beim Kundensupport und Kundenservice zu tun hatten, Probleme, die selbst gemacht waren, da wir gleichzeitig direkt und indirekt sein wollten.

Das Experiment mit der Handelsschiene hatte ganz eindeutig

einige unserer Mitarbeiter verunsichert. Während wir vorher umfassend und direkt mit allen unseren Kunden zu tun hatten, fühlten sich einige Mitarbeiter von unserem Ausflug in den Handel überrollt – ihnen fehlte einfach die durch den direkten Kundenkontakt freigesetzte Energie.

Schon bald nachdem wir die Handelsschiene verlassen hatten, redeten wir wieder über das direkte Geschäftsmodell im klassischen Sinne und unsere Mitarbeiter standen hinter dieser Wiedergeburt. Sie begrüßten die klaren Verhältnisse, die wir nach dem Eintritt in und dem anschließenden Austritt aus dem Handel geschaffen hatten. Wir hatten sichergestellt, dass der direkte Verkauf uns unterscheidet. Wir lieferten hochwertige Computersysteme, die effizient sind und von einem großartigen Service begleitet werden – und zwar schnell. Wir haben gelernt, dass dies der Schlüssel für unsere Zukunftssicherung als Branchenführer ist.

Wir hatten die Wahrheit herausgefunden – und die war direkt.

Das direkte Modell Version 1.1

Unsere Neuorientierung beinhaltete mehr als nur das Segmentieren und den Rückzug aus dem Handel. Wir mussten alles daran setzen, unsere Renditen zu verbessern. Aufgrund der Neuüberprüfung des Direktmodells stellten wir fest, dass unser Lagermanagement nicht nur eine interne Stärke war. Hier könnten sich unglaubliche Möglichkeiten auftun, und zwar solche, die bisher keiner unserer Mitbewerber erkannt hatte.

In der Version 1.0 des Direktmodells verabschiedeten wir uns vom Handel und sparten dadurch die Kosten für Auszeichnung und Lagervorhaltung ein. In Version 1.1 unternahmen wir einen weiteren Schritt, um unser Lagerwesen effizienter zu machen. Normalerweise sind viele unterschiedliche Partner beteiligt, bis ein Produkt vom Hersteller den Kunden erreicht. Unterstellen wir, dass Sie eine Fabrik besitzen, die den PC #4000 baut. Der Computer wird an den Distributor geschickt, dieser schickt den Computer an das Zwischenlager einer Spedition, von dort aus geht es weiter zum Händler, der den Kunden eventuell mit der Anzeige: »Ich habe das Modell #4000. Kommen und kaufen Sie!« in seinen Laden bringt. Wenn der Kunde jedoch sagt: »Ich will aber das Modell #8000 haben«, muss der Händler antworten: »Tut mir leid, ich habe nur das Modell #4000«. Inzwischen produziert die Fabrik weiter das Modell #4000 und drückt die Bestände in den Vertriebskanal.

Das Ergebnis ist eine Übersättigung mit #4000-Computern, die niemand haben will. Unweigerlich endet diese Kette mit einem zu hohen Lagerbestand und schon gibt es große Preiskorrekturen nach unten. Der Händler kann nicht mehr zum empfohlenen Preis verkaufen und der Hersteller verliert aufgrund der vorher vereinbarten Preisgarantie Geld (eine Preisgarantie ist in der Computerbranche durchaus normal, das heißt der Händler wird entschädigt, sobald die empfohlenen Verkaufspreise gesenkt werden).

Firmen mit langen, mehrstufigen Distributionskanälen füllen diese häufig mit Ware auf, um veraltete Produkte zugunsten von Neuentwicklungen loszuwerden oder um die Budgetvorgaben zu erfüllen. Diese gefährliche und ineffektive Praxis wird mit »Kanäle zustopfen« bezeichnet. Das Schlimmste an der Sache ist, dass der Kunde dafür die Rechnung bezahlen muss – er kauft ein lange veraltetes Computersystem.

Da wir unsere Systeme direkt und nach Kundenauftrag fertigen, haben wir kein Lager mit Fertigprodukten, deren Wert mit jedem Tag abnimmt. Und da unsere Lieferanten die Systemkomponenten erst dann anliefern, wenn diese auch von uns benötigt werden, können wir das Rohmateriallager sehr klein halten. Wir können deshalb günstigere Einkaufspreise sofort an unsere Kunden weitergeben, was sie zufrieden stellt und was unseren Wettbewerbsvorteil ausbaut. Gleichzeitig können wir unseren Kunden die neueste Technologie schneller anbieten als die Mitbewerber.

Das direkte Modell stellt die konventionelle Herstellung komplett in Frage. Letztere verlangt, dass das Rohmateriallager gut gefüllt ist, da ansonsten die Fertigung ins Stocken gerät. Wenn man aber nicht genau weiß, was aufgrund dramatischer Nachfrageveränderungen produziert werden muss, geht man immer das Risiko ein, auf wahnsinnig großen und wertlosen Lagerbeständen sitzen zu bleiben. Das kann nicht das Ziel sein.

Das Konzept des direkten Modells hat nichts mit vollen Lagern zu tun, dagegen sehr viel mit Informationen.

Die Qualität unserer Informationen verhält sich umgekehrt proportional zur Höhe des erforderlichen Kapitaleinsatzes, in diesem Fall also ein extrem hoher Lagerbestand. Gibt es nur wenig Informationen über die Kundenbedürfnisse, benötigt man hohe Lagerbestände. Besitzt man jedoch aussagekräftige Informationen – das heißt, man weiß genau, was der Kunde in welcher Menge wünscht – kann der Lagerbestand entsprechend kleiner sein.

Ein kleineres Lager ist natürlich gleichbedeutend mit einer geringeren Lagerabwertung. In der Computerbranche fallen die Komponentenpreise täglich, da die Lieferanten immer schnellere Chips, noch größere Festplatten und bessere Modems einführen. Gehen wir einmal davon aus, dass Dell einen Lagerbestand für acht Tage hat. Vergleichen Sie jetzt diese Zahl mit der eines indirekten Mittbewerbers, der einen direkten Lagerbestand für 25 Tage und einen indirekten für nochmals 30 Tage in den Distributionskanälen hat. Das ist ein Unterschied von 47 Tagen und in diesem Zeitraum fallen die Materialpreise um etwa sechs Prozent.

Dann gibt es noch die dauernde Gefahr, dass man auf wertlosen Lagerbeständen sitzen bleibt, besonders in der Übergangsphase zu einer neuen Produktgeneration. Uns passierte das 1989 mit Speicherchips. Sobald sich ein Produktlebenszyklus dem Ende zuneigt, muss sich der Hersteller Sorgen machen, ob dieses »tote« Produkt die Kanäle verstopft oder ob ein Mitbewerber die Preise kaputt macht, was für alle Beteiligten die Renditen zerstört. Dieses zentrale Problem der Computerbranche haben wir für uns mit Hilfe des Direktmodells im Wesentlichen ausgeschlossen. Wir wissen, wann unsere Kunden für eine neue Technologie bereit sind, und wir können rechtzeitig einen Markt verlassen, bevor die Situation prekär wird. Und wir müssen Verluste nicht mit höheren Preisen bei anderen Produkten kompensieren. Letztendlich ist also unser Kunde der Gewinner.

Das optimale Lagermanagement beginnt schon beim Designprozess. Man will das Produkt so gestalten, dass sowohl der gesamte Lieferkanal als auch der Herstellungsprozess nicht nur auf Schnelligkeit ausgerichtet ist, sondern auch auf etwas, das wir als »dauerhafte Beschleunigung« bezeichnen. Schnelligkeit bedeutet in erster Linie, schnell zu sein. Geschwindigkeit bedeutet dagegen, aus jeder Phase eines Prozesses noch mehr Zeit herauszuquetschen. Die Lagerumschlaggeschwindigkeit wurde für uns zu einer Passion. Um eine größtmögliche Geschwindigkeit zu erreichen, muss man seine Produkte so gestalten, dass der größte Teil eines Marktes mit möglichst wenigen unterschiedlichen Einzelteilen abgedeckt werden kann. Man braucht beispielsweise nicht neun verschiedene Festplatten, wenn der Markt zu 98 Prozent mit nur vier verschiedenen Festplatten bedient werden kann. Wir haben auch gelernt, die Variabilität von niedrig- und hochpreisigen Komponenten zu berücksichtigen. Systeme wurden neu konfiguriert, um eine größere Auswahl bei billigen und eine kleinere Auswahl bei teureren Teilen zu ermöglichen. Das Ziel war, die Anzahl der zu bevorratenden Komponenten zu verringern, wodurch wir die Lagerumschlaggeschwindigkeit erhöhen, das Risiko einer Lagerabwertung verkleinern und unser Geschäft insgesamt stärken konnten.

Entgegen allen Erwartungen konnten wir den Lagerbestand auch deshalb auf ein extrem niedriges Niveau reduzieren, weil wir uns mit den Ergebnissen gegenseitig herausforderten und überraschten. Natürlich hatten wir unsere internen Skeptiker, als wir damit anfingen, die Lagerbestände auf ein vorher nie gekanntes Niedrigniveau zu bringen. Ich erinnere mich noch daran, wie mir unser Chefeinkäufer sagte, dass dieses Vorgehen einem »Tiefflug mit 800 Knoten« entspräche. Er machte sich Sorgen, dass wir die Bäume übersehen würden.

1993 belief sich unser Verkaufsumsatz auf 2,9 Milliarden Dollar bei einem Lagerwert von 220 Millionen Dollar. In den folgenden vier Jahren lag der Verkaufsumsatz bei 12,3 Milliarden Dollar bei einem Lagerwert von 233 Millionen Dollar. Jetzt haben wir einen Lagerbestand für weniger als acht Tage und fangen an, ihn in Stunden statt in Tagen zu messen.

Wenn man den Lagerbestand reduziert und gleichzeitig seine Wachstumsrate beibehalten will, entsteht beim Übergang von einer Produktgeneration zur nächsten ein erhebliches Risiko. Ohne die sonst üblichen, hohen Lagerbestände ist es äußerst kritisch, das präzise Timing für die Ablösung des alten Produktes durch eine rechtzeitige Auslösung der Kundennachfrage für das neue Produkt festzulegen. Da wir sehr häufig neue Produkte einführen, war es für uns immer eine zwingende Notwendigkeit, in den Übergangsphasen einen größeren Verzögerungseffekt aufgrund von Fehlern in den Übergangsphasen zu vermeiden. Ü&T – Abkürzung für »Überschuss & technisch veraltete Komponenten« – wurde bei Dell zu einem Tabu. Wir diskutierten darüber, ob unser Ü&T den Betrag von 30 oder 50 Cents pro PC ausmachen würde. Da jeder Betrag unter 20 Dollar pro PC kein schlechter Wert ist, konnten wir mit unserem Ü&T im Cent-Bereich ein traumhaftes Ergebnis erreichen.

Tatsächlich wurden wir mit jedem Produktwechsel noch stärker und konkurrenzfähiger. Wir steigerten unsere Produktivität und verbesserten unseren Cash-flow über eine breiter angelegte Produktrange in immer größer werdenden Märkten. Im Gegensatz zur Situation im Jahr 1993, in der jeder Tag immer schlimmere Nachrichten mit sich brachte, wurden die Nachrichten jetzt täglich besser und besser.

Endlich waren wir auf dem richtigen Weg und wir stellten unser Geschäft auf völlig neue Füße.

Mit Servern wachsen

Mitte der neunziger Jahre passte alles zusammen. Dank der Segmentierung weiteten wir uns global aus. 1995 wuchsen die Umsätze in den USA, in Kanada und in Lateinamerika dreimal schneller als der Gesamtmarkt. Wir hatten Niederlassungen in 14 europäischen Ländern, festigten unsere Position als zweitgrößter Computeranbieter in Großbritannien, bauten das Direktmodell in Frankreich und Deutschland weiter aus und erzielten überdurchschnittliche Umsatzraten. Wir expandierten im pazifischen Raum, in Fernost und in Japan, wo wir in elf Ländern direkt vertreten waren und in weiteren 37 Ländern Vertriebskooperationen eingingen. Wir bauten Computersysteme, sorgten für die notwendige Infrastruktur und stellten ein optimal ausgebildetes Mitarbeiterteam auf die Beine. Es mag unglaublich klingen, doch wir befanden uns erneut in der Lage, entweder zu wachsen oder unterzugehen. Die Branche konsolidierte sich weiter und wir mussten uns der Herausforderung stellen, die Marke Dell über unsere starken Desktops und Notebooks hinaus zu positionieren. Der nächste logische Schritt waren die Server.

Der Eintritt in das Servergeschäft bedeutete nicht nur eine große Chance, sondern war eine eindeutig am Wettbewerb orientierte Notwendigkeit. Innerhalb der Unternehmen gab es eine Explosion der intern und extern vernetzten Systeme, was bedeutete, dass unsere vorhandenen Kunden – technologisch auf der Höhe, Zweit- oder Drittkäufer und gleichzeitig unser Kernmarkt – umfangreiche Neuinvestitionen vornehmen würden.

Gleichzeitig etablierten sich Industriestandards für Betriebssysteme (Windows NT) und für Multiprozessor-Server. Dell musste auf Basis dieser Standards eigene Serversysteme entwickeln. Dabei sollten jedoch umfangreiche Investitionen in firmeneigene Technologien vermieden werden, die für unsere Kunden sehr kostenintensiv gewesen wären. Für uns hieß das aber auch, dass wir keinen Mitbewerber aufkaufen müssten, um in das Servergeschäft eintreten zu können.

Zusätzlich könnten wir von den niedrigeren Preisen des Direktmodells profitieren. Wir würden die Preise senken, die bislang von den Großkunden für proprietäre Servertechnologien bezahlt werden mussten.

Die Alternative war nicht schön. Server hatten bereits einen so großen Stellenwert, dass man ihretwegen sogar die Betriebssystemumgebung verändert hatte. Würden wir die Server einfach ignorieren, würden die drei Spitzenanbieter Compaq, IBM und Hewlett-Packard den Markt unter sich ausmachen. Wir würden als kleiner

Mitläufer dastehen und damit unseren Ruf als Technologieanbieter verlieren. Außerdem würden bei einem solchen Vorgehen unsere Renditen immer kleiner werden.

Unsere wichtigsten Mitbewerber operierten bei Servern mit extrem hohen Gewinnspannen, um damit unprofitable Geschäftsbereiche wie Desktops und Notebooks auszugleichen. Würden wir nicht in den Servermarkt vorstoßen, wären wir aufgrund der Mitbewerbersituation im Desktop- und Notebook-Bereich angreifbar und auch verletzbar.

Uns bot sich die Chance, mit Servern genau das zu tun, was wir mit den Desktops und Notebooks getan hatten: Zügig Marktanteile durch bessere Performance zu niedrigeren Preisen »aufzubauen«. Gleichzeitig müssten auch unsere Mitbewerber die Serverpreise senken und damit ihre Margen so weit reduzieren, bis sie ihre anderen Produktlinien nicht mehr subventionieren könnten. Eine solche Chance mussten wir einfach wahrnehmen.

Unsere Strategie war, die Server für die untere Ebene, den Einstiegsbereich, und die mittlere Ebene selber zu entwickeln. Wir würden erst einmal in Stückzahlen produzieren und dann unsere Kapazitäten so ausbauen, dass wir High-End-Produkte und -Services offerieren könnten. Wir müssten der Nachfrage über Außendienstberater, Systemingenieure, Telefondirektverkauf und Zusammenarbeit mit Software- und Serviceunternehmen nachkommen. Auch müssten wir unser Build-to-Order-Modell einbringen, einschließlich der Betriebssysteme und der Software. Wir wollten also über umfassenden Service und Support einen festen Kundenkreis aufbauen.

Das würde keine leichte Aufgabe werden. Um die Nummer Vier zu werden, wären acht Prozent Marktanteil erforderlich. Dafür müssten monatlich 10 000 Einheiten in weniger als zwei Jahren unsere Fabriken verlassen. Unsere aktuelle Rate lag bei etwa 1 200 Einheiten pro Monat. Dieses Volumen müssten wir dann in den folgenden drei Jahren jährlich verdoppeln. Und wir müssten unsere Kunden überzeugen, dass das Dell-Modell mit Servern genauso gut funktioniert wie mit Desktops und Notebooks – aus konventioneller Sicht betrachtet eine schier unlösbare Aufgabe.

Im März 1996 teilten wir in einem Meeting diese Überlegungen unserem Aufsichtsrat mit. Wir erhielten seine volle Unterstützung und alle waren der Meinung, dass eine starke Serverinitiative äußerst wichtig für unsere Zukunft sei.

Ein wohl überlegtes Risiko

Wir begannen sofort, intern jeden davon zu überzeugen, dass Server für das Erreichen unserer Ziele wesentlich seien. Wir verschickten im gesamten Unternehmen E-Mails mit dem Betreff »Message from Michael« (Mitteilung von Michael), platzierten Poster und besprachen die Strategie in unzähligen kleinen und großen Meetings. Wir hatten eine große Veranstaltung mit dem Motto »The Great Dell Torch Event« (Der große Dell-Fackelabend) für 7 000 Mitarbeiter in einer Halle in Austin, nur um unsere Leute in diese Strategie einzubeziehen. Vorher verkleidete sich jemand als »Server Man« – mit Umhang und Trikot, auf das ein großes »S« aufgedruckt war. Der »Server Man« ging durch alle Firmengebäude, um die Mitarbeiter auf die Veranstaltung einzustimmen. Ich eröffnete den Abend, indem ich mit einer großen Fackel (wie bei den Olympischen Spielen) in den Saal einlief. Das Ganze hat allen viel Spaß gemacht und zahlte sich fantastisch aus. Eine Umfrage nach dieser Veranstaltung ergab, dass 98 Prozent der Teilnehmer sowohl unsere Serverstrategie als auch ihre Rolle für die Umsetzung und Weiterverbreitung der Strategie verstanden hatten.

Wir informierten auch unsere Kunden. In fast jedem meiner Meetings oder Reden wies ich darauf hin, dass wir schon bald aggressiv im Servermarkt tätig sein würden. Ich forderte unsere Kunden auf, Preisvergleiche zwischen Dell und ihren jetzigen Serverlieferanten anzustellen. Dadurch würden sie Preiszugeständnisse aushandeln können, selbst wenn sie noch nicht bei Dell bezogen. Ich verdeutlichte außerdem, dass sie so die Subventionierungspolitik unserer Mitbewerber, die auf dem Rücken der Kunden ausgetragen wird, unterlaufen könnten.

Die Kunden waren für diesen Tipp nicht nur dankbar. Sie erzählten uns später, dass sie aufgrund des Markteintritts von Dell erhebliche Summen beim Serverkauf einsparen konnten. Tatsächlich – in unserem ersten Jahr mit den PowerEdge-Servern mussten unsere Mitbewerber ihre Preise um etwa 17 Prozent senken.

Es folgten 18 Monate, in denen wir die Infrastruktur zur Unterstützung eines immer größer werdenden Servergeschäfts ausbauten. 1996 führten wir dann unsere PowerEdge Single- und Dual-Prozessor-Server zu Preisen ein, die das Arbeiten mit Netzwerkcomputern endlich für viele Firmen erschwinglich machte. Wir hatten das Ziel, in den USA bis Ende 1998 einen zweistelligen Marktanteil zu erreichen. Dieses Ziel erreichten wir bereits Mitte 1997. Und Ende 1997 hatten wir uns weltweit vom zehnten auf den vierten Platz verbessert; im Herbst 1998 konnten wir dann in den USA die Position 2 vor IBM und Hewlett-Packard einnehmen – unser Marktanteil betrug jetzt über 19 Prozent. Noch bezeichnender ist, dass Dell als einziger Serveranbieter erheblich schneller als der restliche Markt wächst. Wieder einmal hatten wir unter Beweis gestellt, was andere für unmöglich hielten: Server können auch mit dem direkten Dell-Modell verkauft werden.

Zurückschauend auf die Höhen und Tiefen, die uns aber wieder nach oben brachten (unser Erfolg bei Servern eingeschlossen), ist mir klar, dass dieser Erfolg nie eingetreten wäre, wenn wir uns nicht intensiv um alle notwendigen Informationen und deren Auswertung gekümmert hätten. Wir hatten unser Wachstum verlangsamt, um genau zu analysieren, zu welchem Zeitpunkt wir es wieder beschleunigen könnten. Wir überlegten uns eine bessere Struktur sowohl für unsere Profitcenter als auch für unser Gesamtunternehmen. Wir hatten die Händlerschiene aufgegeben, um uns auf das Direktmodell mit seinen Wettbewerbsvorteilen zu konzentrieren und diese auszubauen. Dabei entdeckten wir noch mehr Möglichkeiten in der direkten Zusammenarbeit mit unseren Kunden – vom Produktdesign bis hin zum Lagermanagement.

Und immer, wenn wir etwas zur Ruhe kamen und die Geschäftszahlen studierten, sahen wir die vielen weiteren, unglaublichen Möglichkeiten, die noch vor uns lagen.

Die Branchenrevolution

Ich frage mich häufig, welche neuen Entwicklungen es geben wird und wie diese unsere Branche verändern könnten. Dass etwas passieren wird ist sicher, nur wann und was? Es kann eine neue Technologie sein, ein neues Betriebssystem, ein neuer Markt oder selbst ein neuer Mitbewerber. Die wichtigsten Fragen für Dell sind: Sind wir in der Lage, diese Trends zu erkennen? Können wir unseren Nutzen daraus ziehen? Wie wir mit den unausweichlichen Veränderungen in unserer Branche zurechtkommen, das ist ausschlaggebend dafür, ob Dell ein gutes oder ein wirklich großartiges Unternehmen ist.

Das Internet ist ohne Frage eine der größten mir bekannten Entwicklungen mit dem Potential, die gesamte Computerbranche völlig zu verändern.

Zurück in die Zukunft

Als ich anfing, mich für Computer zu interessieren, richtete ich schon bald ein Netzwerk ein. Ich wollte mit anderen Leuten elektronisch korrespondieren. Jeder, der ein Modem besaß, konnte mich anwählen und Mitteilungen mit mir und anderen Anwendern austauschen. Diese Systeme – und es gab Zehntausende – waren die Vorläufer von America Online und dem heute so populären Internet.

Mein Interesse am Internet entwickelte sich Anfang der neunziger Jahre. Die wirklich seriösen Insider redeten damals über ein elektronisches Netzwerk, über das Informationen transportiert werden konnten. Dieses Netzwerk wurde hauptsächlich von Universitäten und staatlichen Institutionen genutzt.

Zu dieser Zeit beschränkten sich Geschäfte im Internet mehr oder weniger auf Bestellungen von T-Shirts. Ich war sofort gefangen: Wenn man ein T-Shirt online bestellen konnte, könnte man auch andere Dinge bestellen – auch einen neuen Computer. Das Großartige daran war, dass man dazu einen Computer benötigte! Ich konnte mir keine bessere Möglichkeit zur Ausweitung unseres Geschäfts vorstellen.

Ende der achtziger Jahre hatten wir über die Entwicklung eines Systems diskutiert, mit dem unsere Kunden mit Hilfe eines Modems ihre PCs bestellen und konfigurieren könnten. Nachdem wir einige Zeit darüber nachgedacht hatten, kamen wir damals zu dem Schluss, dass dieses Vorhaben zu teuer und nur unter großen Schwierigkeiten umzusetzen sei. Es gab die unterschiedlichsten Betriebssysteme (verglichen mit der heutigen Standardplattform), die zu viele verschiedene Programmversionen erforderlich gemacht hätten. Und wir hätten sämtliche Programmversionen selber unterstützen müssen.

1989 gab es die ersten Veränderungen, als ein Wissenschaftler (Tim Bernes-Lee von CERN) das World Wide Web (WWW) schuf. Das WWW war das erste in der Praxis anwendbare Hypertext-System mit einem einfachen User-Interface zum Internet. 1993 setzte dann das breite Interesse ein, da Marc Andreesen und andere Leute von der Universität Illinois in Urbana-Champaign den Mosaic-Browser fertig gestellt hatten. Mit diesem Browser wurde ein völlig neuer Weg für den Informationsaustausch über das Internet eröffnet. Der Browser war die natürliche Weiterentwicklung des elektronischen Bulletin Board Systems, aber mit viel größeren Anwendungsmöglichkeiten. Im Gegensatz zum Bulletin Board System, das der Endanwender selber einrichten musste, besaß der Mosaic-Browser eine standardisierte Bedienerschnittstelle – jedermann konnte auf das Internet zugreifen.

Ich war von diesem Konzept gefesselt: Mir gefiel die Idee, einfach den PC einzuschalten und zu sehen, was irgendwo auf der Welt geschah. Sobald ich den Browser in den Händen hatte, installierte ich ihn zu Hause auf einem Computer und verbrachte, nachdem meine Kinder im Bett waren, unendlich viel Zeit im Internet.

Das World Wide Web eröffnete uns die Möglichkeit, unseren Kunden all die Informationen in Echtzeit anzubieten, mit denen sie ihre Computer kaufen und managen konnten. Und jeder konnte unabhängig von der vorhandenen Systemplattform auf diese Informationen zugreifen. Ein weiterer Vorteil war die nahezu völlige Übereinstimmung der Internet-User mit unserem Kundenstamm: Das Internet fasziniert den erfahrenen Anwender auf Anhieb, also den typischen Dell-Kunden. Wir wussten, dass gerade unsere vorhandenen und potentiellen Kunden die Ersten im Internet sein würden.

www.dell.com

Dank unserer Techniker war Dell bereits früh mit einer kleinen Site im Internet präsent. Damals, Ende der achtziger Jahre, hatte unser technischer Support ein File Transport Protokoll bzw. eine FTP-Site eingerichtet. Wenn man mit einer Universität oder einer staatlichen Behörde zusammenarbeitete, diese an das Internet angeschlossen waren und man eine Datei benötigte, konnte man diese vom FTP-Server herunterladen. (Heute ist das für uns selbstverständlich, doch damals war das etwas ganz Großartiges.) Die FTP-Site half zwar unseren Kunden, für die Dell-Marke war sie jedoch bedeutungslos. Wir unterschieden uns also nicht von unseren Mitbewerbern, von denen viele den gleichen Service anboten. Und die Site nutzte auch nicht die bereits vorhandenen Möglichkeiten, um die Stärken des direkten Modells zu vermitteln.

Eine Site im World Wide Web hätte das allerdings bewerkstelligen können – und vieles andere mehr.

Zu dieser Zeit experimentierten Firmen im World Wide Web, aber viele wussten einfach noch nicht um die vielen Möglichkeiten. Nur wenige Firmen hatten Websites und von diesen wurden hauptsächlich statisch angelegte Jahresberichte sowie Presse- und Marketinginformationen veröffentlicht. Das Internet wurde damals vorrangig als ein Informationsmedium angesehen, das etwas Unterhaltung nebst zusätzlichen Informationen demjenigen zur Verfügung stellte, der über einen PC verfügte und über die vielen Vorteile des Internets Bescheid wusste.

Die Nachfrage nach einer kommerziellen Nutzung stieg jedoch in dem Maße, in dem Sicherheitsmechanismen in die Browser- und Servertechnologie implementiert wurden. Es entstanden einige umsatzorientierte Sites. Nahezu übereinstimmend sagten Branchenbeobachter eine Ausweitung des Electronic Commerce (kommerzielle Internet-Nutzung) voraus. Damals wurden Internet-Umsätze für das Jahr 2000 in einer Höhe von 67 Milliarden Dollar geschätzt.*

In diesem noch frühen Stadium erkannten wir, ein welch großes, bisher völlig brachliegendes Potential das Internet bot – speziell für ein Geschäft wie das unsrige. Wir waren außerdem sicher, dass das Internet unglaubliche Möglichkeiten zur Markenprofilierung bot. Wenn wir hier nicht frühzeitig unsere Position als die Online-Quelle für Systeme und Services ausbauen würden, könnte einer unserer Mitbewerber uns zuvorkommen.

Im Juni 1994 starteten wir mit www.dell.com. Die Site enthielt Informationen zum technischen Support und eine E-Mail-Adresse für den technischen Support. Unser Webauftritt wandte sich in erster Linie an die »Intensivanwender«, also an diejenigen, die frühzeitig neue Technologien übernehmen. Diese Anwender sagten uns schon bald, dass sie die Kosten unterschiedlicher PC-Konfigurationen kalkulieren wollten – und ein Jahr später führten wir diese Möglichkeit auf unserer Website ein. Die Besucher unserer Site konnten sich ein System auswählen, verschiedene Komponenten

---

* Diese Zahl wurde später in 300 Milliarden Dollar für das Jahr 2002 revidiert.

hinzufügen oder weglassen (zum Beispiel Speicher, Festplatten, Videokarten, Modems, Netzwerkkarten, Soundkarten, Lautsprecher und Ähnliches) und dann den endgültigen Preis in Echtzeit ausrechnen lassen. Allerdings mussten sie damals den tatsächlichen Kauf noch mit unseren Verkäufern abschließen, obwohl die Kunden bereits einen »elektronischen« Vorgeschmack auf die Vorteile des direkten Modells im Internet bekommen hatten.

Ich erinnere mich noch daran, wie schnell sich das allgemeine Wissen über das Internet ausbreitete. Wir hatten damals ein großes Meeting bei 3M, und das Erste, was ich vom Geschäftsführer hörte, war: »Ich finde Eure Website toll.«

Das haute mich um. Es war diese Art von frühem Feedback, bei der ich nur noch antworten konnte: »Das Internet wird zu einem ganz wichtigen Medium und wir alle sollten dabei sein.«

Direkt, direkter, am direktesten

Der Zeitpunkt für eine Erweiterung von www.dell.com in Richtung Online-Handel war genau richtig gewählt. Das äußerte ich so auch in einer Präsentation vor unserem Aufsichtsrat, und zwar mit Hilfe von Scott Eckert, der damals mein Assistent war und später eine Schlüsselrolle bei der Entwicklung unseres Online-Geschäfts spielen sollte. Das war unsere Basis: Das Internet wird grundsätzlich die Art und Weise verändern, in der Firmen ihre Geschäfte tätigen. Potentielle Kunden können preisgünstige, direkte Punkt-zu-Punkt-Interaktionen mit hohem Informationsgehalt durchführen. Ich war überzeugt, dass dies der entscheidende Vorsprung für Dell sein könnte.

Ich verstand das Internet als eine logische Erweiterung unseres Direktmodells, über das wir eine noch intensivere Kundenbindung erreichen könnten. Das Internet würde unsere konventionellen Kontakte (Telefon, Fax und persönlich) erweitern und unseren Kunden genau die gewünschten Informationen liefern können – schneller, kostengünstiger und effizienter.

Über das Herausfinden, das Konfigurieren, die Preisfindung und
das Bestellen unserer Produkte per Online hinaus, könnten die
Kunden über das Internet den jeweiligen Auftragsstatus im Verlauf der Fertigung überprüfen. Falls es Fragen zum System gäbe,
könnten sie auf unsere Seite für den technischen Support gehen,
über die sie auf exakt die Informationen zugreifen könnten, mit
denen auch unser Team für den technischen Support arbeitet. Das
Internet würde das Direktmodell noch direkter machen.

Die Vorteile lagen aber auch für Dell auf der Hand. Das Internet
würde dem gesamten Dell-Kundenstamm zur Verfügung stehen,
so dass es für uns ein nützliches Instrument für die weitere Identi-
fizierung und Segmentierung unterschiedlicher Märkte sein würde. Dieses Instrument könnte nicht nur innerhalb der Vereinigten
Staaten eingesetzt werden, sondern weltweit.

Das Internet war wie maßgeschneidert für unsere Anforderungen an eine umsetzbare Infrastruktur: Die Punkt-zu-Punkt-Kom-
munikation innerhalb des Netzes bedeutete, dass wir unser Ver-
kaufsvolumen ohne zusätzliche Mitarbeiter steigern könnten.
Unsere Verkäufer könnten sich intensiver um anspruchsvolle, um-
satzintensive Großkunden kümmern, statt sich mit Kleinaufträgen
abgeben zu müssen.

Durch eine Verbesserung der Geschwindigkeit von Informationen und des Informationsflusses selbst würde uns das Internet erhebliche Kosten einsparen und – als Konsequenz daraus – auch
unseren Kunden. Letztendlich ist Dell eine Firma mit vielen Transaktionen: so etwa Auftragsstatus, Konfiguration und Preis. Jede
dieser Transaktionen kostet Geld. Im Internet entstehen für diese
Art von Auftragsabwicklung jedoch kaum Kosten. Zur Zeit haben wir wöchentlich über zwei Millionen Besucher unserer Website.
Doch es ist egal, ob nun 200 000 oder 20 Millionen Leute unsere
Site besuchen – der Kostenunterschied ist unbedeutend. Mit jeder
weiteren Abwicklung über www.dell.com würden wir Geld für
unsere Kunden einsparen und gleichzeitig unsere Overheads reduzieren können. Unsere Kunden würden von Dell einen noch größeren Mehrwert für ihr Geld erhalten, während Dell gleichzeitig
seinen Wettbewerbsvorsprung ausbauen könnte.

Wir begannen im Juni 1996 mit dem Verkauf von Desktops und Notebooks über das Internet und bereits ein halbes Jahr später kamen dann Server hinzu.

Es geht weiter

Über unsere eigene Marktforschung stellten wir schnell fest, dass Firmenkunden – unser größter Einzelmarkt – im Gegensatz zu den Endverbrauchern anfangs dem Kauf über das Internet reserviert gegenüberstanden. Die E-Mails der Kunden gaben uns die Hinweise, dass Einzelkunden, nachdem sie ihr System zusammengestellt und den Preis ermittelt hatten, nur noch mit der Maus klicken wollten, um den Kauf perfekt zu machen. Deshalb entschieden wir, uns erst einmal auf die Endverbraucher zu konzentrieren. Mit den aus diesem Experiment gewonnenen Erfahrungen würden wir dann den Firmenmarkt ansprechen – der größte Einzelmarkt unserer Geschäftstätigkeit.

Wir machten für das Internet keine Werbung. Bevor wir allen mitteilen würden, dass wir von nun an auch online verkaufen würden, wollten wir ganz sicher gehen, dass die Abwicklung funktionierte – und das 100-prozentig. Deshalb eröffneten wir unsere Site ganz im Stillen und bevor wir überhaupt wussten, was los war, hatten wir Zehntausende von Besuchern – speziell technikorientierte Verbraucher. Und als wir anfingen, in unserer normalen Werbung auf unsere Website hinzuweisen, kamen viele zusätzliche Kunden in unsere Website – diese Besucher wussten bis dato einfach noch nicht, dass sie bei Dell über das Internet kaufen konnten. Im Dezember 1996 hatten wir bereits einen täglichen Internet-Umsatz von einer Million Dollar.

Diese Zahl konnte niemand übersehen. Zu dieser Zeit machte Amazon.com einen quartalsweisen Online-Umsatz von 15 Millionen Dollar, allerdings mit Verlust. Als dann wir damit herauskamen, dass wir einen täglichen Online-Umsatz von einer Million Dollar haben und dabei noch Gewinne machen, schaute die gesamte Branche auf uns. Das allgemeine Interesse hatte genau den von uns erwünschten Punkt erreicht. Es brachte noch mehr Besucher auf unsere Website www.dell.com und stärkte unsere Führungsrolle.

Nehmen wir einmal an, dass eine Führungsrolle im Internet-Verkauf eines unserer Ziele gewesen wäre. Wir wollten das Internet-Geschäftsmodell als Erweiterung unseres Direktmodells verstanden wissen, und nicht als ein Anhängsel eines relativ komplexen Verkaufs über den Händler. Wenn Sie etwa für einen Computerkauf die Site eines unserer Mitbewerber aufsuchen, werden Sie mit zwei Optionen konfrontiert: mit einer gebührenfreien Telefonnummer, um den nächsten Händler in Erfahrung zu bringen, oder mit einem Hinweis auf den nächsten Händler, sobald Sie Ihre Anschrift eingeben. In derselben Zeit haben sich unsere Kunden bereits in www.dell.com eingeloggt, ihr Wunschsystem zusammengestellt, ihre Kreditkartennummer eingegeben und den Kauf perfekt gemacht.

Wir wussten, dass wir mit unserem Direktmodell einen grundlegenden Vorteil besaßen. Gleichzeitig erkannten wir, wie groß dieser Vorteil durch das Internet werden würde. Die Wünschelrute war www.dell.com und mit dieser Site wurde die Aufmerksamkeit sowohl auf unser Unternehmen als auch das Direktmodell gelenkt – unsere Firma wurde zum Synonym für E-Commerce via Internet. Wann immer heute Dell im Zusammenhang mit E-Commerce genannt wird, wird auch auf www.dell.com hingewiesen – für uns im Grunde genommen ein Perpetuum mobile. Je mehr Leute darauf hingewiesen werden, desto häufiger wird unsere Site besucht: Die Chancen, dass jemand bei uns online kauft, werden also immer größer.

Das ist der Vorteil, wenn man der Vorläufer mit einer guten Idee ist und nicht die Nummer 28 mit einer weiteren Website – egal, wie gut auch deren Idee sein mag.

Führen durch Überzeugen

Eine der stehenden Redewendungen bei Dell ist, dass wenn sich Leute etwas Großartiges ausdenken, sie auch entsprechend eindrucksvoll handeln müssen. Als wir anfingen, ein erfolgreiches Internet-Modell einzurichten, hatten wir uns sicherlich etwas Großartiges ausgedacht. Wir wollten allerdings nicht nur einen Online-Laden als Anhängsel unseres normalen Geschäfts aufbauen. Viele Unternehmen, die das Internet als einfache Möglichkeit für elektronische Verkäufe betrachten, verfehlen das Ziel. Das wirkliche Potential des Internets liegt in der Möglichkeit, den Informationsfluss so zu beschleunigen, dass die unterschiedlichsten Transaktionen davon profitieren können.

Das Internet sollte eine Schlüsselrolle innerhalb unserer gesamten Geschäftstätigkeit einnehmen. Es sollte den ersten Kontakt zwischen uns und jedem Kunden (und jedem möglichen Kunden) erstellen und wir planten, schon in wenigen Jahren 50 Prozent aller Kundentransaktionen online abzuwickeln.

Für die Umsetzung dieser Ziele mussten wir entsprechend handeln. Wir promoteten die Ideen in unserem Unternehmen, um das Internet optimal in alle unsere Geschäftsbereiche zu integrieren. Statt es nur für den Verkauf und für das Zusammenstellen von Computersystemen zu benutzen, trafen wir die Entscheidung, die Internet-Technologie für unser gesamtes Informationssystem einzusetzen, um mit unseren Kunden und Lieferanten schneller und effizienter kommunizieren zu können. Die Perspektive für unsere Informationstechnik war – und ist es immer noch –, mögliche Fehlerquellen hinsichtlich der Information selber und im Informationsfluss auszuschalten. Außerdem sollten unsere Informationssysteme zur Optimierung unserer Geschäftsabläufe vereinfacht werden.

Ich hatte damals gesagt: »Schaut, alles was wir produzieren, egal ob Visitenkarten, Kartons, Werbebriefe oder ein ROM-Bios, also alles, was unseren Namen trägt, sollte mit www.dell.com versehen werden.« Es gab keinen Unternehmensbereich, der davon ausgenommen war. Ich überziehe lieber eine große Idee, als dass ich sie unter Wert verkaufe.

Dank einer intensiven Marketingkampagne tauchte unsere Web-adresse www.dell.com überall auf: In unseren Anzeigen, auf unseren Visitenkarten, auf jeder Verpackung und selbst auf dem Hinweisschild für die Herrentoilette anlässlich eines Managementmeetings in Deutschland.

Es gab jedoch Leute in der Firma, die nicht verstanden, warum das Internet unser Geschäft verändern sollte. Um sicherzustellen, dass alle Mitarbeiter hinter dem Internet standen, führten wir eine interne Überzeugungskampagne durch. Wir gingen in die Firmengebäude und pflasterten die Wände mit Plakaten, die mich in einer »Uncle Sam«-Pose mit dem Spruch »Michael braucht DICH für das Net!« zeigten. Ich versandte innerhalb der Firma eine Rund-Mail mit einer Beschreibung der Internet-Strategie von Dell. Außerdem stand in dieser Mail, wie einfach man über www.dell.com einen Auftrag platzieren kann. Anschließend bat ich unsere Manager, ein Buch über Amazon.com zu kaufen – sie sollten sich mit Internet-Commerce vertraut machen. Wir sponserten für Mitarbeiter eine Schnitzeljagd, auf der sie bestimmte Informationen im Web finden mussten. Wir richteten ein Online-Quiz unter dem Motto »Lerne das Netz kennen« ein und forderten alle Mitarbeiter auf, sich damit zu beschäftigen. Außerdem konnten alle Beschäftigten global auf das Internet und unser firmeneigenes Intranet zugreifen – und wir motivierten zur ständigen Nutzung dieser Netze.

Ein überraschend hoher Prozentsatz unserer Mitarbeiter konnte sich dennoch nicht vorstellen, welche Rolle das Internet bei unserer Geschäftstätigkeit spielen könnte. Besonders die Verkaufs- und Serviceabteilungen konnten sich die Auswirkungen des Internets nicht vorstellen und hatten erst einmal Angst, durch das Net ihren Job zu verlieren. Wir investierten erheblich in die Fortbildung unserer Verkaufsrepräsentanten, speziell in diejenigen im Außendienst mit direkten Kundenkontakten. Wir zeigten ihnen, wie das Internet ihre Arbeit effektiver machen und gleichzeitig dem Kunden zusätzlichen Service bieten könne. Unsere Repräsentanten sahen schon bald ein, welche exponierte Rolle unsere Site www.dell.com zukommen sollte. Verkäufe könnten mit weniger

Rückrufen zum Abschluss gebracht werden und der Repräsentant würde seinen Bereich noch effektiver ausschöpfen können. Gepaart mit unseren Wachstumsraten gab es für jeden Einzelnen noch mehr als genug Geschäftsvolumen.

Man könnte vielleicht argumentieren, dass über den unbeschränkten Zugriff auf das World Wide Web die Mitarbeiter nur noch im Netz surfen würden. Dann könnte man aber auch sagen: »Wir wollen unseren Leuten nicht das Lesen beibringen, da sie sonst die gesamte Arbeitszeit mit Lesen verbringen könnten.« Der Ansatz ist meiner Meinung nach falsch. Das Internet ist eine Ressource und ermöglicht und erweitert viele Geschäftsfunktionen. Wenn Sie jedoch das Vorurteil haben, dass Ihre Mitarbeiter die Technik möglicherweise missbrauchen könnten, lassen Sie sich viele Chancen entgehen, während Ihre Mitbewerber mit der Zukunft Schritt halten.

Ich erinnere mich an ein Gespräch mit einem unserer Kunden. In dessen Firma hat man untersucht, wie viel ihrer regulären Arbeitszeit die Mitarbeiter privat im Internet verbringen. Das Ergebnis: täglich sechs Minuten – Mitarbeiter verbringen mehr Zeit mit Privatanrufen. Ich denke, wenn man bei Dell arbeitet und gelegentlich online geht, um ein Buch zu bestellen, spart man eine halbe Stunde ein, die man sonst für den Weg ins nächste Buchgeschäft benötigt hätte.

Für uns stellte sich nicht die Frage, ob unsere Mitarbeiter ihre Zeit im Internet verschwenden würden, sondern ob sie das Netz ausreichend nutzen würden. Es ist einfach Dummheit, sich nur ungenügend mit einem neuen Werkzeug wie dem Internet vertraut zu machen – besonders dann, wenn es sich um einen integralen Bestandteil einer Unternehmensstrategie und um einen Wettbewerbsvorteil handelt.

1986 führten wir unser E-Mail-System ein und waren damals mit einer ähnlichen Situation konfrontiert. Man fragte mich: »Wie bekommen Sie Ihre Mitarbeiter dazu, mit E-Mail zu arbeiten?« Meine Antwort war: »Das ist ganz einfach. Sie müssen nur fragen, ob sie die Mitteilung bekommen haben, die Sie gerade rausgeschickt haben.« Und man möchte doch informiert sein, oder?

Das Begeisternde am Internet ist auch, dass es den Zugriff auf die Außenwelt bietet. In den heutigen Märkten kann man es sich einfach nicht mehr erlauben, mit den eigenen Aktivitäten isoliert dazustehen. Unsere Branche verändert sich derartig schnell, dass wir permanent unser Wissen auffrischen sowie neue Technologien und Konzepte als Erster aufnehmen müssen. Anderenfalls würden wir sehr schnell ins Hintertreffen geraten. Das Internet versetzt uns in die Lage, andere Meinungen und Ansichten aufzunehmen, egal ob es sich um die Ansicht eines Kunden, um aktuelle Meldungen über unsere Mitbewerber oder um Entwicklungen in anderen Teilen der Welt handelt.

Bevor ich einen Kunden aufsuche, schaue ich mir immer dessen Website an – ich möchte möglichst viel über sein Unternehmen wissen. Schon über die Website kann ich mir einen recht guten Eindruck verschaffen. Ich bin dadurch sicherlich aktueller informiert, als wenn ich statische Jahresberichte mit bunten Bildern studieren würde. Wir wollen, dass jeder in unserer Firma so vorgeht, damit wir allesamt ein besseres Verständnis für unsere Kunden, unsere Mitbewerber, unsere Lieferanten, unsere Märkte und die Welt um uns herum aufbringen.

Das große Geschäft

Ich hatte bereits darauf hingewiesen, dass unser anfängliches Internet-Geschäft vorrangig auf Endverbraucher und kleinere Firmen ausgerichtet war. Grund: Für viele dieser Kunden war der Online-Kauf der nächste logische Schritt, nachdem sie sich bereits online über Produkte und Preise informiert hatten. Großkunden von einem Online-Kauf zu überzeugen war viel schwieriger. Sie dachten, dass wir sie auffordern würden, ihr bisheriges Kaufverhalten radikal zu ändern. Viele unserer Großkunden besaßen tief verwurzelte Einkaufssysteme; man wusste einfach nicht, wie man die Informationen zwischen diesen Systemen und dem Internet hätte austauschen können. Einige Kunden machten sich auch Sor-

gen um die Sicherheit ihrer Online-Informationen. Und für andere
war der Entscheidungsprozess für das, was man kaufen kann und
dann tatsächlich kauft, zweigeteilt und lag häufig auch noch im
Verantwortungsbereich unterschiedlicher Mitarbeiter und Abteilungen. Wir lösten dieses Problem, indem wir in unserem Verkaufs-
system diese beiden Entscheidungsprozesse separat handhaben.

Es ist schon hart genug, Veränderungen im eigenen Unternehmen durchzuführen. Veränderungen in anderen Unternehmen zu
bewirken ist nahezu unmöglich. Ich war jedoch der Überzeugung
und bin es auch heute noch, dass das Internet ebenso allgegenwär-
tig und unverzichtbar sein wird wie das Telefon. Wir wussten,
dass es für unser Geschäft – und möglicherweise auch für das unserer Kunden – wichtig sein würde, nicht darauf zu warten, bis
unsere Großkunden die Vorteile des Internets selber erkennen
würden. Wir stellten uns also der Aufgabe, unseren Kunden die
grundlegenden Vorteile einer elektronischen Abwicklung nahe zu
bringen.

In dieser Phase waren unsere Verkaufsrepräsentanten der »Trai-
ningsmechanismus«. Sie fragten die Kunden: »Wie wickeln Sie im
Augenblick Ihre Geschäfte mit Dell ab?« Wir wollten die Botschaft
überbringen, dass Online-Bestellungen vieles vereinfachen: Bei der
Bestellung können weniger Fehler gemacht werden und die Bestellung selber kann besser verfolgt werden. Bestellen über das Internet
ist effizienter, da dieselben Informationen über eine und nicht über
drei Routen laufen.

Die eine Route sind individuelle Kundenseiten in unserer Website
mit der Bezeichnung »Dell Premier Pages«. Als wir anfingen, die
»Premier Pages« einzurichten, hatten wir den Gedanken: »Toll,
das ist eine großartige Art, unseren Kunden E-Commerce anzubieten«. Es stellte sich heraus, dass viele Unternehmen auf diese
einfache Weise mit uns Geschäfte online abschließen wollten und
dafür besonders die zusätzlichen Services unserer Internet-Verbin-
dung schätzten.

Die »Premier Page« der jeweiligen Kunden bzw. Unternehmen
ermöglicht deren Mitarbeitern einen passwort-geschützten Internet-
Zugang zu kundenspezifischen Informationen über Produkte und

Services von Dell. Kunden könnten auf Basis einmal vereinbarter Preise ihre Systeme zusammenstellen, die Preise ermitteln und anschließend den Einkauf tätigen. Sie sind in der Lage, Aufträge zu verfolgen und die Lagerbestände zu prüfen. Das geschieht anhand detaillierter Übersichten, aufgegliedert nach Gruppe, Region oder Ort, Produkt, durchschnittlicher Einheitenpreis und Gesamt-Bestellvolumen in Dollar – der Kunde wird also optimal über seine getätigten Investitionen informiert. Der Kunde kann über das Internet mit Dell-Mitarbeitern aus den Bereichen Buchhaltung, Service und Support wichtige Informationen austauschen. Kunden können den Status eines bestimmten Auftrags prüfen und feststellen, ob ihr Auftrag im FedEx-Lager in Memphis liegt und wann mit der Anlieferung zu rechnen ist. Wenn jemand herausfinden will, wie viele PCs seine Firma für die Niederlassungen in Europa bestellt hat, kann er auf unsere Auftragsdatenbank zugreifen und die Anfrage in ein Formular eingeben – er erhält umgehend und online alle benötigten Informationen.

Wir haben darüber hinaus unser so genanntes Online-Inventar-Management ausgebaut: Kunden können sich bei uns informieren, ob ihre Systeme Jahr-2000-kompatibel sind, wann Leasingverträge auslaufen oder zu welchem Zeitpunkt auf einen neuen Computer umgestellt werden sollte.

Die »Premier Account Pages« sind jedoch kein Ersatz für den Vor-Ort-Verkauf durch einen Verkaufsrepräsentanten, sondern sie unterstützen dessen Funktionen. Das Verhältnis ähnelt dem zwischen einem Kunden und seiner Bank: Wichtige Transaktionen werden persönlich besprochen, ansonsten benutzt man den Bankautomaten.

Informationen in Echtzeit weitergeben

Eines Nachts war ich online und erhielt eine Mitteilung von einem unserer Mitarbeiter aus der Servergruppe. Er hatte unsere Intranet-Site um einen speziellen Serverbereich erweitert. Es gab hier Informationen über globale Allianzen mit Microsoft, Intel, Oracle und anderen Partnern, Beispiele gemeinsamer Werbeaktivitäten, eine Aufstellung aller gemeinsamen Presseveröffentlichungen sowie einen Katalog mit unseren Produkten und Tools. Über die Server-Site konnten unsere Verkaufsteams außerdem von jedem Ort aus auf wichtige Tools zugreifen als sinnvolle Unterstützung für die tägliche Arbeit. Die Site ist klar strukturiert, immer auf dem aktuellen Stand und – da online – jederzeit verfügbar.

Beim traditionellen Support müsste man dagegen eine äußerst umfangreiche Loseblatt-Sammlung mit sich herumschleppen – die meisten Leute würden die dafür erforderlichen Ordner erst gar nicht hochheben können. Die Aktualisierung eines derartigen Systems würde sich zu einem Alptraum entwickeln, zumal Tausende von Leuten damit beschäftigt wären. Online dagegen ist dieser Vorgang eine der magischen Aufgaben, die fast verzögerungsfrei erledigt werden können. Das Endergebnis ist ein reichhaltigeres, effizienteres und schneller verfügbares Informationssystem. Und es arbeitet außerdem noch global.

Das Internet – und das interne Firmen-Intranet – ermöglicht uns, das Unternehmen mit viel weniger Zeitaufwand auf neue Aufgaben auszurichten und die besten Verfahren gemeinsam unternehmensweit zu nutzen. Vorbei sind die Zeiten der »physikalischen«, zeit- und kostenintensiveren Bereitstellung von Informationen.

Wenn bei uns Dokumente durchgesehen bzw. überprüft werden sollen, fügen wir diese der E-Mail als Anhang an. Eines Tages äußerte ich in einem Meeting: »Wäre es nicht toll, wenn wir Informationen über das Internet überprüfen könnten? Das Netzwerk könnte dann von all den Charts und Grafiken, die hin- und hergeschickt werden, entlastet werden.«

Heute setzen wir eine Internet- oder Intranet-Adresse in die E-Mail, so dass der Empfänger nur noch auf den Hyperlink klicken muss, um den Zugriff auf die entsprechenden Informationen zu erhalten. Die so genannten Leistungsberichte hatten wir einmal pro Woche erhalten. Jetzt können wir in das Netz gehen und die gewünschten Informationen in Echtzeit abrufen.

Für jede Verkaufsorganisation ist es unmöglich, sämtliche Details aller von einer Firma angebotenen Produkte zu kennen. Dagegen ist es ganz einfach, die jeweiligen Produkte im Internet zu beschreiben, zu erklären und diese Informationen je nach Bedarf zu aktualisieren – ideal für jeden Verkäufer, zumal man sofort darauf zugreifen kann. Wenn bei uns innerhalb der nächsten Monate ein neues Produkt eingeführt werden soll, können wir unsere Verkaufs- und Supportteams sofort informieren. Wir brauchen nicht mehr herumzusitzen, um einem nach dem anderen die erforderlichen Informationen verbal zu übermitteln.

Wir können komplexe technische Datenblätter in das Internet stellen, in denen neue Technologien beschrieben werden und Diagramme zeigen dort, wie die Computer konfiguriert sind. Anwender bekommen auf diese Weise einen guten Eindruck von den Eigenschaften unserer Produkte – viel eindrucksvoller als über einen statischen Prospekt oder eine andere, nicht interaktive Informationsart. Jeder Interessierte bestimmt selber, wie viel Informationen er benötigt. Und wir wissen, dass diese auch gelesen werden. Wenn wir einen normalen Infobrief an unsere Kunden schicken, wissen wir weder, ob der Brief tatsächlich den Empfänger erreicht hat, noch, ob die Informationen auch gelesen wurden. Wir wissen auch nicht, welche Seiten gelesen wurden und ob diese nützlich waren. In der Online-Welt können wir dagegen jeden Mausklick messen – wir wissen also ganz genau, welche Informationen für unsere Kunden wertvoll sind.

Die Möglichkeit, jede Kundenreaktion quasi wissenschaftlich erfassen zu können, ist schon bemerkenswert. Einige dieser Informationen standen uns bisher auch in der »normalen« Welt zur Verfügung, das heißt über eine gebührenfreie Telefonnummer gekoppelt mit speziellen Werbeaktionen: Wir konnten erfassen, wie viele Anrufe eine bestimmte Anzeige auslöste und wie viele der Anrufe zu einem Kauf führten. Aber im Internet läuft das alles in Echtzeit ab. Man kann seinen Kunden ein Angebot machen und weiß bereits nach zwei Stunden, ob dieses Angebot erfolgreich ist. Man kann das Angebot leicht verändern und sofort das Ergebnis mit den Ergebnissen anderer Angebote vergleichen. Anschließend wählt man das Angebot, welches den größten Erfolg verspricht – im Grunde genommen innerhalb weniger Minuten.

Das Internet bringt ein enorm aussagekräftiges Feedback. Angleichungen und Verfeinerungen des traditionellen Marketings basieren auf Kurskorrekturen, die meist monatlich oder vierteljährlich vorgenommen werden. Im Internet dagegen lassen sich Kurskorrekturen erheblich schneller ausführen. Außerdem konnten wir die Kosten für die Testanzeigen mit Telefon-Feedback erheblich senken – Angebotskorrekturen im Internet kosten im Grunde genommen nichts.

Hyperlink in die Zukunft

Als wir anfingen, unser Geschäft mit Hilfe des Internets auszuweiten, gab es drei grundsätzliche Vorgaben: Geschäfte mit Dell sollten noch einfacher werden, die Kosten für Geschäfte mit Dell sollten reduziert werden und unsere Kundenbeziehungen sollten weiter verbessert werden. Viele sagten, dass dies im Internet nicht möglich sei. Doch es waren überwiegend dieselben Leute, die uns auch ein Scheitern des Direktmodells und des Direktverkaufs von Servern vorausgesagt hatten.

Zur Zeit beträgt der Umsatz von Dell im Internet täglich über 12 Millionen Dollar – und das Internet wurde zu einem der Hauptfaktoren unserer Geschäftätigkeit. 1996 hatten 175 der 500 Fortune-Unternehmen ihre eigene Website und bereits Ende 1997 hatte sich diese Zahl mehr als verdoppelt.

Der Online-Commerce war für Dell jedoch nur der Anfang. Da wir das Internet als einen zentralen Teil unserer Informationsstrategie betrachteten, hatten wir auch eine andere Einstellung bezüglich der Eigentumsrechte an diesen Informationen. Statt unsere in vielen Jahren entwickelten Informationsdatenbanken abzuschotten, verwenden wir die Internet-Browser, um diese Informationen auch unseren Kunden und Lieferanten zur Verfügung zu stellen – wir führten sie buchstäblich ins Innere unseres Geschäfts. Das wurde der Schlüssel für das, was ich mit »virtuell integrierte Organisation« bezeichne – ein Unternehmen verknüpft durch Informationen. Wir verwendeten das Internet, um den Informationsfluss grenzüberschreitend zu beschleunigen. Dadurch kann man eine viel genauere und schnellere Anpassung unserer Produkte und Services an die jeweiligen Marktanforderungen vornehmen, als irgendjemand es sich hätte träumen lassen. Es wird das ultimative Geschäftssystem für eine digitale Volkswirtschaft sein.

Ich will nicht behaupten, dass meine frühen Experimente mit den elektronischen Bulletin-Boards, also den ersten Netzwerken, sich jetzt auszahlen, weil wir Computersysteme im Werte von Milliarden von Dollars über das Internet verkaufen. Mir ist auch noch nicht vollständig klar, wie weit mich mein Abenteuer, Computer aus einer Mansarde heraus zu verkaufen, tatsächlich noch bringen wird. Wir hatten sicherlich einige harte Zeiten, besonders als unser Unternehmen noch jung war. Aber da wir unserer Überzeugung folgten und immer das Wichtigste im Auge behielten – unsere Kunden, Aktionäre und Mitarbeiter – konnte Dell so weit vorankommen.

Aus diesen Experimenten heraus wurden unsere Erfolgsstrategien geboren: schnelle Marktumsetzung, überragender Kundenservice und die eindeutige Verpflichtung, unseren Kunden die beste Systemleistung gepaart mit der aktuellsten Technologie zur Verfügung zu stellen. In dem Maße, wie wir uns als Unternehmen fortentwickelten, wurden unsere Strategien immer »robuster«. Ich mag vielleicht vom Ausschalten unnötiger Schritte beeindruckt gewesen sein, aber als ich die Zwischenhändler übersprungen hatte und direkt an die Kunden verkaufte, konzentrierte ich mich auf das Verhältnis zu unseren Lieferanten, rationalisierte unser Lagerwesen und verbesserte damit unsere Kostenstruktur sowie das marktgerechte Timing für Neueinführungen, was wiederum unseren Kunden zugute kam. Der Telefonverkauf funktionierte über einen langen Zeitraum sehr gut – und für einige Kunden gilt das noch heute –, bis wir das grenzenlose Potential des Internets für uns auswerteten.

Der zweite Teil dieses Buchs beschäftigt sich damit, wie wir die in den ersten 15 Jahren unseres Firmenbestehens gemachten Erfahrungen so umgesetzt haben, dass wir zum weltweit zweitgrößten Hersteller und Anbieter von PCs wurden. Aus den folgenden Kapiteln wird ersichtlich, wie wir starke Partnerschaften mit unseren Mitarbeitern, Kunden und Lieferanten schmiedeten, um bestmögliche Ergebnisse zu erzielen. Sie werden unter anderem erfahren, wie wir unsere Energie von der Startphase bis zu dem Punkt beibehalten haben, an dem unser Unternehmen 25 000 Mitarbeiter stark war, wen und wie wir einstellten und warum wir tatsächlich die Verantwortung unserer Manager als Belohnung für ihren Erfolg abbauen. Sie werden erkennen, warum wir unsere Produkte mit Blick auf den Kunden designen – auch dann, wenn sich die Mitbewerber anders verhalten. Sie werden feststellen, wie wir die unterschiedlichsten Daten von unseren Kunden erhalten und dieses enge Verhältnis als großen Vorteil gegenüber unseren Mitbewerbern einsetzen. Wenn Sie mit irgendeinem Lieferanten zu tun haben, müssen bestimmte Gebote eingehalten werden, wie »weniger ist besser«, »Selbstzufriedenheit ist tödlich« und »Nähe zahlt sich aus«. Und diese Gebote helfen uns beim Lagerumschlag. Wir können unsere Produkte schneller als jeder andere in unserer Branche an den Endanwender liefern.

Wir legen sogar offen, wie sich Dell dem Wettbewerb stellt, und auch, wie wir die Zukunft des Internets in einer tatsächlich vernetzten Volkswirtschaft einschätzen.

Es gibt kein Unternehmen, das alles richtig macht. So viel jedenfalls wissen wir. Doch wir haben unsere Lektionen auf die harte Weise gelernt: durch Erfahrung. Vielleicht können Sie aus den angeführten Beispielen, aus unserer Entwicklung und auch aus unserer Abgrenzung gegenüber den Mitbewerbern einiges lernen.

TEIL II

8

Sorgen Sie für eine enge Partnerschaft

Ich werde oft gefragt, wie wir angesichts unseres ungebrochen schnellen Wachstums die Rolle des Herausforderers beibehalten können? Unternehmenskultur ist eine der wirklich rätselhaften Facetten des Managements.

Die Unternehmenskultur hat bei uns einen ganz großen Stellenwert. Ein Reporter fragte mich einmal, von welchem Mitbewerber die größte Gefahr für Dell ausgehen würde. Ich antwortete, dass Mitbewerber nie die größte Gefahr für uns sein würden. Die größte Gefahr geht von unseren eigenen Leuten aus.

Es war nicht einfach, den für uns typischen Unternehmergeist beizubehalten, zumal wir immer größer (Mitarbeiteranzahl) und komplizierter (Infrastruktur) wurden. Es war auch nicht einfach, die volle Energie eines zielgerichteten Teams beizubehalten, zumal wir in alle Welt expandierten. Aber ich wollte immer sicherstellen, dass jeder bei Dell das Gefühl hat, Teil von etwas ganz Großartigem zu sein etwas ganz Besonderem, das vielleicht noch größer als er selber ist.

In diesem Kapitel erfahren Sie einiges über unsere Strategien für das Auswählen und Weiterentwickeln eines Superteams, das entsprechende Ergebnisse liefert. Anschließend gehe ich in Kapitel 9 über die Verankerung einer erfolgreichen Unternehmenskultur hinaus und erkläre, warum die aktive Talentförderung ein unschätzbarer Wettbewerbsvorteil ist.

Einfach dargestellt: Der beste Weg für eine dauerhaft gesunde, wettbewerbsfähige Kultur ist das partnerschaftliche Verhältnis zu den Mitarbeitern mit übereinstimmenden Zielen und einer gemeinschaftlichen Strategie.

Bilden Sie ein Team und eine Strategie

Die Fähigkeit, die richtigen Leute zu finden und einzustellen, ist für die Entwicklung eines Unternehmens entscheidend. Egal in welcher Unternehmensphase man sich befindet: Der Einstellung großer Talente sollte man immer höchste Priorität einräumen. Dieses Ziel ist allerdings auch besonders schwer zu realisieren.

Ich erinnere mich, wie ich 1994 in der Dreijahresplanung von Dell unsere Möglichkeit erkannte, zwischen 40 und 50 Prozent jährlich zu wachsen, was bedeuten würde, dass sich die Unternehmensgröße alle zwei Jahre verdoppeln würde. Wir waren schon bei unserem 3-Milliarden-Dollar-Umsatz gefordert; um jedoch auf 7 oder 10 Milliarden Dollar Jahresumsatz zu kommen, würden wir viele zusätzliche Talente einstellen und weiterentwickeln müssen.

Was uns bei Dell zusammenhält, ist der Glaube an unser direktes Modell. Aus Mitarbeitersicht heißt das: gegenseitige Verantwortung, nachvollziehbare Ergebnisse und das Verständnis für Fakten und Daten. Im Laufe der Zeit hatten wir laserscharfe, präzise Strategien entwickelt. Wir haben viel Mühen auf uns genommen, diese Strategien immer wieder in unserem weltweit operierenden Unternehmen zu verankern. Wir haben nachvollziehbare Benchmarks für den Erfolg aufgestellt, und zwar ausgehend vom Erreichen der gesetzten Unternehmensziele und abhängig vom zu erbringenden Mehrwert für unsere Kunden und Aktionäre. Und wir tun alles, jedem unsere Ziele unmissverständlich deutlich zu machen. Die Mitarbeiter bei Dell arbeiten ergebnisorientiert, besitzen Selbstvertrauen und wollen ganz vorne sein. Sie bekommen jede Autorität, um das Geschäft in eine bestimmte Richtung zu bringen. Und wir stellen alle Werkzeuge und Ressourcen zur Verfügung, die sie zur Erfüllung ihrer Ziele benötigen.

Ob Sie nun jemanden als Anfänger oder als Leiter einer Ihrer wichtigsten Unternehmensbereiche einstellen, die Person muss uneingeschränkt hinter den Zielen und der Philosophie des Unternehmens stehen. Wenn sich die Einstellung der Person mit der grundsätzlichen Ausrichtung Ihres Unternehmens deckt, wenn sie versteht, was Ihr Unternehmen macht, und sich dabei voll engagieren will, wird diese Person nicht nur hart arbeiten, um unmittelbare eigene Ziele zu erfüllen, sondern auch zum Erreichen der (größeren) Unternehmensziele beitragen. Überlegen Sie: Wenn eine Ihrer vorrangigen Aufgaben darin besteht, bei Dell für einen unschlagbaren Kundenservice zu sorgen, und wenn Mitarbeiter die Anrufe von Kunden knapp und unfreundlich beantworten oder Kunden zu lange in der Leitung warten müssen, dann ist der Misserfolg programmiert. Dann interessiert es nicht mehr, wie gut der Mitarbeiter Bescheid wusste, wie schnell das Produkt hätte geliefert werden können oder wie zufrieden der Kunde mit seinem System sein würde. Er hätte schon längst den Hörer aufgelegt.

Ich will damit nicht sagen, dass wir nur nach der einen »richtigen« Person bzw. Persönlichkeit suchen oder ein »Herden«-Denken unterstützen. Aber ohne die Phantasie und Innovationsfreudigkeit unserer Mitarbeiter wären wir längst nicht mehr am Markt. Aber jeder von uns muss ganz eindeutig auf den Kunden ausgerichtet sein. Und das allein macht den Unterschied zu allen anderen aus.

Mitarbeiter können, egal in welcher Position, bei der Umsetzung Ihrer Unternehmensstrategie helfen und Ziele erreichen, die weit über den unmittelbaren Verantwortungsbereich hinausgehen – allerdings nur dann, wenn sich Ihr Unternehmen eindeutig und langfristig zu Wachstum und Weiterentwicklung bekennt. Deshalb müssen Sie bereits vor Spielbeginn die richtigen Leute aufstellen.

Suchen Sie die Spieler vor dem Startschuss

Es reicht einfach nicht aus, jemanden nur zur Bewältigung eines bestimmten Jobs einzustellen. Es reicht nicht einmal aus, jemanden aufgrund seines Talents einzustellen. Ein Kandidat muss aufgrund seiner Fähigkeiten, mit der Firma zu wachsen und sich weiterentwickeln zu können, eingestellt werden.

Ich habe diese Lektion bereits am Anfang unserer Unternehmensgeschichte gelernt. Ich führte die Einstellungsgespäche sehr sorgfältig und versuchte, die genau richtigen Leute für die gerade offenen Stellen einzustellen. Und schon damals – wir waren trotz einer wahnsinnigen Wachstumsrate sehr viel kleiner – waren einige, die sich für einen Job qualifiziert hatten, plötzlich wieder verschwunden. Ich hatte sie eingestellt, weil sie gut in ihrem bisherigen Job waren, aber nicht unbedingt für den Job, der zukünftig auf sie zukommen würde. Wenn ein Unternehmen schnell wächst, können selbst talentierte Mitarbeiter überfordert werden. Man muss Leute finden, die ihren Job gut bewältigen und gleichzeitig in einen neuen hineinwachsen können.

Heute stellen wir Mitarbeiter vor dem Hintergrund einer längerfristigen Perspektive ein. Sie werden nicht eingestellt, um eine bestimmte Arbeit auszuführen – wir laden sie ein, unserem Unternehmen beizutreten. Wenn wir gut zusammenpassen, werden sich ihre Aufgaben häufig ändern, und zwar in dem Maße, wie wir das Geschäft weiter segmentieren und uns stärker als andere auf bestimmte Bereiche konzentrieren. Wenn Sie Leute einstellen, die weit über ihre aktuelle Position hinauswachsen können, bauen Sie ein tief reichendes und zusätzliches Potential in Ihrem Unternehmen auf. Dieses Potential wird dann zum Tragen kommen, wenn Sie sich in einer erneuten Wachstumsphase befinden oder Sie sich einem verstärkten Wettbewerb stellen müssen.

Wir stellen für den Erfolg ein – und damit institutionalisieren wir ihn. Ein Job beinhaltet auch, nach einem Nachfolger Ausschau zu halten und ihn auf die jeweiligen Aufgaben vorzubereiten, nicht erst dann, wenn eine neue Aufgabe übernommen werden soll.

Worauf sollten Sie bei heute einzustellenden Kandidaten achten, die morgen einmal eine Führungsposition übernehmen sollen? Bei Dell suchen wir Leute aus, die wie Studenten vieles hinterfragen und die bereit sind, ständig etwas Neues zu lernen. Da so vieles, was zu unserem Erfolg beigetragen hat, völlig konträr zum Althergebrachten war, suchen wir nach den Mitarbeitern, die frei denken und fragen können. Wir suchen Leute mit einer gesunden Mischung aus Erfahrung und Intellekt sowie nach Leuten, die keine Angst haben, bei der Einführung von Neuerungen auch mal einen Fehler zu machen. Und wir suchen nach Leuten, für die Veränderungen die Norm sind, die Probleme oder Lösungen aus ganz anderer Sicht betrachten und schließlich mit völlig neuen und ungewöhnlichen Lösungen kommen. Und wann immer ich kann, suche ich mir diese Leute selber aus.

Wählen Sie die Mitarbeiter persönlich aus

Ich suche permanent selber nach guten Leuten und ich erwarte das Gleiche auch von den anderen in unserem Team.

Meine Suche beschränkt sich nicht nur auf Manager. Ich treffe mich häufig im Sommer mit unseren Austauschstudenten, nicht für Einstellungsgespräche, sondern um herauszufinden, was sie aus der Zeit bei Dell für sich mitnehmen können, was ihnen bei uns aufgefallen ist und welche neuen Eindrücke sie bei Dell gewonnen haben. Wenn sie gute Erfahrungen bei Dell gemacht haben und ihre Stärken mit unseren Zielen übereinstimmen, kommen viele in unser Unternehmen zurück und machen ihren Weg.

Wenn ich Einstellungsgespräche führe, versuche ich zuerst herauszufinden, wie die Bewerber Informationen verarbeiten. Denken die Leute in ökonomischen Begriffen? Wie definieren sie »Erfolg«? Wie steht es um ihre Einstellung zu anderen Menschen? Verstehen sie wirklich die strategischen Grundlagen des Geschäfts, in das sie zur Zeit eingebunden sind? Verstehen sie unser Geschäft? Es überrascht immer wieder, wie viele Leute, die sich im Arbeitsprozess befinden, irgendwie zur Strategie des jeweiligen Unternehmens beitragen, aber kaum verstehen, wie und warum.

Für mich ist wichtig herauszufinden, ob potentielle Kandidaten überhaupt in der Lage sind, die Dell-Strategie zu verstehen und ob sie uns helfen können, diese Strategie auszubauen und zu verbessern.

Normalerweise frage ich die Kandidaten nach einer selbst erbrachten Leistung, auf die sie besonders stolz sind. Die Antwort vermittelt mir einen Eindruck, ob sie den Erfolg des Unternehmens, in dem sie gerade beschäftigt sind, oder das eigene, persönliche Weiterkommen im Sinn haben. An dieser Stelle unterbreche ich meist das Gespräch und suche die aktive Auseinandersetzung. Ich will wissen, ob ihre Ansichten gefestigt sind und sie bereit sind, diese zu verteidigen. Bei Dell brauchen wir Leute, die genügend Selbstvertrauen haben und an dem festhalten, von dem sie überzeugt sind. Wir brauchen keine Leute, die meinen, in Auseinandersetzungen einlenken zu müssen.

Belohnen Sie Erfolg mit Entlastung

Jeder leitende Angestellte, Manager oder Inhaber einer kleineren Firma wird mir sofort zustimmen: Die richtigen Leute für den jeweiligen Job sind für den Erfolg eines Unternehmens unverzichtbar. Wenn ein talentierter Angestellter die ihm gestellte Aufgabe erfüllt, steigt er normalerweise in der Firma auf und sein Verantwortungsbereich wird erweitert. Ihm werden meist mehr Mitarbeiter unterstellt und er bekommt ein größeres Budget. Aber wie soll man sich verhalten, wenn die Verantwortungsbereiche Jahr für Jahr um 50 Prozent größer werden? Und das nur, weil ein Unternehmen wächst.

Wenn Sie davon ausgehen, dass Ihre Angestellten in der gleichen Geschwindigkeit wie Ihr Unternehmen »wachsen« können – ohne jedoch die Erfolgsstrategie des Unternehmens aus den Augen zu lassen – werden Sie tief enttäuscht sein. Sobald eine Firma schnell wächst, wird für viele Jobs auch die Verantwortung zunehmend größer. Schließlich wird ein Punkt erreicht, an dem diese

Verantwortung zu groß und zu komplex wird, selbst für den engagiertesten und wirklich hart arbeitenden Mitarbeiter. Seine persönliche Karriere im Unternehmen wird darunter leiden oder der Mitarbeiter ist am Ende »ausgebrannt«.

Es ist sinnlos, an einer Struktur festzuhalten, die es dem Mitarbeiter schwer macht, erfolgreich zu sein. Eine Unternehmensstruktur muss so flexibel sein, dass sie mit den Mitarbeitern, nicht gegen sie arbeitet.

Das ist eine der größten Herausforderungen, denen wir uns in einem schnell wachsenden Unternehmen stellen müssen. Unsere Lösung ist die Segmentierung.

Ausgelöst durch immer höhere Umsätze hat uns die Strategie der Segmentierung den Weg geebnet, auf dem wir das Unternehmen für den Erfolg neu organisierten. Als das Unternehmen jedoch noch weiter wuchs, begannen wir darüber nachzudenken, ob die Segmentierung auch Jobs schaffen könnte, in denen sich unsere Mitarbeiter weiterentwickeln und gleichzeitig die Chance wahrnehmen könnten, sich intensiver um ihre direkten, ganz nahe liegenden Verantwortlichkeiten zu kümmern. Bei Dell bedeutet eine stärkere Zielorientiertheit fast immer mehr Wachstum.

Die Segmentierung eines Jobs verläuft unterschiedlich. Wir bringen neue, talentierte Leute hinein und/oder teilen einen Geschäftsbereich, eine Produktgruppe oder eine Funktion so auf, dass die neu entstandene Struktur zu managen ist und noch eindeutiger auf die jeweilige Geschäftsmöglichkeit ausgerichtet ist. Auf diese Weise können wir unsere Mitarbeiter motivieren und eine hohe Wachstumsrate absichern.

Als wir zum ersten Mal damit begannen, waren einige Leute verunsichert – durchaus verständlich. Normalerweise werden Einschränkungen von Verantwortungsbereichen als Zeichen der Zurückstufung, der Unzufriedenheit oder des Versagens verstanden. In anderen Unternehmen werden Führungskräfte nach der Anzahl der ihnen direkt unterstellten Mitarbeiter und nach ihrem Beitrag zum Unternehmensgewinn beurteilt. Bei Dell bedeutet Erfolg ein so schnelles Wachstum, dass wir Mitarbeiter die Hälfte ihres Geschäfts wegnehmen müssen. Selbst wenn wir eine bestehende Gruppe in zwei oder manchmal drei neue Gruppen aufteilen, sind die neuen Gruppen in circa zwei Jahren häufig doppelt so groß wie die ursprüngliche Gruppe.

Wir haben eine recht gute Möglichkeit gefunden, die Bedenken der Mitarbeiter zu zerstreuen: Wir planen nicht nur die zukünftige Unternehmensstruktur, sondern diskutieren anschließend diesen »Zukunftsstatus« auf breiter Basis innerhalb unseres Unternehmens. Das erlaubt uns die konstante, schrittweise Anpassung der Organisationsstruktur. Änderungen müssen zu einem vorgegebenen Termin abgeschlossen sein – allerdings nicht alle gleichzeitig.

Eine frühzeitige interne Information über zukünftige Veränderungen erleben Mitarbeiter als motivierend, da sie bereits im Vorfeld erkennen können, welchen Einfluss unser Wachstum auf ihre weiteren Chancen und Karrieren haben wird.

Die Jobsegmentierung steht im völligen Gegensatz zur konventionellen Unternehmenspraxis. Trotzdem ist die der Jobsegmentierung zugrunde liegende Logik richtig: Wir wollen, dass uns gute Mitarbeiter zur Seite stehen und dabei helfen, die Entwicklung unseres Unternehmens voranzutreiben. Uns ist keine bessere Möglichkeit bekannt, die neue sinnvolle Jobs entsprechend den Fähigkeiten der betroffenen Mitarbeiter schafft. Es macht dagegen keinen Sinn, von seinen Mitarbeitern den »Supermann« oder die »Superfrau« zu erwarten. In diesem Falle können Sie mit Sicherheit davon ausgehen, dass die Mitarbeiter an den gestellten Aufgaben scheitern.

Außerdem unterstützt die Jobsegmentierung unsere Unternehmensstrategie – sie hilft, eventuell vorhandene Schwächen festzustellen. Ohne die Segmentierung hätten wir beispielsweise Defizite in den Finanz- oder Marketingbereichen nie richtig erkennen können. Mit Hilfe der Segmentierung konnten wir schnell herausfinden, dass wir zur Übernahme neuer Verantwortungsbereiche zu wenig Mitarbeiter hatten. Die Segmentierung als zusätzliches Prüf- und Ausgleichssystem ist äußerst praktisch.

Das Beste seit Einführung der Segmentierung ist jedoch, dass wir neue Aufgaben und Möglichkeiten für Mitarbeiter schaffen können. Wenn neue Geschäftsbereiche eingerichtet werden und dabei zwangsläufig organisatorische Engpässe entstehen, sind die Mitarbeiter trotzdem motiviert, über sich selbst hinauszuwachsen. Die Segmentierung trägt dazu bei, dass unsere besten Leute sich nicht selbstzufrieden zurücklehnen oder sich langweilen. Sie hilft, Mitarbeiter langfristig an das Unternehmen zu binden. Wir hoffen, dass diese Bindung für beide Seiten ertragreich ist.

Segmentieren Sie den Geschäftsführer

Ich habe meinen eigenen Job zweimal segmentiert bzw. geteilt. In der Zeit von 1993 bis 1994 wurde mir ziemlich deutlich, dass es für mich einfach zu viel zu tun gab, und es gab noch so viele andere Aufgaben, die ich alleine nie hätte bewältigen können – es wäre ein Jammer gewesen. Das war dann einer der Gründe, warum ich Mort Topfer fragte, ob er nicht in unsere Firma kommen wolle.

Unsere Partnerschaft ist ein klassisches Beispiel für eine Jobsegmentierung: Wir waren zu dem Schluss gekommen, dass zwei Köpfe besser für das Unternehmen wären als nur einer. Mort und ich ergänzen uns in unseren Stärken, so dass jeder von uns sich den Bereichen widmete, in denen er das meiste bewirken konnte. Wir handelten nach dem Prinzip »Teile und Herrsche«, gekennzeichnet durch eine permanente Kommunikation und gemeinsame Entscheidungen – unsere individuellen Möglichkeiten multiplizierten sich zum Erfolg.

Da das Unternehmen weiterhin wuchs, segmentierten wir den Job erneut. 1997 brachten wir Kevin Rollins, seit 1996 bereits mit einer Schlüsselstellung in unserem Führungsteam betraut, in eine Position, die wir mit »Büro des Chairmans« bezeichneten. Seitdem führen wir das Unternehmen gemeinsam zu dritt. Noch immer entdecken wir in uns mehr Möglichkeiten als wir umsetzen können, aber die gemeinsame Verantwortung gibt uns definitiv den Freiraum, um den unserer Meinung nach am meisten versprechendten Möglichkeiten nachgehen zu können.

Wir stimmen nicht immer überein. Aber wir teilen eine Art von

Berechenbarkeit, Verantwortlichkeit und gemeinsamer Zielsetzung. Also kein Fall von »Ich mache meine Arbeit und du deine«. Wir arbeiten mit deckungsgleichen Strategien und Zielen zusammen, mit einem permanenten Informationsaustausch und mit klar definierten Bereichen.

Schaffen Sie ein teamübergreifendes Verantwortungsgefühl

Ich bin immer wieder erstaunt, wie und warum Teams zusammenarbeiten – oder auch nicht. Dieses Thema wurde besonders wichtig, da Dell sein Wachstum unvermindert fortsetzte und wir viele neue Mitarbeiter einstellen mussten. Wie behält man die Richtung, den Zusammenhalt und die organisatorische Intimität einer kleinen Firma bei, wenn man so groß wird?

Man muss Wege finden, alle Talente auf einen Kurs zu bringen und so zusammenzuführen, dass ein Mehrwert für Kunden und Aktionäre erzielt wird.

Sie können diesen Punkt erreichen, wenn Sie ein Team auf ein gemeinsames Ziel ausrichten und unternehmensweit Leistungsanreize bieten. In unserer Fabrik wird beispielsweise in Zweiergruppen gearbeitet, um die Auftragsunterlagen anzunehmen, das System zusammenzubauen und es zur Auslieferung an den Kunden zusammenzupacken. Da diese Teams gewinnbeteiligt sind, achten sie auf maximale Produktivität. Auf Monitoren erscheinen stündlich aktualisierte Daten, so dass jedes Team genau weiß, wie produktiv es im Vergleich zu unseren Zielvorgaben ist. Je effizienter ein Produktionsteam arbeitet, desto mehr verdient es.

Diese Mitarbeiter wissen also ganz genau, wie lukrativ eine gute Teamarbeit für sie sein kann.

Ähnlich unser Prinzip der »360-Grad-Beurteilung«. Statt die jährliche Verbesserung eines Mitarbeiters aus der subjektiven Sicht einer Person (normalerweise durch den direkten Vorgesetzten) beurteilen zu lassen, beinhaltet das »Rundum-Feedback« eine Beurteilung durch alle Personen, mit denen ein Mitarbeiter zusammenarbeitet. Dieser Bewertungmaßstab ist großartig, da sich auch die Bereiche erkennen lassen, in denen sich ein Mitarbeiter weiterentwickeln oder verbessern müsste. Unsere Mitarbeiter sind permanent motiviert, ihre Ziele als Team zu erreichen. Für uns ist das die bislang beste Möglichkeit für die objektive Leistungsbeurteilung unserer Mitarbeiter bei gleichzeitiger Minimierung politischer, interpersoneller Querelen. Wir konnten starke Teammitglieder beobachten, die weder Zeit noch Mühe scheuten, anderen, die nicht so gut mitkamen, zu helfen – aus purem Eigeninteresse. Intern wird übrigens untereinander ganz offen über die 360-Grad-Beurteilungen gesprochen, was es wiederum unseren Managementteams ermöglicht, gemeinsam mit den Betroffenen die notwendigen Verbesserungen vorzunehmen.

Diese Art von Teamarbeit geht von einen anderen Ansatz aus, wie ein Unternehmen »zusammengebaut« werden sollte. Bei dem Modell geht es nicht um Leute, die für sich bleiben und in ihrem Job hart, aber »unpolitisch« arbeiten wollen. Nein, es geht um die Leute, die umsichtig in das Weiterkommen der Kollegen investieren. Das ist im wahrsten Sinne des Wortes eine Partnerschaft.

Lernen Sie beiläufig

Dell gehört zu den Unternehmen, in denen man sich zu Hause fühlt und persönlich eingebunden ist. Wir mögen zwar ein 18-Milliarden-Dollar-Unternehmen sein, aber unser gesamtes Managementteam, ich selber eingeschlossen, beschäftigt sich auch mit den Details des Tagesgeschäfts. Das ist der tatsächliche Grund für unseren Erfolg: Es reicht nicht aus, wenn Manager herumsitzen, theoretisieren und das durchgehen, was andere an uns berichten. Wir treffen uns regelmäßig mit Kunden und nehmen an internen Arbeitsmeetings über Produkte, Investitionen und Technologie teil – einfach, um an den Überlegungen und Ideen in unserem Unternehmen praxisnah teilhaben zu können.

Warum befasse ich mich noch damit? Sicherlich ist es eine Möglichkeit, um enger an unseren Leuten zu sein. Aber das ist nicht alles. Die Einbindung in das Tagesgeschäft hilft uns, den Kontakt zu halten, und ermöglicht es uns, einen der für Dell wichtigsten Wettbewerbsvorteile – Schnelligkeit – sicherzustellen. Das »immer über Details informiert sein« ermöglicht schnelle Entscheidungen, da wir genau wissen, was anliegt.

Wenn beispielsweise bestimmte Probleme entstehen, müssen wir nicht weiter nachforschen oder jemanden beauftragen, die Einzelheiten zu ergründen. Meist liegen uns bereits alle Informationen vor, wir können die zuständigen Leute zusammenrufen, umgehend Entscheidungen treffen und weitermachen, und zwar schnell. Die Geschäftstätigkeit eines Unternehmens bewegt bzw. verändert sich heute zu schnell, um für eine Entscheidung viel Zeit verlieren zu können. Obwohl wir uns immer um richtige Entscheidungen bemühen, denke ich, dass man eher das Risiko einer Fehlentscheidung eingehen und nicht auf eine 100-prozentig abgesicherte Entscheidung warten sollte, um dann zwei Jahre zu spät zu sein.

Man kann bestimmt nicht die schnellsten und besten Entscheidungen ohne entsprechende Daten treffen. Informationen sind der Schlüssel für jeden Wettbewerbsvorteil – aber sie kommen nicht von alleine auf den Schreibtisch. Man muss nach draußen gehen und alle erforderlichen Informationen zusammentragen.

Ich sammle Informationen, indem ich hier und da hineinschaue. Meine Interaktionen sind nicht geplant: Ich will anekdotenhafte Informationen erhalten. Ich möchte spontane Bemerkungen hören. Ich möchte beispielsweise mit jemandem zusammenkommen, der einer älteren Dame beibringt, wie sie zum ersten Mal ihr Computersystem einschaltet. Ich möchte auf jemanden stoßen, der um die Antwort auf eine Kundenfrage verlegen ist – und bei der Beantwortung helfen, sofern ich kann. Diese Erfahrungen möchte ich machen, weil es die Dinge sind, die den Arbeitstag unserer Angestellten ausmachen, und weil ich nur so die Informationen erhalte, aufgrund derer ich dann die besten Entscheidungen für unsere Kunden und Mitarbeiter treffen kann.

Manchmal zeige ich mich in unserer Zentrale; dann wieder bin ich in einer anderen Abteilung. Ich gehe unangemeldet in die Fabrik und spreche mit den Leuten in der Fertigung, um mich über den aktuellen Stand der Dinge zu informieren. Zwei- bis dreimal im Monat unterhalte ich mich während der Mittagspausen mit den verschiedenen Mitarbeitern unserer Firma. Es ist einfach, in einem Produktmeeting zu sitzen und zu sagen: »Das sind unsere neuen Produkte und unsere Verkäufer werden sie verkaufen«. Doch das könnte jenseits jeder Realität liegen. Deshalb höre ich in den Mittagspausen sorgfältig auf das, was mir die Verkäufer sagen. Das ist die beste Gelegenheit, das zu erfahren, womit die Leute wirklich täglich zu tun haben. Außerdem ist es für mich ein Forum, über das man Ideen und Lösungen austauschen kann.

Ich glaube, dass man den zufälligen Interaktionen eine ganze Menge entnehmen kann. Ich könnte mir vorstellen, zusammen mit einem Verkaufsleiter im Auto zu sitzen und von Kunde zu Kunde zu fahren – eine großartige Gelegenheit herauszufinden, was tatsächlich vor sich geht. Ich würde fragen: »Was erzählen Ihnen die Kunden? Was halten Sie von unseren Produkten? Wo sehen Sie unsere Konkurrenz? Was sind Ihre wichtigsten Aufgaben? Was behindert Ihren Erfolg? Wie kann die Firma Sie besser unterstützen?« Diese qualitativen Daten sind genauso wichtig wie die quantitativen Daten im Hinblick auf die Motivation und Zielstrebigkeit unserer Leute.

Mir macht es auch Spaß, aus der Firma herauszukommen und herauszufinden, was andere Leute von uns halten. Im Web weiß niemand, dass ich ein Firmenboss bin. Ich gehe in die Chat-Räume, in denen Anwender normalerweise über Dell und unsere Mitbewerber chatten. Ich »höre« den Gesprächen zu, in denen sie sich über ihre Käufe und deren Vor- und Nachteile unterhalten. Allein das bietet ein enormes Lernpotential.

Eines meiner Ziele ist, kontinuierlich Informationen von draußen in Dell hineinzubringen – mit der Absicht, so wettbewerbsstark wie nur irgend möglich zu bleiben. Wenn eine Firma immer größer und der eigene Job immer komplexer wird, läuft man Gefahr, die meiste Zeit mit Selbstgesprächen zu verbringen: eine schlimme Sache. Wir müssen uns selber immer wieder in das hineinversetzen, was unsere Kunden sagen, was unsere Märkte sagen und in das, was um uns herum passiert: Nur so bleiben wir wettbewerbsfähig.

Ich wünsche mir die Möglichkeit, mich mit jedem Menschen bei Dell wechselseitig beeinflussen zu können. Aber es ist unmöglich, die Anzahl meiner Interaktionen in dem Maße zu erhöhen, wie das Unternehmen wächst. Wenn eine Firma von 1 000 auf 25 000 Mitarbeiter wächst, ist das eine einfache Rechenaufgabe: Meine Chance, einen einzelnen Mitarbeiter zu sehen, ist 25-mal kleiner.

Umgekehrt bedeutet das aber nicht, dass ich mich auch nur noch zu $1/25$ um meine Mitarbeiter kümmern kann. Trotzdem vermisse ich das enge Verhältnis aus der Zeit, als wir noch in unserem ersten richtigen Büro zusammengepackt waren.

Es gibt aber auch in großen Unternehmen einige Möglichkeiten, die Distanz zwischen der Unternehmensleitung und den Mitarbeitern zu überbrücken und eine flexible Politik der kurzen Wege als Wettbewerbsvorteil zu entwickeln:

- Mobilisieren Sie die Mitarbeiter über ein gemeinsames Ziel. Helfen Sie, dass sich jeder mit etwas identifiziert, das unverfälscht, speziell und wichtig ist. So werden Sie zur wirklichen Hingabe und Loyalität inspirieren.
- Investieren Sie in wechselseitige langfristige Ziele und sprechen Sie mit Ihren Mitarbeitern über die sich daraus ergebenden Verpflichtungen.
- Verlassen Sie sich bei der Suche nach talentierten Mitarbeitern nicht auf Headhunter und stellen Sie auch nicht »blind« ein. In der heutigen Wirtschaft sind talentierte Mitarbeiter knapp.
- Sorgen Sie dafür, dass sich Ihr Personal weiterentwickeln kann. Erfolg ist alles andere als statisch – und mit der Unternehmenskultur verhält es sich ebenso. Achten Sie auf das, was Ihre besten Leute bewirken und bauen Sie eine Infrastruktur auf, in der Leistung belohnt wird. Talentierte Mitarbeiter halten Sie am besten im Unternehmen, wenn sich die übertragenen Aufgaben entsprechend ihrer Entwicklung verändern. Manchmal wird

durch eine Einschränkung von Verantwortungsbereichen mehr Raum für neue Möglichkeiten und für die Weiterentwicklung geschaffen – Ihr Geschäft wird sich in gleichem Maße (positiv) entwickeln.

- **Bleiben Sie am Ball.** Selbst wenn Sie keine Verkaufsgespräche führen oder schnell mal in ein Meeting hineinschauen können, gibt es E-Mail oder das Internet, um mit den Mitarbeitern aller Ebenen des Unternehmens in Kontakt zu bleiben – besonders mit den Mitarbeitern, die weiter entfernt sind und die Sie nicht so häufig sehen können, wie Sie vielleicht wollen. Betrachten Sie das als die Möglichkeit, reale Informationen von realen Leuten zu erhalten. Auf Basis dieser Informationen können Sie in Echtzeit reagieren.

Die Verbindung zur Außenwelt hält Sie bewusst. Die Verbindung mit Ihren Mitarbeitern ist Ihre wertvollste Investition. Sie hält Ihr Geschäft in Gang und macht Ihre Leute gesund und stark.

Der nächste Schritt ist, die Talente zu einem Wettbewerbsvorteil zu machen.

Schaffen Sie ein Unternehmen mit lauter Unternehmern

Es ist eine Sache, eine gut funktionierende Unternehmenskultur aufzubauen. Eine andere Sache ist es, mit dieser Kultur einen messbaren, strategischen Vorteil zu erzielen.

Bei Dell verdanken wir einen großen Teil unseres Erfolgs den Mitarbeitern. Aber es reicht nicht, nur gute Leute einzustellen. Sie müssen bei allen Ihren Mitarbeitern zusätzlich ein Gefühl der persönlichen Investition hervorrufen – das sich in drei Punkten zusammenfassen lässt: Verantwortlichkeit, Verantwortung und ein gemeinsamer Erfolgsbeitrag.

Als Manager wissen Sie, dass persönliche »Investition« kaum von außen her beeinflusst werden kann – einige Leute haben diese Eigenschaft, andere nicht. Es handelt sich um eine Qualität, die normalerweise auf Eigenmotivation basiert. Es sei denn, Sie können ein Unternehmen aufbauen, das aus Unternehmern besteht.

Eine Unternehmenskultur, in der jeder Mitarbeiter wie ein Inhaber denkt und handelt, bedeutet, dass Sie die individuelle Leistung eines jeden Mitarbeiters mit den wichtigsten Unternehmenszielen verknüpfen müssen. Bei Dell mobilisieren wir jeden Mitarbeiter für die bestmögliche Kundenorientierung (sprich Erfahrung im Umgang mit unseren Kunden) und für den Mehrwert für unsere Aktionäre. Dafür verwenden wir spezielle quantitative Messmethoden, mit denen wir unseren Fortschritt mit den Zielen vergleichen, die Grundlage für die Leistung eines jeden Mitarbeiters sind. Ein Unternehmen, dass sich aus einzelnen Unternehmern zusammensetzt, orientiert sich weniger an einer Hierarchie oder daran, wer das schönste Büro hat, sondern mehr am Willen, bestimmte Ziele zu erreichen. Bei Dell ist jeder ein Inhaber. Wie und warum erklärt der nachfolgende Abschnitt.

Lernen Sie wissbegierig

Unsere Leute werden offensichtlich motiviert, indem wir unsere Ziele mit ihrem Einkommen und zusätzlichen Anreizen verknüpfen. Aber noch wichtiger ist, dass wir unseren Mitarbeitern das unternehmerische Denken »einflößen« und gezielter ihre Talente berücksichtigen, damit sie ihr volles Potential erreichen können.

Dazu gehören auch der Wille und die Fähigkeit, permanent zu lernen. Lassen Sie uns näher darauf eingehen: Wenn ich mein Wissen aus den Jahren 1993 und 1994 zusammenfassen und feststellen würde: »Das reicht, mehr brauche ich nicht zu wissen«, hätte ich mit Sicherheit dieses Buch nicht schreiben können. Denn seit Start unseres Unternehmens musste ich irrsinnig viel lernen, einfach um mithalten zu können. Keine zu unterschätzende Leistung, wenn man bedenkt, wie schnell sich unsere Jobs verändern.

Meine Art zu lernen hat viel mit Fragen zu tun: Was würde Ihren Job bei Dell einfacher machen? Erfolgreicher? Sinnvoller? Was mögen unsere Kunden und was nicht? Was benötigen sie? Was sollen wir aus Kundensicht heraus besser machen? Wie können wir uns verbessern? Ich fange immer mit vielen Fragen an und konzentriere mich dann auf das Zuhören: Man kann nichts lernen, wenn man die ganze Zeit spricht. In unseren Meetings, egal ob es sich um Rechenschaftsberichte, Updates unserer Geschäftstätigkeit oder Teammeetings handelt, wird viel Zeit mit Fragen und Antworten verbracht. Wir hinterfragen das jeweils anliegende Thema: Warum machen wir das? Warum machen wir nicht das? Natürlich ist eine gewisse Wissbegierde dabei, da kein Bedienerhandbuch mit all den Antworten vorhanden ist. (Und selbst wenn das der Fall wäre, würden wir nicht wollen, dass sich unsere Leute darauf verlassen.)

Ich war kürzlich in einem Meeting mit unserem Dell-Team in Frankreich. Jemand fragte: »Warum engagieren wir uns so stark im Serverbereich?« Ich antwortete, indem ich die Funktionsweise unseres Profitpools beschrieb. »Stellen Sie sich den Profitpool als großes Becken gefüllt mit Dollars mitten in einem Raum vor. Immer wenn wir in den Raum kommen, nehmen wir einige Dollars mit – und schließlich ist das Becken leer. Wenn wir 1 000-Dollar-PCs verkaufen, können wir zwar häufig zum entsprechenden Profitpool rennen, doch wir bekommen nicht das raus, was wir brauchen. Wenn wir dagegen 10 000-Dollar-Server verkaufen, können wir eine ganze Menge Dollars dem Server-Profitpool entnehmen. Jetzt meine Frage: Wenn Sie beliebig oft zu einem dieser Profitpools gehen könnten – würden Sie den für die 1 000-Dollar-PCs oder den für die 10 000-Dollar-Server vorziehen?«

So wurde unser Konzept der Profitpools sofort und auf einer sehr persönlichen Ebene verstanden. Die Relevanz des Beispiels vereinfachte es den Fragestellern, sich unsere Serverinitiative »zu eigen« zu machen und zu erkennen, dass wir nur dann etwas in Bewegung setzen können, wenn auch sie unser Servergeschäft verstehen und die Geräte an unsere Kunden verkaufen.

Der Punkt ist einfach, dass man die Zusammenhänge versteht. Viele Fragen öffnen neue Türen für neue Ideen, die dann letztlich zum Wettbewerbsvorteil beitragen. In unserer Einkaufsgruppe stellte jemand, der für den Einkauf von Festplatten verantwortlich zeichnete, ganz gezielte Fragen: Wie sieht die Kostenstruktur bei den Festplattenherstellern aus? Wenn wir ein Festplattenhersteller wären, welcher Kapitalaufwand wäre erforderlich? Wie hoch sind die Teilekosten? Wie sieht meine Gewinn- und Verlustrechnung aus? Wer sind meine Mitbewerber? Welchen Einfluss haben Produkt und technische Weiterentwicklung auf die Kostenstruktur? Ist es wirtschaftlich, einen langfristigen Kunden wie Dell zu haben? Was sind meine Anreize und würden sie mich zum Weitermachen motivieren? Durch ein besseres Verständnis der Wirtschaftlichkeit, ausgehend vom eingesetzten Kapital, der Lieferkanäle, der Technik und den Markttrends, können unsere Leute abgesicherte Entscheidungen über von uns einzugehende Verpflichtungen treffen.

Man lernt auch viel, wenn man dieselben Fragen in ähnlich gelagerten Gruppen des Unternehmens stellt und die Antworten vergleicht. Wir gehen so vor, um die besten Ideen aus unseren verschiedensten Geschäftsbereichen zusammenzutragen – schließlich arbeiten wir alle in einem Team und mit demselben Ziel. Wenn eine unserer Abteilungen großen Erfolg bei mittelgroßen Firmen hat, übermitteln wir die diesem Erfolg zugrunde liegenden Ideen sofort an unsere weltweit operierenden Niederlassungen. Wenn andere Abteilungen einen Weg gefunden haben, die Verkäufe bei Rechtsberatungsunternehmen zu forcieren, werden auch diese Ideen zur entsprechenden Umsetzung dem Gesamtunternehmen zur Verfügung gestellt. Unsere besten Ideen können aus irgendeiner Ecke der Welt kommen – sie werden sofort geteilt. Das hilft uns, die für ein global operierendes Unternehmen erforderliche, vorausschauende Einstellung zu entwickeln. Wir tauschen Ideen über E-Mail und das Web aus sowie in Meetings, in denen unterschiedliche Gruppen aus allen Teilen der Welt für einen intensiven Informationsaustausch zusammenkommen.

Menschen haben eine enorme Fähigkeit zur Weiterentwicklung, wenn sie durch diesen Gedankenprozess stimuliert werden. Wenn wir kein Verständnis für die Bedeutung neuer Prozesse oder Technologien in unserer Branche haben, wenn uns das entsprechende Grundwissen fehlt und wir uns nicht vorstellen können, welchen Einfluss das auf andere Anbieter haben wird, könnten wir möglicherweise wichtige technologische Übergänge verpassen. Wir würden nicht mehr die Informationen (und das Wissen) haben, um richtige Entscheidungen treffen zu können. Nur wenn wir zurückgehen und die Grundidee für die Neuerungen verstehen, können wir die richtigen Entscheidungen treffen – jetzt und morgen. Das ist der Weg, wie Sie sich innovatives Denken aneignen können.

Vermitteln Sie innovatives Denken

Es ist wirklich gefährlich, wenn alle Mitarbeiter eines Unternehmens die gleichen Denkweisen entwickeln. Und das kann ganz schnell passieren, da jeder auf dieselben Ziele fixiert ist. Die Gefahr entsteht, wenn Probleme mit zu großer Übereinstimmung behandelt werden.

Sie können Ihre Leute dazu bringen, über Ihr Geschäft, Ihre Branche und Ihre Kunden innovativ zu denken. Stellen Sie unterschiedliche Fragen – oder beantworten Sie dieselbe Frage unterschiedlich. Wenn Sie ein Problem, eine Reaktion oder eine Gelegenheit aus unterschiedlicher Perspektive angehen, entstehen neue Möglichkeiten für das Verstehen und Lernen. Durch Hinterfragen aller Aspekte unserer Geschäftstätigkeit sorgen wir für ständige Verbesserungen und Innovationen.

Wie können wir Leuten beibringen, innovativer zu sein? Fordern Sie sie auf, ein Problem mehr ganzheitlich zu lösen. Zuerst fragen wir unsere Kunden: »Was soll dieses und jenes tatsächlich für Sie tun? Gibt es eine andere Möglichkeit, um das zu erreichen?« Wir kommen mit unseren Lieferanten zusammen und fragen: »Können wir das anders machen?« Dann versuchen wir, die ursprünglichen Aufgaben mit einem völlig anderen Ansatz zu lösen.

So wie Mitte der neunziger Jahre, als wir die sogenannten »verwaltbaren PCs (»Managed PCs«)« einführten. Damals waren die Branche und die Presse begeistert von dem, was als ein brandneues Produkt vorgestellt wurde: Die »Network Computer« (Netzwerkcomputer bzw. NC). Bei dieser angeblich revolutionierenden Idee handelte es sich um einen abgemagerten PC ohne Festplatte oder Diskettenlaufwerk. Alle Softwareanwendungen würden auf einem größeren Server gespeichert sein und der Anwender könnte mit dem NC ausschließlich im Netzwerk seine Programme ausführen oder auf Daten zugreifen können.

Der NC wurde mit großem Aufwand auf der Comdex im November 1997 angekündigt und schon bald wurde vorausgesagt, dass damit das Ende des normalen PCs eingeläutet werden würde.

Verschiedene große Computerfirmen sprangen auf diesen Zug auf, um eigene NC-Versionen zu entwickeln und einzuführen.

Die Wahrheit ist, dass diese Idee alles andere als neu war. Bei dem NC handelt es sich im Grunde genommen um ein »Dumb Terminal« aus den achtziger Jahren, das damals nur eine kurze Rolle spielte und vom immer stärker werdenden PC-Einsatz überholt wurde. Ich hatte meine Zweifel, ob dem NC eine größere Akzeptanz zuteil werden würde (aber natürlich beobachteten wir die Entwicklung, da sie eine potentielle Gefahr für unser Geschäft bedeutete). Die meisten Anwender hatten sich jedoch schon zu sehr an ihren PC als produktives Werkzeug gewöhnt: Der Verzicht auf die gewohnte Flexibilität und die fehlende Kontrolle über die installierte Software wären so schlimm gewesen, als hätte man ihren PC gegen eine Schreibmaschine ausgetauscht. Hinzu kam, dass das mobile Computing (Laptops, Notebooks) immer wichtiger wurde, und ohne Verbindung zum Server (wie zum Beispiel in einem Flugzeug) würde ein NC völlig nutzlos sein.

Dennoch baute sich allmählich eine Kundennachfrage für die NCs auf. Ich wollte wissen, warum das so war, und forderte unser Produktteam heraus. Welche Aufgaben oder Probleme sollte ein NC lösen? Und gäbe es eine bessere Lösung? Wir mussten dieses Thema anpacken, um nicht verwundbar zu werden.

Es stellte sich heraus, dass der NC die Lösung für kritische Anwendungen war, die bei vielen Firmen vorhanden waren. Sie wollten wissen, wie man die Kontrolle von Netzwerkstandards sicherstellen und die Zeit und die Kosten für den Support der »abgestürzten« Anwender-PCs im Netz reduzieren kann. Der PC war irgendwie zu flexibel geworden.

Unsere Antwort waren die sogenannten »verwaltbaren PCs«. Hierbei handelt es sich um PCs mit den Ausstattungsmerkmalen, der Flexibilität und der Leistung, die für den Anwender wichtig sind. Zusätzlich sind diese Systeme mit Fernwartungsfunktionen ausgestattet, mit denen Netzwerkadministratoren von einer zentralen Stelle aus diese PCs konfigurieren, verwalten sowie die Soft- und Hardware pflegen können.

Heute gilt der NC mehr als Stauerzeuger auf dem Informations-

Super-Highway. Und inzwischen hat fast jeder Anbieter eine Form von »verwaltbaren PCs« entwickelt.

In unserer Kultur hält man nichts vom Status quo. Wir versuchen unsere Mitarbeiter so vorzubereiten, dass sie nach bahnbrechenden Ideen Ausschau halten. Denn wenn wir mit großen strategischen Herausforderungen konfrontiert werden, können sie mit den besten Lösungen antreten – und zwar schnell. Sie müssen Ihren Leuten das Fragen antrainieren, und das regelmäßig. »Wie können wir die Spielregeln ändern? Wie können wir etwas tun, an das bisher noch niemand gedacht hat, und womit können wir dieses Ziel erreichen? Wenn Sie die althergebrachten Scheuklappen abnehmen, werden Sie erstaunt sein, was alles machbar ist. Mit einer Erfolgsstory im Rücken, die von unkonventionellen Denkweisen ausgeht, können Sie Leute mitreißen. Wenn Sie eine Umgebung haben, in der Mitarbeiter wie Unternehmer denken, in der ständig neue und unkonventionelle Ideen entwickelt werden können, werden Ihre Mitarbeiter auch die Freiheit und den Mut haben, Risiken einzugehen.

Fördern Sie geschicktes Experimentieren

Um Leute zu innovativerem Denken zu ermuntern, müssen Sie ihnen ein Gefühl der Sicherheit geben und Ihnen die Angst vor einem möglichen Versagen nehmen. Viele Firmen sagen, dass sie Innovation wünschen und erwarten, aber sie sagen ihren Mitarbeitern auch: »Überziehen Sie nicht«. Versagen hat jedoch viele Gründe.

Wenn ein Team etwas ausprobiert und dann die Aussage trifft: »Das sind die Fakten. Das funktioniert nicht und das sind die Gründe«, ist das kein Versagen. Es ist eine Erfahrung und, typisch, ein wichtiger Meilenstein auf dem Weg zum Erfolg.

Unser Geschäft lebt von Innovationen und Experimenten, da viele Dinge, die wir ausprobieren, nie zuvor getan wurden. Wir müssen uns neuen Herausforderungen stellen und können uns nicht auf die Vergangenheit beziehen – sie ist einfach nicht relevant. Unsere Website ist ein gutes Beispiel. Als wir anfingen Computer über www.dell.com zu verkaufen, mussten wir das dafür notwendige Operationsmodell von Grund auf neu entwickeln. Wir stellten unter anderem Teams mit Leuten aus verschiedenen Abteilungen unseres Unternehmens zusammen. Alle orientierten sich an der einzigen, einfachen Frage: »Wie können wir das erreichen – und wie schnell?«

Wir sind häufig mit Problemen konfrontiert, von denen wir wissen, dass sie eine Chance beinhalten. Dann ist es an uns, daraus einen völlig neuen Geschäftsbereich zu schaffen. Und das macht Spaß. Wir wissen aber auch, dass, wenn wir die Chance nicht wahrnehmen, es ein anderer tun wird. Wir müssen innovativ sein, um im Wettbewerb führend zu bleiben. Und wenn man sich in einer Branche bewegt, die sich so dynamisch verändert, gibt es häufig mehr unbekannte als bekannte Größen.

Bei Ihren Entscheidungen müssen Sie ein gewisses Ausprobieren einbeziehen. Sie können manchmal einfach nicht darauf warten, bis alle für eine Entscheidung notwendigen Informationen und Daten vorliegen. Dann müssen Sie die bestmögliche Entscheidung treffen – ausgehend von Ihrer Erfahrung, Ihrer Intuition, den vorhandenen Daten und unter Berücksichtigung des möglichen Risikos. Da es kein Geschäft ohne Risiko gibt, sollten Sie es in jedem Fall ausprobieren – aber mit Verstand.

Zurück ins Jahr 1987. Damals fingen wir an, uns nach Großbritannien auszudehnen – ein ziemlich großes Risiko für eine Firma, die bisher nur in den USA operiert hatte. Nachdem sich in Großbritannien der Erfolg einstellte, war es relativ einfach, auch nach Kanada und Deutschland zu gehen. Als wir erst einmal wussten, dass das Direktmodell in diesen Ländern funktionierte, war es ganz logisch, auch nach Schweden, Frankreich und Japan zu gehen. Wenn Sie geschickt im Ausprobieren sind, kann das zu Strategien für ein neues Wachstum führen und zu einem »business as usual« (ganz normalen Geschäft) werden.

Wir haben uns ganz bewusst darauf eingestellt, für unser Vorwärtskommen fortwährende Kurskorrekturen auf der Lernkurve zu akzeptieren. Wir benötigen eine Umgebung, in der Leute Experimente als normal empfinden. Weil wir davon überzeugt sind, dass man aus Fehlern lernen kann, können unsere Leute mit gutem Gewissen auch etwas Ungewöhnliches ausprobieren – mit dem Ziel, etwas Tolles zustande zu bringen. Ihr Ziel sollte sein, Ihre Mitarbeiter zum Experimentieren zu ermuntern und, als Unternehmen, die Ergebnisse geschickter umzusetzen als je zuvor.

Vermeiden Sie Überheblichkeit

Sobald Sie den Status quo als »gut genug« akzeptieren, schauen Sie als Manager nur noch in den Rückspiegel. In der heutigen Wirtschaft können Sie sicher sein, dass Sie mit dieser Einstellung sehr schnell Schiffbruch erleiden. Um wettbewerbsfähig zu bleiben, müssen Sie Ihr Tun permanent hinterfragen.

Stellen Sie sich den aktuellen Aufgaben, um nicht vom eigenen Erfolg »eingewickelt« zu werden. Selbstkritik gehört heute zur Dell-Politik – wir sind immer bereit, unsere eigenen Ideen in Frage zu stellen, und wir suchen nach Möglichkeiten, wie etwas besser gemacht werden kann. Wir versuchen dieses Verhalten von oben nach unten in unserem Unternehmen durchzusetzen. Wir stellen Führungspersönlichkeiten ein (und entwickeln sie weiter), die offen sind, und auch öffentliche Einwände und Verbesserungsvorschläge akzeptieren, wenn sie von falschen Fakten ausgehen. So helfen wir, dass Diskussionen offen geführt werden, und fördern eine intellektuelle Leistungsgesellschaft.

Wir versuchen auf unsere bisherige Leistung nicht zu stolz zu sein, obwohl man einwenden könnte, dass für bestimmte Bereiche die Benchmarks von uns aufgestellt wurden. Ich vertrete jedoch die Meinung, dass es immer Wege geben wird, das von uns Erreichte noch zu verbessern. Sobald wir anfangen sollten, uns zurückzulehnen und zu sagen »Wir haben es geschafft«, würden wir uns ins Abseits stellen und jemand anderes würde uns ablösen.

Stolz an sich ist nicht schlecht – es ist schon ein tolles Gefühl, auf seine tägliche Arbeit und auf das Unternehmen, für das man arbeitet, stolz zu sein. Unser Leute wenden viel Energie für Dinge auf, die unserem Geschäft noch mehr Inhalte geben; die Anerkennung für ihre Leistungen verstärkt ihren Wert für das Unternehmen und unterstreicht, wie sehr wir ihren Einsatz würdigen.

Übertriebener Stolz kann dagegen ein falsches Gefühl der Sicherheit erzeugen. Die Mitarbeiter fühlen sich unverwundbar und könnten davon ausgehen, dass man mit geringem Aufwand auch weiterhin Erfolg haben könnte – oder noch schlimmer, dass sich Erfolge von ganz alleine einstellen. Diese Leute könnten dann sehr schnell wichtige Trends oder Möglichkeiten nicht mehr erkennen, obwohl sie zum Greifen nah sind. Sie könnten aufhören, bessere Wege für bestimmte Abläufe herauszufinden, und werden blind gegenüber heraufziehenden Gefahren. Vielleicht sind Sie der Meinung, dass es eine große Anerkennung ist, auf der Titelseite von *Fortune* zu stehen. Aber ich habe meine Teams daran erinnert, dass *Fortune* in 1986 eine großes Bild mit dem lächelnden Geschäftsführer Ken Olsen von Digital Equipment auf die Titelseite gebracht hatte. Die Bildunterschrift lautete: »Amerikas erfolgreichster Unternehmer: Ken Olsen«. Seitdem fielen die Aktien von Digital Equipment von 200 auf 20 Dollar und stiegen noch einmal auf 56 Dollar, bevor Digital Equipment von Compaq übernommen wurde – zum Teil, weil das Unternehmen wenig Erfolg hatte bei der Umstellung der eigenen Computerentwicklung auf Systeme, die dem Industriestandard entsprachen. Auf der Titelseite von *Fortune* zu stehen garantiert für nichts.

Es ist einfach, sich selbst zu bewundern, wie weit man es gebracht und was man alles geleistet hat. Viel schwieriger ist es, Risse in der selbst aufgebauten Struktur zu erkennen – Grund genug, intensiv und häufig Ausschau nach solchen Rissen zu halten. Selbst wenn etwas scheinbar funktioniert, kann es noch immer verbessert werden.

Versuchen Sie nie, den Kopf in den Sand zu stecken

Selbst in unserer schwierigen Phase in den Jahren 1993 und 1994 gab es etwas, worüber ich mich besonders freute: Wir waren in der Lage, unsere Probleme »geradeheraus« zu identifizieren, ohne sie unter den Tisch fallen zu lassen oder zu entschuldigen. Wir räumten unsere Fehler ohne Wenn und Aber ein: »Wir haben ein Problem und wir müssen es lösen.« Denn wir wussten, wenn wir es nicht tun würden, würde ein anderer die Probleme lösen.

Sicherlich ist das nicht leicht. Es ist allzu menschlich, bei schlechten Nachrichten oder Enttäuschungen den Kopf in den Sand zu stecken und zu hoffen, dass irgendetwas passieren und sich die Situation bessern wird. Zudem entwickeln sich die Dinge so schnell, dass Probleme schnell gelöst werden müssen. Je mehr Zeit verstreicht, desto mehr Schaden können sie anrichten.

Wer direkt agiert, wird ständig mit dieser Tatsache konfrontiert, gleich, ob er sie mag oder nicht. Wir lassen uns ständig und umfassend über unser Produkt informieren. Wir erfassen sowohl vor Ort beim Anwender als auch in unseren Werken Daten über Trends und Qualitätsmerkmale. Die Qualitätsvorgaben werden den Fabriken, aber auch dem Gesamtunternehmen zur Verfügung gestellt. Verkäufer können ihren Erfolg tatsächlich von Minute zu Minute messen. Nahezu jede Aktivität des Unternehmens lässt sich bewerten, selbst die so genannten »weichen« Aktivitäten wie Rechtsangelegenheiten, Public Relations und Human Resources.

Die Bewertungskriterien umfassen mehr als nur Zahlen und Statistiken – sie beinhalten auch das Kunden-Feedback, unabhängig davon, ob dieses großartig, mäßig oder vernichtend ist. Wir empfinden die Kritik unzufriedener Kunden als Chance, uns selbst zu verbessern und ständig dazuzulernen, was unsere Wettbewerbsfähigkeit absichert.

Wir sind entschlossen, unsere Probleme bei den Hörnern zu packen und den Kopf niemals in den Sand zu stecken. Die Wahrheit kommt früher oder später immer ans Licht und es ist besser, sich den ungeschönten Tatsachen zu stellen.

Wenn ein Geschäft nicht besonders gut läuft, fragen wir: »Was ist hier falsch? Müsste diese Aktivität bessere Ergebnisse bringen? Haben wir ein Problem mit der Umsetzung, mit der Strategie oder beim Management? Wird das Ganze jemals funktionieren? Sollen wir jetzt aufgeben und unsere Verluste abschreiben?«

Sie müssen den Tatsachen ins Auge sehen und sie nicht so darstellen, wie sie Ihrer Meinung nach sein sollten. Wenn Sie klare Erwartungen und Zielvorgaben haben, die jedem verständlich sind, können Probleme schnell und einfach erkannt werden. Sich einem Problem schnell zu stellen und es aufzugreifen ermöglicht Ihnen, schnellstmöglich eine Lösung herbeizuführen.

Unsere Leute wissen, dass sie entweder ein Teil des Problems oder ein Teil der Lösung sind. Unsere Firmenpolitik ermuntert jeden Manager dazu, aufzustehen und zu sagen: »Wir haben ein Problem und wir wissen nicht, wie es entstehen konnte.« Ihre Leute müssen wissen, dass sie Sie um Hilfe bitten können, besonders dann, wenn sie es mit einem vielschichtigen und schwierigen Problem zu tun haben.

Je schneller Probleme identifiziert werden können, desto schneller können Sie anfangen, die Probleme zu lösen.

Kommunizieren Sie schnell und ausführlich

Nahezu jeder Dell-Mitarbeiter kann unsere grundlegende Geschäftskonzeption erklären, da wir sehr viel Zeit aufwenden, um einige grundlegende Fragen zu klären:

1. Was geschieht gerade?
2. Was planen wir?
3. Was muss jeder Einzelne tun, um uns bei der Realisierung unserer Ziele zu helfen?

Diese Kommunikation geschieht auf unterschiedliche Weise. Jedes Jahr haben wir große Meetings, auf denen ich darlege, was die

Firma gerade macht, wie unsere Strategien aussehen, wo wir im Markt stehen und was unsere Pläne sind. Dann beantworte ich viele Fragen und jede Frage ist willkommen. Ich formuliere meine Antworten möglichst verständlich und vermeide das typische Unternehmens-Fachchinesisch. Diese Meetings sind immer eine willkommene Möglichkeit, unsere Ziele und Aufgaben nochmals zusammenzufassen. Die Ergebnisse werden auch im Internet veröffentlicht: Jeder, der an dem Meeting nicht teilnehmen konnte, kann sich hier informieren.

Wir feiern Erfolge sowohl persönlich als auch auf elektronischem Wege. Wir versenden E-Mails, in denen wir unseren Teams für große Erfolge gratulieren, und diese auch im gesamten Unternehmen bekannt machen. Die Mitarbeiter haben ein großes Interesse daran, was in anderen Geschäftsbereichen oder Teams geschieht. Außerdem erfährt man schnell etwas über die besten Vorgehensweisen, da jede Gruppe von den Erkenntnissen profitiert, die andere Gruppen gewonnen haben. Außerdem wird eine unternehmensweite interne Vertrauensbasis geschaffen.

Als wir beispielsweise begannen Server zu verkaufen, konnten sich einige unserer Verkaufsleute nur schwer mit dieser Idee anfreunden. Sie ließen sich von der komplexen Technologie und ihrem Mangel an Erfahrung in diesem Bereich verunsichern. Deshalb fingen wir an, in unserer wöchentlich erscheinenden elektronischen Mitarbeiterinformation die Rubrik »Server Erfolge« aufzunehmen. Die Rubrik enthielt weltweit gesammelte Erfolgsstories von Serververkäufern: Welche Hindernisse sie überwinden mussten, wer der Mitbewerber war und mit welchen Techniken sie ihren Erfolg erzielt hatten. Diese elektronischen Mitteilungen bewiesen, dass durchaus Erfolge realisierbar waren.

Dell gehört nicht zu den Unternehmen, in denen Meldungen geschönt werden. Wir müssen in unseren Meetings, über E-Mail ober über das Internet in Echtzeit »sprechen«. Wenn morgens etwas passiert, muss man bis zum Nachmittag reagieren. Wir müssen 24 Stunden pro Tag und 365 Tage im Jahr wettbewerbsfähig sein oder wir verlieren. Jeder weiß jederzeit und an jedem Ort, wie wichtig es ist, sich auszutauschen und Probleme zu lösen.

Alle diese Strategien helfen, das Teamwork und die individuelle Berechenbarkeit zu verstärken, zwei wichtige Schlüssel für den Erfolg des unternehmerischen Handelns. Oder wie einer meiner Kollegen zu sagen pflegt: »Wir sind alle Unternehmer, die als Team arbeiten.«

Vermeiden Sie Hierarchien

Wir arbeiten sehr intensiv daran, dass die direkten Abhängigkeiten, die unser Geschäftsmodell prägen, sich auch in unserer Unternehmensstruktur niederschlagen. Wir pflegen ein offenes Klima: Die Mitarbeiter können problemlos den direktesten Weg wählen, um an benötigte Informationen zu gelangen. E-Mails werden vertikal über die traditionellen »hierarchischen« Linien zwischen allen Unternehmensebenen ausgetauscht. Dazu ermuntern wir jeden aktiv, der meint, nur weil er Vice President ist, nur mit anderen Vice Presidents sprechen zu müssen. Eine zu starre, hierarchisch aufgebaute Unternehmensstruktur begrenzt den Informationsfluss, was für niemanden gut sein kann.

Das Gleiche trifft auf zu starre Geschäftsabläufe zu. In vielen Unternehmen sind Managementprozeduren wie in Stein gemeißelt und erzeugen damit eine permanente Bürokratie. Bei Dell haben wir erkannt, dass Abläufe nur am jeweiligen Geschäft ausgerichtet werden können – und nicht umgekehrt. Wir sagen unseren Leuten, dass sie, wann immer sie bessere Abläufe oder Lösungen für die Optimierung unserer Geschäfte haben, die notwendigen Veränderungen in Angriff nehmen sollten.

Tatsächlich glaube ich, dass die Hauptursache für das heutige Durcheinander in vielen Unternehmen die schleppende Kommunikation und zu komplexe Hierarchien sind. Wir reagieren auf Hierarchien allergisch, da derartige Strukturen die Geschwindigkeit bremsen. Hinzu kommt ein Informationsstau. Hierarchien führen dazu, dass weitere Ebenen für Zustimmung, Anweisung und Kontrolle benötigt werden sowie Genehmigungen hier, dort und überall. Das Ganze verträgt sich nicht mit dem Tempo, in dem wir alle in diesem schnelllebigen Markt die notwendigen Entscheidungen treffen müssen – als Geschäftsführer und als Unternehmen.

Informationen sind in der direktesten Form nie hübsch verpackt. Sorgen Sie für einen freien Informationsfluss in und zwischen allen Ebenen des Unternehmens. Wenn ich in irgendeiner Frage nicht Bescheid weiß, dann fasse ich nach und frage den Erstbesten, der darüber Bescheid weiß. Wenn umgekehrt ein Mitarbeiter eine Frage hat, weiß er, dass er sie stellen muss – entweder per E-Mail oder in einem unserer Meetings.

Dabei geht es nicht darum, das Management zu umgehen. Häufig hilft der direkte Weg jedoch, eine bessere Kenntnis und ein größeres Verständnis für das zu entwickeln, was im Geschäft tatsächlich passiert – und das viel schneller. Wenn ein Ingenieur in einer unserer Produktgruppen zu irgendeiner Sache seine eigene (abweichende) Meinung hat und wenn diese durch den Input von Kundenseite her untermauert wird, will ich das wissen. Zufällige Informationsbits aus Quellen innerhalb und außerhalb des Unternehmens führen nicht immer zur richtigen Antwort, aber diese Informationen helfen, auf ein immer wichtiger werdendes Problem, eine Möglichkeit oder eine neue Idee zu stoßen.

Verpflichten Sie Ihre Leute auf ein Ziel

In unserer Unternehmenskultur zählen die Ergebnisse und die Interessen der Mitarbeiter stehen mit denen der Aktionäre im Einklang. Mitarbeiter sollten ihre Ziele kennen und am Unternehmenserfolg teilhaben.

Bei Dell sind die meisten Mitarbeiter auch Inhaber. Wir haben Programme, über die unsere Leute Dell-Aktien erwerben können. Außerdem gibt es bei uns den sogenannten 401(k)-Pensions-Plan, über den besondere Leistungen nicht bar, sondern durch Firmenaktien honoriert werden. Aktienbesitz ist in der Computerindustrie nichts Ungewöhnliches. Bei Dell gehen die Mitarbeiter durch den Besitz von Firmenaktien aber auch eine Verpflichtung ein. Um Inhaber zu sein, muss man auch wie ein solcher denken. Wenn Mitarbeiter wie Inhaber denken und handeln, haben sie das Gefühl, persönlich in eine wirkliche Verpflichtung gegenüber dem Unternehmen zu investieren. Es überrascht mich immer wieder, dass die meisten Unternehmen, die ihren Mitarbeitern Aktien anbieten, diesen kritischen Punkt übersehen.

Um einen Mitarbeiter so zu motivieren, dass er wie ein Inhaber denkt, müssen Sie Maßstäbe setzen, die auch angenommen werden. Bei Dell sind Zusatzleistungen und Vergütung an die Gesundheit des Unternehmens gekoppelt. Eine der besten Möglichkeiten, diese »Gesundheit« zu prüfen, ist der Kapitalertrag (ROIC – Return on Invested Capital). Er ist das Maß für den Mehrwert, den Dell dem Aktienbesitzer in Relation zu Kapitalkosten erbringt. Über den Kapitalertrag lässt sich einfach feststellen, welche Geschäftätigkeiten besonders gut und welche schlechter abschneiden.

1993, als wir unsere verschiedenen Geschäftätigkeiten – Verkauf über den Handel, an Großunternehmen, an Kleinfirmen, an Endverbraucher, Verkauf verschiedener Produkttypen, Verkauf in verschiedenen Regionen mit unterschiedlichen Eigenarten – ordneten und prüften, welche Bereiche erfolgreich waren und welche nicht, begannen wir uns für den Kapitalertrag zu interessieren. Wir verabschiedeten erfolgreiche Strategien, indem wir für jeden Geschäftsbereich den Kapitalertrag und die Wachstumsrate ermittelten. Wo wir unsere Arbeit gut gemacht hatten, lieferte uns die jeweilige Geschäftätigkeit einen hohen Kapitalertrag sowie eine große Wachstumsrate.

Von da an konzentrierten wir uns auf den Kapitalertrag. 1995 gab es eine unternehmensweite Kampagne, in der wir jedem die Vorteile eines positiven Kapitalertrags verdeutlichten. Das geschah in Artikeln in unserem Firmen-Newsletter, auf Plakaten, in Gesprächen mit Managern und in »Messages from Michael«.

Wir erklärten insbesondere, wie jeder einzelne Mitarbeiter seinen Beitrag beisteuern könnte: durch Reduzierung der Vorlaufzeiten, Vermeiden von Materialverschwendung und Abfall, mehr Verkäufe, genaues Forecasting, Senken der laufenden Kosten, schnelleren Lagerumschlag und effektiveres Forderungsmanagement dadurch, dass er die Dinge von Anfang an richtig machte.

Die 1995er-Ausgabe der Internationalen Mitarbeiterzeitung enthielt diesen Chart mit den Faktoren, die in die Berechnung des Kapitalertrags einbezogen werden.

Und wir machten den Kapitalertrag zum Kern unseres Incentive-Programms für die Mitarbeiter. Wir beschlossen, die Mitarbeiter auf Basis von Kapitalertrag und Wachstum zu vergüten; eine bessere Leistung führte direkt zu einem größeren Kapitalertrag und zahlte sich als Vergütung aus.

Besonders bemerkenswert war, dass wir ein Konzept aufgriffen, das wirkungsvoll, aber auch anspruchsvoll war. Wir brachten dieses Konzept in eine Form, die von jedem Mitarbeiter im Unternehmen verstanden werden konnte. Es war kein Konzept, das nur dem Topmanagement bestimmte Vorteile brachte. Jeder Mensch bei Dell – vom Ingenieur über den Produktmanager bis hin zu unseren Supportteams – begann darüber nachzudenken, was das Geschäft profitabel macht und was man selber tun könne, um den Kapitalertrag zu verbessern.

Es ist interessant, wenn man im ganzen Unternehmen Leute, die sonst kaum an Gesprächen teilnehmen würden, über Gewinn und Verlust, Bilanzen sowie Kapitalertrag reden hört und diese dann auch entsprechende Entscheidungen treffen – statt sich Gedanken nur über das »Ich« zu machen, steht jetzt das »Wir« im Vordergrund.

Das Konzept hat uns sehr dabei geholfen, unsere auf Daten basierende Unternehmensführung zu stärken und Unsicherheiten darüber abzubauen, wie man den Wert eines Unternehmens steigern kann. Die Initiative mit dem Kapitalertrag hilft uns, weiterhin eine Spitzenposition einzunehmen.

Ein Unternehmen mit selbstbewussten »Inhabern« klingt theoretisch überzeugend, kann aber zum Chaos werden, wenn nicht allen Beteiligten die Ziele klar sind. Bei Dell hat es sich ausgezahlt, weil wir eine durchgängige Strategie und sehr gut definierte Ziele hatten:

- Sehen Sie Lernen als Notwendigkeit an, nicht als Luxus. In einem so schnelllebigen Geschäft wie dem unsrigen kann man seine Märkte schnell verlieren. Heutige Führungskräfte sind äußerst wissbegierig.
- Beschäftigen Sie sich mit den nahe liegenden Lösungen und erst dann mit den weniger offensichtlichen. Wenn Sie das Problem eines Kunden lösen wollen, fragen Sie ihn, wie er es gelöst sehen möchte. »Entschlossenheit« bei der Problemlösung führt zu innovativem Denken.
- Akzeptieren Sie Fehler so lange, wie Sie aus ihnen lernen können. Wird der Status quo aufrechterhalten, gibt es kein Risiko – aber auch keinen Gewinn.
- Hinterfragen Sie alles – auch die positiven Dinge. Es gibt keinen besseren Weg um voranzukommen. Lassen Sie schlechte Nachrichten nicht unter den Tisch fallen und drücken Sie sich nicht

vor schwierigen Problemen. Zeit ist knapp – je eher Sie sich einer Aufgabe zuwenden, desto schneller ist sie erledigt.

• Sprechen Sie mit jedem über die Unternehmensziele. Richten Sie Ihre Firma auf den Kunden aus und nicht auf eine Hierarchie. Ermuntern Sie Ihre Mitarbeiter, das Gleiche zu tun.

• Behandeln Sie alle Mitarbeiter wie Inhaber, selbst wenn sie es faktisch gesehen noch nicht sind. Besitzen die Mitarbeiter erst einmal das, wofür sie arbeiten, konzentrieren sie sich stärker auf die Kernziele. Ein gewisser Stolz, gepaart mit starkem persönlichen Engagement, bewirkt beim Entwickeln einer größeren Verantwortlichkeit Wunder.

Letztlich wissen unsere Leute, dass sie das Geschäft in Gang halten. Sie wissen, dass der persönliche Erfolg den Erfolg des Unternehmens beeinflusst und nicht umgekehrt. Wissen bringt Motivation, egal ob man weiß, wie das Geschäft funktioniert oder wie man einen Kunden zufrieden stellt. Wir experimentieren, fragen und lernen mit dem einen Ziel: Wir wollen den nächsten großen Nutzen für unsere Kunden finden und entwickeln.

Statten Sie Ihre Leuten mit den Kenntnissen, den Fähigkeiten und der Erlaubnis aus, das zu tun, was sie am besten können. Machen Sie Ihre Mitarbeiter zu Inhabern. Das sichert einem Unternehmen mehr Erfolg als alles andere, was ich bisher herausgefunden habe.

10

Lernen Sie direkt an der Quelle

Kundennähe ist etwas, wofür Dell bekannt ist. Als ich damals mit der Firma anfing, unterschied uns diese »direkte Verbindung zum Kunden« von den Wettbewerbern, half uns bei der Entscheidung, unsere Ressourcen möglichst sinnvoll einzusetzen, und gab uns die Möglichkeit, die aktuellste Technik anbieten zu können – ein hochqualitatives Produkt mit einem großen Nutzen. Bis zu einem gewissen Grad gilt das auch noch heute, obwohl die Kunden inzwischen sehr gut über das Marktangebot informiert sind. Deshalb sind Technik, hohe Qualität und ein guter Gegenwert nur die Eintrittskarte.

Die umfassende Sachkenntnis der Kunden – die durchaus auch Service und Schnelligkeit berücksichtigt – entpuppte sich als nächste Herausforderung für den Wettbewerb.

Das hatten wir bereits vorhergesehen. Man muss einen Kunden gewinnen und zufrieden stellen, man muss ihm aber auch Vergnügen bereiten. Und das nicht nur einmal, sondern immer und immer wieder. Das baut dann wirkliche Kundenloyalität als Garantie für den Erfolg auf.

Um ein gutes Verhältnis zu den Kunden zu haben und sie zufrieden zu stellen, sollten Sie Ihre Kunden in einen offenen, vertrauensvollen Dialog einbinden – zumindest haben wir das für uns herausgefunden. Der Schlüssel ist der Dialog. Suchen Sie Ihre Kunden nicht nur auf, um zu ihnen zu reden, reden Sie mit ihnen und

hören Sie ihnen zu. Wenn Sie sich direkt mit Ihren Kunden beschäftigen, entwickeln Sie schnell ein sehr persönliches Verständnis für deren Vorlieben, Bedürfnisse und Prioritäten. Sie finden
das heraus, was für den Kunden am besten arbeitet – und warum.
Sie können mit den Kunden neue Ideen ausprobieren, für die Sie
sonst viele Millionen Dollar in Forschung und Entwicklung stek-
ken müssten und unzählige Stunden wertvoller Arbeitszeit Ihrer
Mitarbeiter. Und die Kunden werden Ihnen sagen, ob Sie auf dem
richtigen Weg sind oder nicht.

Nachfolgend möchten wir Ihnen einige Techniken vorstellen,
die wir bei Dell gemeinsam mit unseren Kunden entwickelt haben, um so viel wie möglich von den Kunden zu lernen und unsere
Produkte immer wertvoller (und unverzichtbarer) für deren Geschäft zu machen. Aber es reicht nicht, wenn man diese Informationen nur sammelt und zusammenstellt. Im nächsten Kapitel zeige ich Ihnen einige Beispiele dafür, wie wir diese Informationen
umgesetzt haben, um zu einem führenden, kundenorientierten
Unternehmen zu werden.

Sie müssen Ihren Kunden so gut wie sich selbst kennen

Wenn umfassendes Wissen über den Kunden zu einem weiteren
Wettbewerbsvorsprung führt – warum nutzen unsere Mitbewerber ihn nicht? Eine gute Frage.

Eine der großen Ungereimtheiten im Geschäftsleben ist, dass
wir zwar von den Kunden leben, aber nur wenige Firmen (und das
branchenübergreifend) am Puls der Kunden sind. Unsere Branche
ist dafür besonders bekannt. Warum? Zum Teil aus der Entwicklung heraus, zum Teil aus der Gewohnheit.

Ich stelle mir das Entstehen der Computerbranche manchmal
wie ein Märchen vor. Am Anfang gab es einige brillante Wissenschaftler, die in Labors und Garagen arbeiteten. Sie hatten das

Ziel, ein unglaubliches Gerät mit der Bezeichnung »Computer« zu schaffen. Dieses Gerät sollte viele Aufgaben bewältigen: vom Rechnen mit Zahlen bis hin zur Textverarbeitung. Die Wissenschaftler arbeiteten unermüdlich und viele Jahre und definierten und verwarfen den Prototyp, bis sie schließlich etwas hatten, was sie der Welt vorstellen konnten. Da es ein derartiges Gerät noch nicht gab, wurde der Wert mit einigen Millionen Dollar eingeschätzt und man meinte, dass Kunden glücklich sein würden, wenn sie nur eines dieser Geräte besitzen könnten. Wir alle kennen das Ende dieses Märchens.

Die beschriebenen Ereignisse schufen eine technikorientierte Branche, die mehr von der Verliebtheit in die Erfindungen ihrer Wissenschaftler als von den Bedürfnissen ihrer Kunden angetrieben wird. Die Haltung der frühen Tage entwickelte sich zu einer Art von Kollektivverhalten und prägte, ehe man sich versah, die ganze Branche. Kunden spielten, wenn überhaupt, eine untergeordnete Rolle in der Entwicklung der frühen Produkte unserer Branche. Die Techniker besaßen jede Freiheit, neue, großartige Software und Hardware zu erfinden. Und man hatte Kunden, die die Kosten mittrugen, egal ob die Features den tatsächlichen Bedürfnissen entsprachen oder nicht.

Das Angebot war also ziemlich einseitig. Ein großer Teil der damals entwickelten Technologien wurde nie verkauft. Und die Kunden, die hungrig auf neue Technologien waren, mussten das bestellen, was angeboten wurde – unabhängig davon, ob sie es auch tatsächlich benötigten. Hinzu kam, dass die Kunden die Kosten für die unterschiedlichsten Entwicklungen über die Preise zu tragen hatten.

Um das Ganze noch schlimmer zu machen, waren die damaligen Computerfirmen vertikal integriert, das heißt jeder Computerhersteller entwickelte eigene Hardware, Betriebssysteme und Software – ein weiterer Grund für die hohen Preise. Die Computer waren untereinander nicht kompatibel und der Informationsaustausch von einem zum anderen Computer war nahezu unmöglich.

Dieses äußerst ineffektive Anfangsszenario verschwand erst, als rein wirtschaftliche Gründe die Computerbranche zwangen, anstelle von vertikal integrierten, geschlossenen, proprietären Markenprodukten Industriestandards zu entwickeln. Die Branche begann sich von hochpreisigen und immer neuen, dem Selbstzweck verpflichteten Technologien abzuwenden und sich auf Standardtechnologien mit überschaubaren Kosten zu konzentrieren. Endlich hatte der Kunde die Chance zu wählen.

Entwickeln Sie aus Sicht des Kunden

Wir waren tatsächlich das erste Computerunternehmen, das Computer konfigurierte und zusammenbaute, indem es die Anregungen aus den direkten Kunden-Feedbacks aufgegriffen hat. Unser Verhalten war den technikorientierten Einstellungen diametral entgegengesetzt, wie: »Lass uns etwas erfinden und es den Kunden aufs Auge drücken, die es kaufen wollen.« Ich dagegen gründete die Firma mit der Absicht, Produkte und Dienstleistungen zu entwickeln, die sich eindeutig am Bedarf des Kunden orientierten.

Dell kam mit einem ganz neuen Ansatz in die Computerbranche – wir lieferten großartige Technik zu einem geringeren Preis. Da wir auftragsbezogen nur die Systeme entwickelten und herstellten, die unsere Kunden haben wollten, konnten wir die hohen Zusatzkosten für den Einkauf und die Bevorratung zu vieler Einzelkomponenten und das anschließende Abstoßen von Überbeständen fast vollständig vermeiden. Und wir konnten unsere Computer äußerst schnell konfigurieren und ausliefern, was Zeit sparte. Die Einsparungen konnten wir an unsere Kunden weitergeben.

Wir haben unser Geschäft über den Preis gewonnen und das ist noch immer so. Gleichzeitig sichern wir aber dieses Geschäft durch hochqualitative Produkte und Service ab.*

---

* Wir haben festgestellt, dass der Preis nur zu einem Drittel zur Kaufentscheidung des Kunden beiträgt, die beiden anderen Drittel stehen für Service und Support.

Die Computerbranche hat sich seit der Ära des geschlossenen, vertikalen Modells gewaltig verändert, weil sie dazu gezwungen wurde. Kunden wollten einfach keine Ineffektivitäten mehr hinnehmen, zumal der Wettbewerb immer hitziger wurde. Heute sind weltweit über 300 Millionen PCs installiert und auf der großen Mehrheit dieser Systeme laufen dieselben Softwareanwendungen. Da die installierte Basis so groß ist, können die Anwendungen preiswerter angeboten werden. Der Wegfall der proprietären Grenzen hat inzwischen eine Situation geschaffen, in der heutige Kunden eine große Auswahlmöglichkeit und einen gewissen Grad von Vertrauen haben. Der Kunde weiß beim Kauf eines PCs, dass er in etwas mit einer Vielzahl von Anwendungsmöglichkeiten investiert. Er kann sicher sein, dass er sein vorhandenes Wissen bei neuen Systemen weiterhin nutzen kann, und er kann zwischen Computersystemen sowie unterschiedlichster Software von einer Vielzahl von Anbietern auswählen.

Zur Entwicklung eines Produkts oder einer Dienstleistung gemäß vorhandener Kundenbedürfnisse gehört weit mehr, als nur herauszufinden, was ein Kunde kaufen will. Der Kunde will mehr als einen angemessenen Preis und eine hohe Leistung. Sie müssen die Anforderungen kennen, bevor diese dem Kunden selbst klar sind. Wie können Sie das herausfinden? Sie müssen nur fragen.

Bleiben Sie am Puls des Kunden: Schlag für Schlag

Ein Unternehmen ist alleine nicht in der Lage, umfassende Kundenkenntnisse zu erlangen. Man muss die Kunden persönlich in diesen Prozess einbeziehen.

Wir können das ziemlich einfach dank des direkten Modells. Das erste Gebot des Direktmodells lautet: Kenne deine Kunden! Das zweite: Wisse, was sie haben und was nicht, was sie bevorzugen und was nicht und worauf sie am meisten Wert legen. Das dritte Gebot lautet: Wisse, wie du deinen Kunden helfen kannst, in ihrem Geschäft effektiver zu sein. Wir messen regelmäßig den Puls unserer Kunden in über mehr als 300.000 Telefon-, Online- und persönlichen Direktkontakten wöchentlich und wir werden dabei immer wieder bescheiden. Wir haben von unseren Kunden Dinge gelernt, die sich direkt auf unseren Erfolg ausgewirkt haben. Die Kunden haben uns auf Kurs gehalten und uns vor Aktionen bewahrt, die verheerend gewesen wären (wie das Olympic-Projekt im Jahr 1989). Und das auch heute noch Überraschendste: Wir erfuhren schon frühzeitig von unseren Kunden, wie gerne sie gefragt werden wollen. Der direkte Dialog mit dem Hersteller ist viel befriedigender, als das kaufen zu müssen, was einem angeboten wird.*

Noch wichtiger ist, dass wir ein Kundenverhältnis aufbauen, das mehr beinhaltet als die individuelle Kaufabwicklung. Unser Verhältnis zum Kunden basiert auf einem permanenten Informationsaustausch. Wir erfahren mehr über die Kunden und können deshalb besser auf ihre Bedürfnisse eingehen.

Und dieser Austausch ist zweigleisig. Wir informieren unsere Kunden über neue Produkte und Branchentrends, wodurch sie ihren Wettbewerbsvorsprung halten können. Die Informationen, die wir von unseren Kunden erhalten, zeigen uns, welche Produkte und Dienstleistungen wir entwickeln müssen, und sie helfen uns, unsere Gewinne präziser zu reinvestieren.

Das Feedback erfolgt unterschiedlich. Feedback hat für viele Unternehmen die Bedeutung von anekdotischen Ereignissen und Kommentaren, aus denen man gefühlsmäßig einen Trend erkennen kann. Allerdings engt diese Art des qualitativen Feedbacks ein. Die Frage an den Kunden, ob er mit dem gerade gekauften Computer zufrieden ist, dient mehr der eigenen Selbstbestätigung. Das ist so, als würde man jemanden fragen, ob er toll sei. So wer-

---

* Die erste überhaupt in der Computerbranche durchgeführte Untersuchung von J.D. Power im Jahr 1991 (bei der Dell den ersten Platz einnahm) zeigte, dass Kunden, die bei Dell gekauft hatten, zufriedener waren als diejenigen, die über konventionelle Handelskanäle gekauft hatten. Der Grund lag auf der Hand: Dell-Kunden konnten ihren Input in den Kaufprozess einbringen.

den Sie ein nur wenig objektives – oder konstruktives – Feedback erhalten. Die wirkliche Antwort auf die Frage bekommt man, wenn ein Kunde zum zweiten Mal kauft. Würde er wieder bei Ihnen kaufen? Würde er Ihr Produkt seinen Freunden empfehlen? Wir sammeln Daten, um unser Gefühl für das, was Kundenzufriedenheit tatsächlich bedeutet, zu schärfen. Daher fühlen wir den Puls unserer Kunden sehr häufig im Verlaufe unserer Beziehung.

Wir versuchen diesen Prozess noch einen Schritt weiter zu bringen. Wir haben eine Serie von Bewertungskriterien definiert, mit denen wir die Vorstellungen des Kunden noch besser ermitteln können. Der Kunde bewertet unseren Auftrags- und Lieferungsprozess, die Zuverlässigkeit des Produktes und auch die Kriterien Service und Support. Diese Daten, die wir übrigens in Echtzeit vom Kunden erhalten, werden anschließend intern ausgewertet. Wir haben unser Geschäft flexibel genug ausgerichtet, damit wir auf Basis dieser Hinweise schnell reagieren und das liefern können, was am ehesten den Vorstellungen des Kunden entspricht.

In jedem Geschäft muss die perfekte Übereinstimmung mit dem herausgefunden werden, was der Kunde wünscht oder braucht, und dem, was angeboten werden kann. Wenn Sie von Ihren Kunden ein permanentes Feedback zu dem erhalten, was sie kaufen, was ihre Vorlieben sind, wie ihre Bedürfnisse ausgerichtet sind und wie Sie diese erfüllen – und wenn Sie auch bereit sind zuzuhören, dann können Sie aus den Möglichkeiten, die in diesen Kundenbedürfnissen enthalten sind, sehr viel machen.

Das Kunden-Feedback hilft Ihnen außerdem, einen Nutzen aus den vielen übermittelten Ideen zu ziehen. In unserer Branche gibt es Hunderte, wenn nicht Tausende von Unternehmen. Wenn eine Firma eine gute Idee hat, sind Kunden schnell bereit, diese anzunehmen. Und dann hören Sie: »Warum können Sie das nicht genauso machen?« Die Ideen der Kunden sind großartige Möglichkeiten zu lernen.

Es gibt keine Exklusivität für gute Ideen. Man muss gute Ideen nur schnell aufnehmen und umsetzen können. Dabei ist es nicht wichtig, wie viel Sie wissen, sondern wie schnell Sie etwas erfassen können und wie offen Sie gegenüber neuen Wegen sind. Ein direktes Verhältnis zu Ihren Kunden bringt Ihnen viele gute Informationen – es sei denn, Sie hören nicht zu.

Werden Sie zum Anwalt Ihres Kunden

Es überrascht kaum, dass das Feedback je nach Kundentyp verschieden ist. Wir treffen uns regelmäßig persönlich mit unseren größten Kunden und wir haben so genannte Kundenteams, die am Standort des Kunden leben und für ihn arbeiten. Bei kleineren Kunden und Endverbrauchern arbeiten wir online und mit Telefonumfragen, die uns ebenfalls ein gutes Feedback bringen. Das sind Dinge, mit denen jedes Unternehmen arbeitet. Allerdings sind die Antworten auf dieses Feedback unterschiedlich.

Wir beginnen mit den Rohdaten. Jeden Tag landen bei unseren Verkaufs- und Supportteams viele Hunderttausend Telefonate, E-Mails aus dem Internet, Postkarten, Briefe und Faxe. Wenn eine Person aus dem Verkauf den ganzen Tag damit verbringt, um mit 30 oder 40 Kunden zu sprechen, gibt es schon an dieser Stelle eine konzentrierte Lösung für das Kunden-Feedback. Wenn eine Dame aus dem Verkauf mitbekommt, dass viele Kunden nach Zip-Laufwerken verlangen, weiß sie, dass sie das dem Produktmanager oder dem Teamleiter mitteilen muss, und das geschieht in Echtzeit. Der zuständige Manager weiß, dass er dieser Mitteilung ernsthaft nachgehen, sie schnell, aber sorgfältig abwägen und dann herausfinden muss, was geschehen soll.

Unsere Verkaufs- und Supportteams sind die Anwälte unserer Kunden. Wenn unsere Produktmanager herauszufinden versuchen, mit welchen Features neue, zukünftige Produkte ausgestattet sein sollen, treffen sie sich mit einigen Verkäufern im Konferenzraum und fragen: »Was verlangen die Kunden?« Wenn jemand einen Monat lang gehört hat, dass die Kunden nach 16-Gigabyte-Festplatten oder 24-Zoll-Monitoren Ausschau halten, wird das angesprochen. Ähnlich verhält es sich, wenn eine Verkäuferin den Auftrag nicht bekommen konnte, weil wir ein bestimmtes Produkt nicht haben oder weil der Anzeigeninhalt unklar war. In diesem Fall kann sie sich an einen Produktmanager wenden und dessen »Hausarbeiten« anmahnen.

Manager und Supervisor haben gelernt, wie wertvoll diese Art von Feedback ist. Unsere Manager sind nur für ein ganz bestimmtes Kundensegment zuständig. Warum? Weil die Kundenanforderungen unterschiedlich sind. Wenn Sie alle Kunden unter einem großen Dach zusammenfassen, können Sie sicher sein, dass einige nicht die Aufmerksamkeit erhalten, die ihnen zusteht. Wir können also nie das richtige Verständnis für die speziellen, einzigartigen Bedürfnisse des Kunden entwickeln.

Es gibt bei uns viele übergreifende Teammeetings in den einzelnen Geschäftsgruppen, um sofort nach einem wichtigen Feedback handeln zu können. Die Produktmanager sind in jeder unserer Geschäftsgruppen integriert. Ihre Aufgabe ist es, der Verkaufsorganisation zuzuhören und sich täglich darüber zu informieren, was vor sich geht. Manchmal sitzen sie sogar neben dem Verkäufer und hören bei Kundenanrufen zu. Oder die Produktmanager gehen raus und besuchen die Kunden zusammen mit unseren Kundenbetreuern. Auf diese Weise erhalten sie einen viel besseren Einblick in das, was der Kunde mag und was nicht. Die Produktmanager sind dafür verantwortlich, anschließend alle notwendigen Änderungen vorzunehmen.

Das Ziel ist, sich mit dem Kunden zu verbinden, die sich daraus ergebenden Informationen zu sammeln und sie in eine partnerschaftliche Kooperation umzusetzen – und zwar alles in Echtzeit.

Nutzen Sie »das Zweitbeste nach der Gedankenübertragung«

Wir weisen immer wieder gerne darauf hin, dass nur die Gedankenübertragung als Kommunikationsmedium effektiver als das Internet ist. Die Kombination aus unserem direkten Modell und dem Internet ermöglicht es uns, noch größere Vorteile aus unserem Verhältnis zu den Kunden zu ziehen.

Die »Premier Account Pages« sind ein Werkzeug, das wir für mehr als 9.000 Firmenkunden entwickelt haben, um ihnen die direkte Verknüpfung mit unseren Datenbanken für den technischen Support und die Diagnose zu ermöglichen. Natürlich können diese Kunden Produkte über ein elektronisches Auftragsformular bestellen, doch wir gehen weit über das normale E-Commerce hinaus. Wir haben unsere eigenen, intern entwickelten Supportwerkzeuge, die wir allen Kunden über das Internet zur Verfügung stellen. Kunden sind damit in der Lage, Informationen über ein ganz bestimmtes Computersystem online abzurufen. Da wir diese Seiten entsprechend den Bedürfnissen der Kunden aufgebaut und konfiguriert haben, können wir den Supportteams der Kunden alle benötigten Informationen zur Verfügung stellen. Das bringt Einsparungen für unsere Kunden und für Dell sowie ein noch engeres Kundenverhältnis.

Kunden können beispielsweise online direkt in unsere Fabriken gehen und genau feststellen, in welchem Stadium unserer auftragsbezogenen Fertigung sich ihre Computersysteme befinden. Die Kunden können außerdem über ihre »Premier Pages« den Kontakt zu Kurierdiensten aufnehmen und feststellen, ob die bestellten Systeme bereits auf dem Weg zu ihnen sind.

Ähnliche Dienstleistungen können wir auch Kleinfirmen und Endverbrauchern anbieten. Die Personalisierung über das Internet ermöglicht es uns, individuelle Verhaltensweisen und Bedürfnisse viel besser zu erfassen. Wir können dann eine Datenbank mit Verbraucherprofilen vorhalten. Wenn jetzt ein Kunde online zu uns kommt, können wir ihm Informationen präsentieren, die eher seinen individuellen Bedürfnissen entsprechen.

Wenn Sie als Verbraucher zum Beispiel nach einem Multimediasystem suchen, liefern wir Ihnen die richtigen Informationen auf Basis Ihres persönlichen Profils, das Sie bei der Registrierung eingegeben haben.*

---

* Viele Verbraucher haben Bedenken, ihre persönlichen Daten mitzuteilen. Von Anfang an verfolgt Dell die eindeutige Politik, Kundendaten vertraulich zu behandeln. Mit anderen Worten: Wir geben unsere Kunden-

Wenn Sie beispielsweise ein Inspiron-Notebook kaufen und wir sechs Monate später ein Software-Update freigeben, wollen wir Sie darüber informieren, Ihnen den Web-Link mitteilen und Ihnen die Möglichkeit geben, das Update automatisch herunterladen und installieren zu können. Diese Vorgehensweise spart irrsinnig viel Zeit und Kosten für jeden, der davon betroffen ist, und ist der oben erwähnten Gedankenübertragung schon ziemlich nahe.

Wir hatten letzt auf www.dell.com ein Selbstdiagnose-Tool eingeführt, das Hunderte von Werkzeugen zur Fehler- und Problembeseitigung enthält und in der Lage ist, interaktiv mit dem Kunden Alltagsprobleme zu lösen. Da immer mehr unserer Supportaktivitäten online erfolgen, brauchen die Kunden nur noch auf »Support« zu klicken anstatt den Support anzurufen. Dadurch haben unsere Supporttechniker mehr Zeit für die wirklich komplizierten Probleme. Wir schätzen, dass in der Zeit vom Verkauf bis zum ersten Supportanruf erst einmal fünf Website-Besuche erfolgen, was für jeden sonst erfolgten Anruf eine Kostenersparnis von acht Dollar pro Anruf ausmacht.

Der Schlüssel ist, die Zeit und die Ressourcen zu reduzieren, die benötigt werden, um den Kundenbedürfnissen möglichst nahe zu kommen. Die Einrichtung eines elektronischen, zweispurigen Informationsflusses ist eine Möglichkeit. Die andere ist das direkte, persönliche Gespräch.

Definieren Sie eine zweigleisige Tagesordnung

Unsere Kundenkommunikation per Internet kann sicherlich nicht den direkten, persönlichen Kontakt ersetzen. Wir benutzen das Internet, um unsere Mitarbeiter zu entlasten, dass sie komplizier-

daten unter keinen Umständen weiter, egal, ob ein Kunde sein System online, per Telefon oder per Fax gekauft hat. Einige Firmen fragen ihre Kunden, ob sie deren Daten weitergeben dürfen. Unsere Politik ist, dass wir keinerlei Kundendaten weitergeben – Punkt.

tere Probleme lösen und einen besseren persönlichen Service bieten können.

Wir suchen immer nach Möglichkeiten, Reibungsverluste im Verkauf und besonders beim Support zu vermeiden. Dafür müssen wir erst einmal wissen, aus welchem Grund uns ein Kunde angerufen hat. Hätten wir unser Produkt effektiver designen müssen oder so, dass es einfacher eingerichtet und angewendet werden kann? Hätten wir das Produkt besser verkaufen müssen und hätte man so das aufgetretene Problem vermeiden können? Wie können wir die Sachkenntnisse des Kunden verbessern?

Deshalb haben wir diverse Foren eingerichtet, um einen freien, permanenten Informationsfluss von und zu unseren Kunden sicherzustellen. Wir haben technische Briefings in unseren so genannten Briefing-Zentren, die speziell für diesen Zweck in unseren regionalen Zentralen rund um den Globus eingerichtet wurden (Limerick, Irland; Penang, Malaysia; Xiamen, China; Alvorada, Brasilien und Round Rock, Texas). Häufig gibt es zwei oder drei Briefings täglich. Hinzu kommen die Meetings in unseren eigenen und in externen Büros.

Allerdings hat sich herausgestellt, dass unsere »Platin«-Treffen zu den wichtigsten Foren für den produktiven Gedankenaustausch mit unseren Kunden gehören. Es handelt sich dabei um Zusammenkünfte mit unseren größten Kunden in den Regionen Asien-Pazifik, Japan, USA und Europa.

Die Meetings werden nicht in dem Stil »Lass uns in einen Urlaubsort fliegen, die Kunden mit Präsentationen bombardieren und ihnen sagen, wie großartig wir sind« abgehalten – solche Treffen gibt es genügend im Geschäftsleben, speziell in der Computerbranche. Unsere Tagesordnung ist ganz anders.

Die Dell-Platin-Treffen sind wirklich interaktiv: Die Tagesordnung wird gemeinsam mit den Kunden aufgestellt, unsere Senior-Techniker legen die Produktpläne für die nächsten Jahre offen und bitten die Kunden um Anregungen. In kleineren Arbeitsgruppen konzentrieren sich unsere Verkaufs-, Service- und Entwicklungsteams auf bestimmte Geschäftsbereiche und suchen nach Lösungen für Probleme, die nicht allzu viel mit der Geschäftsverbindung zu Dell zu tun zu haben scheinen. Beispielsweise werden Dinge wie »Wie bekommt man den Übergang zu Windows 2000 hin?« oder »Wie managt man die Notebooks des Außendienstes?« behandelt.

Auch Leute in ziemlich unterschiedlichen Unternehmen, wie Unilever und Nortel, können voneinander lernen, da sie bei den PCs ähnliche Probleme haben. In die Meetings schicken wir nicht nur unsere Techniker und Verkaufsleute, sondern auch Mitarbeiter, die normalerweise nicht mit Kunden reden, da ihnen die Produktentwicklung zu wenig Zeit dafür lässt. Alle unsere Senior Executives nehmen an den Meetings teil, um aus erster Hand von den Kunden zu erfahren, wie Dell dasteht. Das Teilnehmerverhältnis ist in etwa ein Teilnehmer von Dell zu einem Kunden.

Auf jedem dieser Treffen verbringe ich drei Tage – immer ein großes Ereignis. Im normalen Geschäftsablauf achte ich darauf, möglichst viele Gelegenheiten wahrnehmen zu können, um direkt mit den Kunden zu sprechen. Dennoch ist es ist immer wieder beeindruckend, wenn man mit Kunden in einem einzelnen, wirklich interaktiven Forum zusammenkommt.

Die Kunden haben wirklich ihre Hausarbeiten gemacht und kommen vorbereitet, um uns ausführlich und wohl überlegt ihre Ideen mitzuteilen. Bei jedem Platin-Treffen gibt es einen Rückblick auf das, was uns beim vorherigen Treffen übermittelt wurde und was wir diesbezüglich getan haben. Sämtliche Punkte wurden bei uns intensiv abgearbeitet. Beispielsweise beschäftigten sich vor vielen Jahren die für unsere Desktops verantwortlichen Ingenieure mit der Überlegung, dass Kunden eine sehr hohe Performance für diese Produkte wünschen. Je schneller, desto besser. Tatsächlich aber sagten uns die Kunden auf den Platin-Treffen: »Fein, Performance ist wichtig. Wenn ich aber versuche, meine Bank oder meine Fluggesellschaft nach vorn zu bringen, ist es völlig unwichtig, ob der Computer zwei Prozent schneller oder drei Prozent langsamer läuft. Was wir wirklich brauchen, ist Stabilität, also ein Produkt, dass nicht jährlich geändert wird.« Wir reagierten darauf, indem wir Produkte entwickelten und fertigten, bei denen der Generationswechsel nur alle paar Jahre vollzogen wird.

Vom Konzept her ist die den Treffen zugrunde liegende Idee einfach. Und mit den Ideen, die dort ausgetauscht wurden, sparten unsere Kunden Millionen von Dollars. Wir fertigten Notebooks mit längeren Akku-Laufzeiten oder installierten die Kundensoftware bereits in unserer Fertigung – und wir machten neue Milliarden-Dollar-Umsätze.

Die Platin-Treffen haben so gut funktioniert, dass wir nun ähnliche Konferenzen für die Verantwortlichen großer Universitäten unterstützen und Seminare für andere Kundensegmente einrichten. Wir bauen Informationsbrücken und helfen unseren Kunden, technologische Übergänge durch neue Sichtweisen in den Griff zu bekommen; umgekehrt helfen die Kunden uns, weil wir Probleme erkennen, auf die wir bislang noch nicht aufmerksam geworden sind. Das persönliche Verhältnis wird vertieft und der Kunde weiß, dass er sich mit jedem Problem an uns wenden kann.

Kein One-Size für alle

Unabhängig vom Geschäftsbereich sollte man immer daran denken, dass nicht alle Kunden gleich sind. Damit meine ich, dass deren Bedürfnisse, Bedenken und Erwartungen eine große Bandbreite haben. Segmentierung auf Kunden angewendet ist eine Strategie, mit der wir zwischen unseren Kunden differenzieren können.

Die Segmentierung bringt uns näher an die Kunden heran. Sie ermöglicht uns einen besseren Einblick in ihre Bedürfnisse und ihre Betriebsumgebung. Wir erhalten Informationen, die ausschlaggebend für unsere Unternehmensstrategie sind. Je mehr wir segmentieren, desto zielgerichteter können wir vorgehen. So können wir unsere Produkte, die Services und den Support individuell auf jedes einzelne Segment ausrichten.

Ein großes Unternehmen interessiert sich in erster Linie für Konsistenz und gibt der Stabilität der vorhandenen Computerplattform den Vorzug vor kleineren Upgrades für mehr Geschwindigkeit und größere Performance. Außerdem möchte dieser Kunde das Gefühl haben, dass er den PC-Einsatz bei seinen vielen Usern besser kontrollieren kann. Kunden wie Banken, Fluggesellschaften oder große Anwaltspraxen suchen nach Konsistenz und Zuverlässigkeit für ihr Netzwerk.

Endanwender dagegen haben ganz andere Sorgen. Konsistenz ist nicht so wichtig, da normalerweise nur ein Computer vorhanden ist. Für den Verbraucher ist wichtig, dass er über den schnellsten Computer, die aktuellste Performance und die modernste Peripherie verfügt, wozu unter anderem Grafikchips, DVD-Laufwerke und die schnelle Verbindung zum Internet gehören.

Wir haben außerdem festgestellt, dass unsere Kunden nach einem sehr unterschiedlichen Grad an Service und Support verlangen. Ein großes Unternehmen benötigt häufig nur wenig Support, der dann aber sehr hochentwickelt und professionell sein muss. Wenn wir zu diesen Kunden gerufen werden, will der zuständige Techniker direkt mit unseren Leuten sprechen. Beispielsweise ist es für den Kunden NASDAQ besonders wichtig, dass aktuelle Börsenkurse innerhalb von Millisekunden ermittelt werden können – und zwar exakt übereinstimmend an der West- und Ostküste. Man kann sich hier also nicht groß mit technischen Problemen abgeben. Wir haben deshalb spezielle Systemingenieure abgestellt, die direkt vor Ort bei NASDAQ arbeiten.

Das ist eine völlig andere Kommunikationsebene als beim Einzelanwender, der häufiger Support benötigt. Diese Unterstützung erfolgt meist durch einen unserer Servicetechniker.

Die Service- und Supportanforderungen unterscheiden sich auch nach Produkt. Probleme mit Desktops, Notebooks oder Workstations entstehen typischerweise tagsüber, wenn mit diesen Systemen gearbeitet wird. Server werden dagegen nachts installiert, da sie tagsüber im Netz zur Verfügung stehen müssen und nicht heruntergefahren werden können. Deshalb laufen auch die meisten Serverfragen mitten in der Nacht bei uns auf, weshalb wir auch über das Wochenende einen 24-Stunden-Service zur Verfügung stellen.

Achten Sie auf die unterschiedlichen Kundenbedürfnisse und

berücksichtigen Sie diese in Ihrer Unternehmensstrategie. Je besser diese Einbindung ist, desto eher werden Ihre Dienstleistungen oder Ihr Produkt angenommen.

Widmen Sie sich jedem Kunden persönlich

Die ultimative Segmentierung ist der einzelne Kunde, was zum Beispiel für unsere größten, global operierenden Kunden gilt. Ein Dell-Team arbeitet vor Ort beim Kunden und konzentriert sich darauf, die spezifischen Anforderungen des Geschäftsbereichs – und nur dieses einen Geschäftsbereichs – zu verstehen. Danach entwickeln wir eine maßgeschneiderte Produkt- und Servicestrategie, das heißt wir richten unser Geschäft speziell auf die Bedürfnisse dieses Großkunden aus.

Wir sehen diese Kunden wie eine Region oder ein Land, zumal tatsächlich einige von ihnen – wie Boeing, Ford, AT&T und Noel – Umsatzgrößen haben wie ganze Staaten. Wir gehen deshalb so vor, weil einmal jemand bei Boeing gesagt hat: »Wir wollen die Experten im Flugzeugbau sein und nicht bei Computern.«

Bei Boeing arbeiten über 30 Dell-Leute. Sie bieten alles von der Installation bis zur Softwarespiegelung, bei der wir die Softwaresysteme auf die PCs laden, die für den Job der jeweiligen Person benötigt werden. Der Ingenieur hat also seine spezielle Software ebenso wie ein Mitarbeiter aus dem Finanzbereich. Wir installieren die Peripherie, das heißt wir kombinieren Drucker, andere Peripherie und Software, die mit dem jeweiligen Computer eine Einheit bilden sollen, wir kümmern uns um die unternehmensweite Integration und kommen unserer Garantie- und Serviceverpflichtung für alle PC-bezogenen Produkte nach. Wir pflegen den Gerätebestand und ersetzen Einheiten, sobald deren Lebensdauer abgelaufen ist. Im Grunde genommen übernehmen wir alle Aufgaben, die normalerweise im Verantwortungsbereich des Kunden oder der Händler liegen. Wir werden damit zu einem integralen Bestandteil der Geschäftstätigkeit des Kunden.

Auch Sie können diese Personalisierungsstrategie bei Ihren größten und wichtigsten Kunden anwenden – Sie müssen sich nur entscheiden, die Geschäftstätigkeit Ihrer Kunden so ernst wie Ihre eigene zu nehmen.

Bei Dell versuchen wir nicht, entweder einen optimalen Mehrwert zu liefern oder wirklich gut bei Problemlösungen zu sein, sondern wir wenden unsere ganze Energie auf, um beides zu tun. Wenn wir wissen, welche Aufgaben unsere Produkte für den Kunden lösen sollen, können wir das Design modifizieren oder den Herstellungsprozess verändern, um den jeweiligen Anforderungen noch besser entsprechen zu können.

Kunden sind sehr gesprächig, wenn man den direkten Kontakt zu ihnen hat und sorgfältig zuhört, kann man sehr viel erfahren:

- Geben Sie sich nicht damit zufrieden, nur in der eigenen Branche Bescheid zu wissen. Lernen Sie von Ihrem Kunden und informieren Sie sich nicht nur über Ihre Mitbewerber, sondern auch über branchenfremde Unternehmen. Die Erfahrungen und Kenntnisse der Kunden sind grenzenlos, und wer morgen führend im Service sein will, darf nicht mehr in klar abgegrenzten Kategorien denken.
- Vergeuden Sie keine wertvollen Ressourcen (Zeit, Geld und Energie), indem Sie erraten, was vielleicht bei Ihren Kunden funktionieren könnte. Im Geschäftsleben verdient man sich keine Lorbeeren, wenn man nur aus Eigennutz handelt. Egal ob es sich um Technologie oder ein Papiertaschentuch handelt: Entwickeln Sie nur das, was Ihr Kunde wirklich haben will und braucht. So werden Sie Kunden zufrieden stellen, Ihre Kosten reduzieren und die Profitabilität verbessern.
- Seien Sie verfügbar. Bei Kunden ist Intimität alles. Um am Puls des Kunden zu sein, reicht es nicht aus, gelegentlich anzurufen und zu fragen: »Wie geht es Ihnen?«. Je enger Sie mit dem Kunden zusammenarbeiten und je öfter Sie verfügbar sind, desto mehr Möglichkeiten bieten sich, spontan etwas in Erfahrung zu bringen und die Gedanken des Kunden zu lesen.
- Koppeln Sie »High Tech« mit »High Touch«. Bleiben Sie bei

Ihren Kunden am Ball und entdecken Sie das Internet auch, um quantitative Daten über Ihre Kunden zu erhalten. Nutzen Sie gleichzeitig aber auch alle Möglichkeiten für ein Feedback über direkte, persönliche Kontakte. Verbringen Sie die Zeit mit Ihren Kunden in einer entspannten Atmosphäre und nicht in überladenen Meetings. Hören Sie eher zu als selber zu reden – so erfahren Sie am meisten.

• Vergessen Sie nie, dass Kunden unterschiedliche Bedürfnisse, Befürchtungen, Fragen und Empfindlichkeiten haben. Versuchen Sie, sich auf einen einzigen Kunden auszurichten, selbst wenn Sie viele Kunden haben. So ebnen Sie den Weg für persönliche Zuwendung, aus der heraus Sie so viel wie möglich vom Kunden lernen sollten.

Kein Input ist perfekt. Aber wir versuchen, dem perfekten Input möglichst nahe zu kommen. Unsere Aufgabe ist, die vorhandene Technologie aufzugreifen und sinnvoll anzuwenden, um die Anforderungen unserer Kunden erfüllen zu können. Wir sind dazu da, die Abläufe beim Kunden zu verbessern, d.h. wir liefern aktuelle, einfach einsetzbare Technologie, mit der man die Kosten im Griff behält.

Um ein wirklich integriertes Unternehmen zu schaffen, müssen Sie zuerst an die Quelle: Gehen Sie zu ihren Kunden. Doch das ist nur der Anfang. Als Nächstes müssen Sie mit Hilfe dieser Informationen hochqualitative Produkte, Services und Geschäftslösungen entwickeln.

11

Entwickeln Sie
eine kundenorientierte Philosophie

Entscheidend für Ihren Erfolg ist, ob Sie Wege für die Kundennähe finden. Wenn Sie als kundenorientiertes Unternehmen ganz vorn dabei sein wollen, müssen Sie die übermittelten Informationen für den Aufbau einer nahtlosen, strategischen Partnerschaft einsetzen. Das ist der Schlüssel für eine virtuelle Integration.

Das Konzept für die virtuelle Integration sieht so aus, dass direkte Kontakte, erweitert durch Technologien wie das Internet, genutzt werden, um Kunden virtuell *in Ihre Firma* zu bringen. Nur so können Sie die Kundenbedürfnisse schneller und effizienter als jeder andere erfüllen.

Viele Unternehmen betrachten die Partnerschaft mit ihren Kunden eindimensional – zum Beispiel aus der Marketingperspektive oder als Voraussetzung für Verkäufe. Unsere Partnerschaft ist dagegen mehrdimensional, da wir aufgrund der direkten Kundenbeziehungen kosteneffektiv und kundenverantworlich zugleich arbeiten können. Es hat sich herausgestellt, dass diese Beziehungen eine unserer größten Wettbewerbsstärken sind.

Doch wie soll das vor sich gehen? Sie müssen offen und flexibel sowie in der Lage sein, auf ein breites Spektrum von Kundenbedürfnissen *augenblicklich* eingehen zu können, wenn nicht sogar *im Voraus*.

Es folgen einige erfolgreiche Strategien, die wir mit unseren Kunden im Verlauf der intensiven Zusammenarbeit entwickelt haben.

Gemeinsam konnten wir die Geschäftätigkeiten beider Seiten verbessern. Das reicht vom Einsparen von Zeit und Geld des Kunden, der Entwicklung neuer Lösungen (die optimal in die Praxis
umgesetzt wurden oder sogar zu neuen Geschäftstätigkeiten führten) bis hin zur Umsetzung zukunftsweisender Technologien für
neue Produkte, die nicht nur für den Kunden, sondern auch für
Dell richtig sind. Die Grundregeln für das, was wir durch unsere
Kunden gelernt haben, lassen sich auf jede Geschäftstätigkeit oder
Branche anwenden.

Bieten Sie Ihren Kunden einen zusätzlichen Nutzen

Die Mitarbeiter von Dell hören von mir häufig den Begriff »unsere besten Kunden« und noch sind unsere besten nicht zwangsläufig unsere größten Kunden, also diejenigen, die am meisten von
uns kaufen, und es sind auch nicht die Kunden, die nur wenig
Hilfe oder Service benötigen. Unsere besten Kunden sind diejenigen, von denen wir am meisten lernen, die uns Möglichkeiten zur
weiteren Verbesserung unserer Produkte oder Services aufzeigen
und die uns zu Lösungen herausfordern, die letztendlich auch den
vielen anderen Kunden zugute kommen. In unserer Branche bezeichnen wir diesen Zusatznutzen als »beyond the box« (über den
Karton hinaus). Unsere besten Kunden sind für uns die wichtigsten Indikatoren für die Marktentwicklung und sie zeigen uns
Möglichkeiten auf, das, was wir schon gut machen, nochmals zu
verbessern. Sie setzen die Messlatte höher und spornen uns permanent an, uns von einem Unternehmen mit Einzellösungen zu
einem mit der Komplettlösung zu entwickeln.

Ich erinnere mich an einen Kundenbesuch Ende der achtziger
Jahre in Großbritannien, und zwar bei British Petroleum in London. Obwohl der Londoner Immobilienmarkt damals überhitzt
war und Geschäftsräume teuer waren, zeigte mir ein BP-Mitarbei-
ter aus der EDV-Abteilung eine ganze Etage in der Firmenzentrale,
die nur zur Konfiguration von PCs eingeplant war. Ich sah einige

Leute, die PCs aus den Kartons packten, spezielle Features installierten (bestimmte Software und Netzwerkkarten) und die Features entfernten, die nicht benötigt wurden. Ich wunderte mich. Nicht nur, dass BP ein wahnsinniges Geld für die Konfigurierung der Systeme aufwenden musste, sondern auch für die teure Bürofläche, die sicherlich für andere Aufgaben hätte (besser) genutzt werden können.

Ich schaute den Leuten zu, während sie die PCs individuell konfigurierten, als mich mein Begleiter fragte: »Meinen Sie, dass Ihre Leute das für mich tun könnten, so dass wir aus diesem PC-Geschäft raus können?« Ich dachte einen Augenblick nach und antwortete: »Natürlich, das machen wir gern.« Was für unseren Kunden teuer und zeitaufwendig war, war für uns relativ einfach zu bewerkstelligen. Außerdem bot sich dadurch für uns die wahnsinnige Möglichkeit, einen Zusatznutzen anzubieten, von dem unsere Kunden in anderen Branchen ebenfalls profitieren könnten.

Etwa zur gleichen Zeit kam Amoco zu uns und sagte: »Wir bekommen von Euch alle diese PCs, können Sie diese mit einer bestimmten Netzwerkkarte ausstatten?« Wir antworteten: »Wir haben unsere Systeme mit Netzwerkkarten getestet. Diese Systeme haben wir für uns selber gebaut und deshalb auch unsere eigenen Netzwerkkarten eingebaut. Wir sind also ziemlich sicher, dass wir das auch für Sie tun können.« Wir haben dann einen bestimmten Prozess entwickelt, bei dem alle für Amoco gebauten PCs automatisch mit deren Netzwerkkarte ausgestattet wurden. Mit einem ziemlich einfachen Schritt konnten wir diese Sonderkonfiguration zeitlich verkürzen, der Kunde konnte schneller auf komplette Systeme zugreifen und bekam einen Zusatznutzen für unsere Produkte, Und das Verhältnis zum Kunden wurde vertieft. Und wir erhielten eine großartige Idee für den neuen Geschäftsbereich »Dell Plus«, der sich inzwischen zu einem Multimillionen-Dollar-Programm für Services im Bereich der Systemintegration entwickelt hat.

Wenn Sie mit den Kunden dort zusammenkommen, wo er *seiner* Geschäftstätigkeit nachgeht, lernen Sie mehr, als wenn Sie den Kunden dort treffen, wo *Sie* arbeiten. Sie können die Probleme und Anforderungen des Kunden während seines Tagesgeschäfts herausfinden und ein viel besseres Verständnis dafür entwickeln, wie Ihr Produkt letztendlich beeinflusst, wie Ihr Kunde *seinen* Kunden dienen kann.

Obwohl das Angleichen unserer Herstellungs- und Produktentwicklungsstrategie an bestimmte Kundenwünsche für uns einleuchtend ist, scheint sich diese Idee bei anderen Firmen unserer Branche noch nicht durchgesetzt zu haben. Als wir darüber mit unseren Kunden sprachen, erzählten sie uns, dass die typische Antwort unserer Mitbewerber so lautete: »Danke für den Vorschlag. Wir können das im Augenblick noch nicht machen, aber wir werden es bei der nächsten Produktüberarbeitung versuchen.« Das hieß üblicherweise in ein bis zwei Jahren. Dagegen versuchen wir, auf derartige Kundenvorschläge einzugehen und diese umgehend in unsere Strategie einzubinden.

Erweitern Sie Ihre Visionen

Eastman Chemical ist einer unserer Großkunden mit ganz eigenen Softwareanforderungen. Einige der Anwendungen sind von Microsoft, andere wurden selbst geschrieben und wieder andere Programme sind auf spezielle Funktionen des Netzwerks ausgerichtet. Normalerweise würde dieser Kunde seine PCs geliefert bekommen und sie auspacken. Anschließend würde jemand vom internen Support an den Schreibtisch der einzelnen Mitarbeiter kommen, das System anschließen und die benötigte Software aufspielen. Normalerweise benötigt man dafür pro Computer ein bis zwei Stunden. Die ganze Prozedur verursacht einige Hundert Dollar interne Kosten.

Eastman Chemical hätte die Computer auch bei einem Händler kaufen können, der dann die Computer beim Hersteller bestellt hätte, der diese an den Händler geliefert hätte, der dann das System geöffnet und nicht benötigte Komponenten ausgebaut und zusätzlich Komponenten eingebaut hätte. Danach hätte der Händler die Software aufgespielt und schließlich das fertig konfigurierte System an die Mitarbeiter von Eastman Chemical übergeben. Das war nicht die Lösung, nach der Eastman Chemical suchte.

Wir sahen eine neue Möglichkeit. Wir installierten ein 100-MB-Ethernet-HighSpeed-Netzwerk in und zwischen unseren weltweit angesiedelten Fabriken. Dann spielten wir ein Image (Abbild) der Software von Eastman Chemical auf einen großen Dell-Server. Wenn ein System auf dem Montageband steht – und das gilt für jede unserer weltweit vorhandenen Fertigungsmöglichkeiten – identifiziert sich das System über das Netzwerk als eine Eastman-Chemical-Workstation. Jetzt fließen einige Hundert Megabytes Daten über das Netzwerk und werden auf die Festplatte der Arbeitsstation aufgespielt. Das Ganze geschieht in wenigen Minuten, ohne dass der kontinuierliche Produktionfluss in unserer Fabrik unterbrochen wird.

Was passiert mit dem Geld, das unser Kunde dadurch einspart? Er bekommt den größten Teil davon. Wir könnten zum Beispiel sagen: »Das Ganze würde bei Ihnen 300 Dollar kosten, wir berechnen Ihnen also 250 Dollar«. Stattdessen berechnen wir deutlich weniger und machen unser Produkt und unseren Service entsprechend wertvoller. Das bedeutet auch, dass wir für den Kunden nicht nur ein PC-Verkäufer, sondern fester Teil der eigenen EDV-Abteilung sind.

Unsere Kunden haben einfach wichtigere Dinge zu tun, als sich mit PCs abzumühen. Und genau so wird es uns auch übermittelt: »Wir sind eine Bank, wir bauen Autos, wir betreiben eine Luftfahrtgesellschaft. Für uns macht es keinen Sinn, uns mit diesen anderen Dingen abgeben zu müssen. Warum können Sie das nicht übernehmen?«

Mit unserer Verpflichtung, den Kunden umfassend und sachkundig zu unterstützen, übernehmen wir diese Aufgaben – jetzt und in Zukunft. Das können Sie auch, indem Sie hollistisch an Probleme oder mögliche Lösungen herangehen und bereit sind, aus traditionellen Pfaden auszubrechen. Konzentrieren Sie sich darauf, dem Kunden einen möglichst großen Zusatznutzen zu bieten.

Ermöglichen Sie gemeinsame Einsparungen

Es ist schon einige Jahre her, als wir immer häufiger von unseren Kunden hörten, dass sie sich Gedanken über die Gesamtkosten für die Anschaffung und die laufenden Kosten von PCs machen. Interessanterweise stellte eine Beratungsfirma fest, dass die Hardwarekosten nur 15 bis 20 Prozent der Gesamtkosten eines PCs ausmachten. Und obwohl diese Zahl von anderen Beratern und Kunden in Frage gestellt wurde, entwickelte sich das Ganze zu einem Top-Branchenthema.

Obwohl die Anschaffungskosten wichtig sind und nicht außer Acht gelassen werden dürfen, hatten Kunden immer mehr das Gefühl, dass es noch andere Kosten gab, die nur unzureichend erfasst wurden. Wir präsentierten deshalb ein Modell mit der Bezeichnung »Niedrigste Gesamtbetriebskosten«. Es ging auf die dem Kunden für den gesamten Lebenszyklus des Systems entstehenden Kosten ein, das heißt die Kosten, um den Computer auf den Schreibtisch zu stellen, ihn dort zu belassen und möglicherweise am Ende zu entsorgen. Wir entwickelten für dieses Modell ein Computerprogramm, mit dem ein Kunde die einzelnen Kosten ermitteln und entsprechende Einsparungsmöglichkeiten herausfinden konnte. Die Branche hat erst jetzt ihr Augenmerk auf die Betriebskosten des PC-Besitzers gerichtet, aber es handelt sich im Grunde um das Konzept, das wir bereits zwei Jahre zuvor eingeführt hatten.

Wir stellten fest, dass die Suche nach dem umfassenden Kundenservice die Chance zu einer weiteren Differenzierung bot. Wir konnten unser Modell »Niedrigste Lebenszyklus-Kosten« als Möglichkeit einsetzen, um den Kunden die Stärken unseres direkten Modells nahe zu bringen.

In den letzten Jahren wurden in verschiedenen Ländern Europas Gesetze verabschiedet, die bestimmen, dass Computersysteme wieder verwertbar sein müssen. Wir haben immer darauf geachtet, dass unsere Systeme umweltfreundlicher werden. Wenn wir als Branche jährlich 100 Millionen Computersysteme installieren, müssen wir gleichzeitig auch 100 Millionen Systeme deinstallieren. Aber wir wollten mehr, als nur die anfänglichen Forderungen erfüllen. Wir prüften, ob wir ein Produkt entwickeln können, das sowohl den Umweltforderungen entsprechen als auch effizienter zu fertigen wäre.

Vor diesem Hintergrund forderten wir unser Designteam auf, ein neues Chassis zu entwickeln, das nicht nur völlig wieder verwertbar, sondern auch einfacher zusammenzubauen sein sollte. Außerdem sollte weniger Zeitaufwand in der Fertigung und im Service anfallen. Unsere heutigen Chassis sind völlig wieder verwertbar und wir verwenden weder Kleber noch Farben. Diese Chassis haben wir nicht nur in den europäischen Ländern eingeführt, in denen die Wiederverwertbarkeit gesetzlich geregelt ist, sondern in der ganzen Welt.

Das neue Chassis trägt entscheidend dazu bei, die Betriebskosten eines Computers zu senken. Schrauben, Muttern und Nieten wurden durch simple Klemmen und Einschübe ersetzt, die den Serviceleuten von Dell und vom Kunden den Zugriff auf die internen PC-Komponenten vereinfacht. Insgesamt wird wieder Zeit gespart und das Ergebnis sind niedrigere Kosten bei Dell und beim Kunden.

Werden Sie zum Berater Ihrer Kunden

In einem ganz normalen Monat hört der Kunde von neuen oder aktualisierten Betriebssystemen für Server und Workstations, über den neuesten Intel-Mikroprozessor, über weiter entwickelte LCD-Displays oder über aktuelle Entwicklungen zur Steigerung der Akkukapazität und zur Gewichtsreduzierung bei Notebooks. Die Branche entwickelt vorhandene Technologien permanent weiter und vieles davon findet sich kurze Zeit später in unseren Produkten wieder. Allerdings kann ein Kunde sehr schnell bei zu viel Technik enden oder bei einer Technik, die am Bedarf vorbeigeht. Der Kunde sollte also genau überlegen, was er tatsächlich benötigt.

Als Berater unserer Kunden versuchen wir zu helfen, sie bei der richtigen Entscheidung zu unterstützen. Technologie soll einen *zu-*

sätzlichen Nutzen für das Geschäft des Kunden erbringen. Dazu muss man sich nur die eigenen und die Anforderungen des Kunden vor Augen halten. Wenn unsere Kunden vor dem Problem des PC-Supports stehen, reicht es nicht zu sagen: »Hier ist Ihr PC. Das Handbuch ist gut. Viel Glück!« Wenn wir nicht die Verantwortung für die Probleme des Kunden übernehmen, tauchen so lange immer wieder die gleichen Probleme auf, bis man schließlich den Kunden verliert.

Wir versuchen, die Verantwortung auch dafür zu tragen, in welcher Art und Weise die Investitionen unserer Kunden verwendet werden. Wir prüfen die gesamte Kostenstruktur und stellen uns die Frage, wie man den Kunden helfen kann, die komplexe Technologie zu managen und die anfallenden Kosten zu senken. Und welchen Einfluss auf die Branche haben wir, um die Kosten für diese Technologie zu senken?

Die Kunden profitieren von unseren gemeinsamen Diskussionen über zukünftige Technologien. Dieser Austausch ist aber auch wertvoll für uns: Wir erhalten nicht nur die Möglichkeit, zusammen mit den Kunden neue Ideen auszuprobieren, sondern wir können auch den Bedarf für Produkteigenschaften testen, und zwar lange bevor neue Computersysteme entworfen werden. Dem Kunden dagegen hilft dieser Prozess bei seiner langfristigen Planung. Der Zugriff auf diese frühzeitigen Informationen macht eventuelle technologische Änderungen planbar – er muss nicht nur darauf reagieren. Das Ganze ist inzwischen für unsere Kunden ein großes Thema, da es ohne Planung schier unmöglich ist, auf die fortwährend neu vorgestellten Techniken reagieren zu können. Die Kunden sehen in uns den Filter für das, was sie wissen und womit sie arbeiten müssen, und für das, was für die jeweilige Geschäftstätigkeit genau richtig ist.

Es gibt beispielsweise die Möglichkeit, von einem ganz anderen, entfernten Ort aus einen im Netzwerk integrierten Computer einzuschalten. Dieser Computer kann dann, selbst wenn keiner mehr in der Firma ist, beispielsweise Software-Upgrades, Diagnosen und Verwaltungsaufgaben im Netzwerk vornehmen. Und wie bei jedem neuen Feature, boten die einzelnen Softwarehersteller unterschiedliche Versionen an, noch bevor ein einheitlicher, verbindlicher Industriestandard verabschiedet wurde. Indem wir unseren Kunden diese neue Technologie nahe bringen, können sie eigene, durch entsprechende Informationen abgesicherte Entscheidungen darüber treffen. Manches mag auf den ersten Blick zwar eine gute Idee sein, hat aber den Nachteil, noch nicht einheitlich unterstützt zu werden.

Unsere Top-Techniker stellen Informationen über neue Technologien zusammen, um unsere Kunden über wichtige Branchentrends auf dem Laufenden zu halten. In diesen Papieren erläutern wir unseren Kunden und unseren eigenen Mitarbeitern die Vorteile des ACPI (Advanced Configuration Power Interface), warum der Pentium II-Mikroprozessor besser ist als sein Vorgänger oder wie das aktuellste Betriebssystem von Microsoft den Kunden helfen kann, ihre PCs besser zu managen.

In Seminaren diskutieren unsere besten Hardware- oder Softwareingenieure mit unseren wichtigsten Kunden die Technologietrends für die nächsten fünf Jahre. Sie erläutern, wohin die Technologie führt und wie sich dadurch die aktuellen Standards verändern könnten. Für unsere Kunden ist es jedoch am wichtigsten, dass unsere Ingenieure auch Empfehlungen dahingehend abgeben, wann ein Produkt angeschafft werden soll, um den größten Nutzen daraus zu ziehen.

Deshalb wollen wir mehr als nur ein Computerlieferant sein. Wir versuchen ein Kundenberater für Technologiestrategien zu werden.

Helfen Sie Ihren Kunden sich zurechtzufinden

Die Computerbranche ist leider dafür bekannt, dass viele Produkte bereits lange vor ihrer Fertigstellung angekündigt werden. Häufig werden diese Produkte nie fertig. Gelegentlich werden Kunden durch Pressemeldungen beeinflusst und fragen nach etwas, was bei uns noch nicht einmal in der Entwicklung ist. In einem solchen

Fall abzulehnen scheint sehr abweisend in einem Markt zu sein, in dem man etwas verkaufen will – doch man muss es lernen. Warum? Kunden schätzen es eher, die Wahrheit mitgeteilt zu bekommen, als in die falsche Richtung geführt zu werden, selbst wenn dieser Weg durchaus interessant zu sein scheint.

Nehmen Sie als Beispiel die Pen-Computer. Damals waren viele (andere) Computerhersteller der einheitlichen Meinung, dass die Pen-Computer die Tastatur als primäres Eingabegerät ablösen würden, speziell für tragbare, mobile Computer. IBM, Compaq, Toshiba und Apple, alle entwickelten und verkauften mobile Pen-Computer. Wir dagegen hielten uns zurück. Eine der Firmen, die Software für Pen-Computer entwickelte, schickte mir eines dieser Geräte. Ich wollte meinen Kommentar dazu in den Pen-Computer eingeben. Es war unmöglich: Das Ding funktionierte einfach nicht.

Dennoch entwickelten wir einen Prototypen mit dieser Technologie, einfach um unseren Kunden zu zeigen, dass wir ein derartiges Gerät anbieten können, sofern es erforderlich wird. Auf diversen Veranstaltungen erklärten wir, in welchen Marktsegmenten sich der Pen-Computer durchsetzen könnte, und wir beschrieben unsere Strategie, wenn wir die Entwicklung bis zur Marktreife fortsetzen würden. Und dann sagten wir: »Das Ganze ist eine interessante Technologie, aber wir glauben, dass die Zeit dafür noch nicht reif ist. Wenn das allerdings der Fall sein sollte, wird uns nichts daran hindern, auch den Pen-Computer zu liefern.«

Wir helfen unseren Kunden, sich in den vielen technologischen Optionen zurechtzufinden. Und die Kunden helfen uns, maßvoll zu bleiben. Gemeinsam erarbeiten wir den Unterschied zwischen der nächsten Neuerung und der nächsten *sinnvollen* Neuerung.

Machen Sie Ihre Kunden zu Lehrern

In den besten Partnerschaften muss jeder lernen und danach haben wir uns immer gerichtet. Schon in unseren Anfangsjahren haben uns die Kunden dabei geholfen, den richtigen Weg einzuhalten. Unsere Probleme mit Olympic im Jahr 1989 sind ein wichtiges Beispiel. Seitdem gab es immer wieder andere, allerdings nicht so weitreichende Ereignisse.

Es gab Zeiten, in denen wir uns an einer Technologie begeisterten, die sich als große Zeitverschwendung und Energievergeudung hätte herausstellen können, wenn wir die Situation nicht vorher gemeinsam mit unseren Kunden überprüft hätten. Und es gab Zeiten, in denen die Computerbranche sich in irgendeine neue Entwicklung hineinsteigerte, an der unsere Kunden einfach nicht interessiert waren.

Ich erinnere mich, dass sich die Branche 1991 an etwas begeisterte, das mit »ACE Consortium« bezeichnet wurde. Intel hatte gerade den 386-Prozessor eingeführt und Compaq, Zenith, AST, DEC sowie Microsoft waren der übereinstimmenden Meinung, dass der konkurrierende MIPS-Mikroprozessor die bessere Lösung für zukünftige PCs wäre. Man begann Pläne für ein Produktdesign basierend auf den MIPS-Chips auszuarbeiten. Wir setzten uns dagegen mit einigen Kunden zusammen und fragten, was sie darüber denken würden. Alle Kunden, mit denen wir sprachen, sagten: »Warum sollten wir das haben wollen?« Sie machten sich mehr Gedanken darüber, wie sie ihre bereits getätigten Investitionen schützen könnten, und legten mehr Wert auf Kompatibilität zwischen den einzelnen Computergenerationen, als wir (oder einer unserer Mitbewerber) gedacht hatten. Wir kamen zu der Folgerung, dass MIPS uns keine neuen Möglichkeiten bieten würde, und beschlossen keinerlei Ressourcen dafür bereitzustellen.

Ich erinnere mich auch daran, mit vielen Kunden über PC-TVs gesprochen zu haben. Und nie war jemand so interessiert daran, dass er mich hätte überzeugen können, dass diese Technologie in dem Maße angenommen werden würde, dass bei uns ein Gewinn dabei herausspringen würde. Die gleiche Erfahrung machten wir mit PDAs (Personal Digital Assistants), Set-Top-Boxen für das digitale Fernsehen und Web-basierenden Informationsgeräten. In der Theorie mögen das großartige Ideen sein, aber für uns waren sie nicht wert, weiter verfolgt zu werden. Unsere Kunden waren daran einfach nicht interessiert.

Es ist erstaunlich, wie viele Unternehmen in unserer Branche Technologien entwickeln, ohne die Vorstellungen des Endverbrauchers einzubeziehen. Beispielsweise führte IBM im Jahre 1987 eine neue Produktlinie mit der Bezeichnung PS/2 zusammen mit dem neuen Betriebssystem OS/2 ein. IBM versprach für den PS/2 eine größere Performance, eine höhere Sicherheit und einige andere Features. Tatsächlich war der PS/2 jedoch IBMs Versuch, die Branche über eine neue, firmeneigene Computerarchitektur wieder unter Kontrolle zu bringen. Doch diese proprietäre Architektur bot keinen besonderen Verbrauchernutzen, da sie sich erheblich von der bereits erhältlichen unterschied. Der PS/2 brachte für IBM größere Marktanteilsverluste statt der ursprünglich geplanten Marktanteilsgewinne. Das Unternehmen konnte sich von diesen Marktanteilsverlusten im PC-Geschäft nie wieder erholen. Heute steht IBM in den Vereinigten Staaten an sechster Stelle.

Wenn wir Fehler gemacht haben – und es gab einige davon – hatten wir zumindest den Vorteil der schnellen Korrektur, da wir die Kundeninformationen direkt (und damit schneller) erhielten. Wir haben unsere Verluste häufig abgeschrieben, bevor es eine Chance gab, dass sie größer wurden und schnelle Korrekturen nicht mehr vorgenommen werden konnten. Und wir wussten aufgrund der wertvollen Informationen von unseren Kunden rechtzeitig, dass wir etwas abschreiben mussten.

Ich möchte Jack Welch von General Electric (ein Dell-Kunde, worüber wir glücklich sind) zitieren: »Unser einziges Ziel ist, entweder einen Kunden zu bekommen oder einen Kunden zu halten.« Auch für Dell war diese Überzeugung immer die Richtschnur. Ich verbringe etwa 40 Prozent meiner Zeit mit Kunden. Wenn Leute das hören, sagen sie häufig: »Oh, das ist sehr viel Zeit, die Sie mit Kunden verbringen.« Darauf antworte ich nur: »Ich denke, das ist mein Job.«

Wenn Sie ein Unternehmen oder nur eine Gruppe leiten, gibt es viele Möglichkeiten den Tag auszufüllen. Für mich gibt es nichts Befreienderes oder Erfrischenderes als die Zeit, in der ich mit Kunden zusammen bin. Ich stelle dann viele Fragen, wie: »Machen wir unseren Job gut? Was halten Sie von unseren Produkten? Von unserem Service?« Wenn es sich um ein weltweit operierendes Unternehmen handelt, frage ich: »Wie gut sind wir außerhalb der Vereinigten Staaten? Gibt es Verbesserungsmöglichkeiten? Werden Sie gut von unserem Team betreut? Was wollen Sie im Unternehmen erreichen und womit können wir Ihnen dabei helfen?«

Kunden wissen, dass ich nicht auf falsches Lob oder auf eine Bestätigung unserer Stärken aus bin. Sie wissen aufgrund der Zeit, die ich mit ihnen verbringe, und der Fragen, die ich ihnen stelle, dass ich die Wahrheit hören und mit einer Liste voller Ideen zurückkommen will, wie wir die bestehende, wertvolle Partnerschaft noch wertvoller gestalten können. Darüber hinaus sollten Sie Folgendes versuchen:

• Sehen Sie den Gesamtrahmen. Es genügt nicht, scheibchenweise auf die Probleme Ihres Kunden einzugehen. Sie müssen bereit sein, in eine Lösung für das kurzfristig anliegende Problem zu investieren *und* gleichzeitig das in diesem Problem liegende langfristige Potential zu erkennen.

• Setzen Sie sich mit den Vorschlägen des Kunden auseinander. Fragen Sie sich: »Ist das ein einmaliges Ereignis oder zeigt es einen Trend an? Handelt es sich um eine echte Chance für eine Entwicklung?« Gehen Sie noch einen Schritt weiter und fragen Sie sich: »Gibt es hier noch eine ganz andere Geschäftschance?«

• Denken Sie an das, was dabei herauskommt – nicht nur für Sie. Beziehen Sie den Kunden mit ein. Spart der Kunde Geld, wenn Sie die Partnerschaft mit ihm ausbauen? Denken Sie strategisch über das Geschäft Ihres Kunden und helfen Sie ihm dabei, Kosten zu reduzieren und Gewinne zu vergrößern – immer von dem Gedanken geleitet, wie der Kunde *seine* Kunden bedienen kann?

• Gehen Sie über das Verkaufen von Produkten und Dienstleistungen hinaus, werden Sie zum unverzichtbaren Berater Ihres Kunden. Indem Sie Ihr Expertenwissen bereitstellen, zeigen Sie Ihrem Kunden, dass Sie ein vertrauenswürdiger Partner sind.

• Bleiben Sie »Student«. Zuhören ist ebenso wichtig wie Ratschläge geben. Kunden können Ihnen die dringend benötigte Perspektive für Produkte und Services geben, die Sie nicht mehr erkennen können, weil Sie zu tief in der Materie stecken. Da der Kunde derjenige ist, der kaufen will, können Sie nicht früh genug seine Meinung hören.

Generell wurden Kunden von unserer Branche nicht allzu sehr verwöhnt. Wir haben jedoch immer versucht, die Erwartungen der Kunden mit unseren Produkten und unserem Service zu erfüllen. Wenn Sie Ihren Kunden mit besseren Produkten und besseren Dienstleistungen zufrieden stellen – und das konstant – führt das zu einer starken Loyalität. Wenn Sie noch weiter gehen und sich um eine sinnvolle, umfassende Kundenbindung bemühen, gewinnen Sie Kunden fürs ganze Leben.

Unser Ziel ist es, dass unsere Kunden anerkennen: »Dell *ist* die intelligentere Art und Weise, einen Computer zu kaufen.«

Schmieden Sie starke Allianzen

Wie Sie nun bereits wissen, ist Dell ein Unternehmen, das sehr stark auf Beziehungen aufgebaut ist. Wir kommunizieren und arbeiten partnerschaftlich mit unseren Mitarbeitern und Kunden. Aber unsere Verpflichtung endet hier noch nicht. Unsere Bereitschaft und Fähigkeit zur Partnerschaft ist vielleicht besonders klar daran festzumachen, wie starke Allianzen wir mit unseren Lieferanten schmieden.

Ich will in diesem Kapitel erklären, wie wir solche strategischen Partnerschaften mit unseren Lieferanten aufbauen, die unsere Liefergeschwindigkeit enorm verbessert haben, und wie wir so die aktuellste und beste Technologie liefern sowie die beste Qualität für unsere Kunden sicherstellen können. Sie werden sehen, wie auch bei einer problemlosen Angelegenheit die permanente Kommunikation den Unterschied ausmacht und dazu führt, einen Wettbewerbsvorteil zu halten.

Im nächsten Kapitel erfahren Sie schließlich, wie wir die direkten Beziehungen ausbauen, um unser Potential noch besser realisieren zu können. Dazu gehören Dinge wie ein kleines Lager, Schnelligkeit am Markt und kompromisslose Qualität.

Sie können bereits davon ausgehen, dass alle Beispiele in diesen beiden Kapiteln etwas mit Technologie zu tun haben. Diejenigen unter Ihnen, die gern etwas über die Fehlerquote pro Million, Megahertz und Gigabytes, Motherboards und ähnliches hören wollen, werden sich wie zu Hause fühlen. Diejenigen, die nicht an solchen Dingen interessiert sind, sollten wissen: Wir sprechen in erster Linie über Partnerschaften. Wir skizzieren, wie man mit diesen Partnerschaften arbeitet, ohne die niemand überleben oder vorankommen kann.

Auch wenn Ihnen möglicherweise das technische Verständnis fehlt, denke ich, dass die folgenden »Lektionen« dennoch etwas bringen.

Definieren Sie Ihren Wert, und zwar knapp

Wenn Sie wie ich eine Firma mit weniger als 1 000 Dollar gründen, geben Sie jeden Dollar sehr vorsichtig aus. Man lernt ökonomisch, effizient und besonnen zu handeln. Man lernt auch, nur das zu tun, was einen tatsächlichen Mehrwert für die Kunden und die Aktionäre erbringt. Schon von dem Tag an, an dem Dell gegründet wurde, haben wir uns gefragt, ob wir Komponenten selber oder von jemand anderen nach unseren Designspezifikationen fertigen lassen sollten.

Sämtliche Pionierfirmen unserer Branche mussten im Grunde genommen ihre Komponenten selber herstellen, da sie keine andere Wahl hatten. Sie mussten Experten für eine Unmenge von Teilen werden, nur um auf die benötigten Teile auch zugreifen zu können. Häufig hat das wenig mit einem besonderen Nutzen für den Kunden zu tun.

In dem Maße, wie die Branche wuchs, entstanden immer mehr Spezialfirmen, die bestimmte Komponenten produzierten. Damals, als wir klein anfingen, hatten wir einfach nicht das Geld, um Komponenten selber zu fertigen. Aber wir fragten uns auch, warum wir das überhaupt tun sollten. Im Gegensatz zu vielen unserer Mitbewerber hatten wir eine Option: Komponenten von den Spezialisten kaufen, was deren bereits getätigte Investitionen entlastete und uns erlaubte, uns auf das zu konzentrieren, was wir am besten konnten: Das Entwerfen und Liefern von Lösungen und Systemen direkt an die Kunden.

Über diese frühen Allianzen mit unseren Lieferanten entwickelten wir die genau richtige Strategie für ein schnell wachsendes Unternehmen.

Mit Hilfe der Erfahrung unserer Lieferanten konnten wir unser Geschäft sehr schnell ausweiten, ohne dabei die Experten für Surfacemount-Technik, Halbleiterherstellung oder die Produktion von Motherboards und anderen elektronischen Teilen werden zu müssen. All das hätte sehr viel intellektuelles und finanzielles Kapital gebunden. Auf diese Weise konnten wir konventionell und klug vorgehen und unseren Kunden einen zusätzlichen Nutzen bieten.

Die althergebrachte Branchenmentalität geht davon aus, dass man den ganzen Prozess nur dann unter Kontrolle hat, wenn man seine eigenen Komponenten baut. Über die Zusammenarbeit mit externen Lieferanten haben wir festgestellt, dass man so die Produktqualität viel besser kontrollieren kann, als wenn man alles selber fertigen würde. Warum? Sie können weltweit unter den besten Lieferanten wählen.

Sie können die Lieferanten prüfen und danach auswählen, wer das größte Wissen und die Erfahrung hat, für ein bestimmtes Teil die beste Qualität sicherzustellen. Wenn neue Prozesse mit noch größeren Qualitätsanforderungen entwickelt werden, können Sie mit einer Firma zusammenarbeiten, die bereits nach diesem Prozess fertigt. Und wenn eine Firma nicht mehr die von Ihnen benötigten Mengen liefern kann, können Sie die Lieferungen unter mehreren Firmen aufteilen und zusätzliche Kapazitäten schaffen. Da Sie dieses Risiko auf einige wenige Lieferanten verteilen und sich nicht selber damit belasten, bekommen Sie das, was Sie benötigen, schneller und mit größerer Flexibilität. Sie können also Ihre Energie auf das konzentrieren, womit Sie einen wirklichen Mehrwert erzeugen.

Sie sollten immer wissen, wann ein Prozess einen Mehrwert beziehungsweise Zusatznutzen erbringt und wann nicht. Wählen Sie das, worin Sie anderen überlegen sind, und finden Sie gute Partner für den Rest.

Bringen Sie komplementäre Stärken auf Erfolgskurs

Häufig hören wir von unseren Kunden: »Wir wollen nicht in das Computergeschäft. Das ist Ihr Job. Wir wollen nur sicherstellen, dass wir Systeme bekommen und dass diese gut unterstützt werden.« Das Gleiche empfinden wir bei Festplatten, Speicherchips und Monitoren. Sie sollten Partner mit sich ergänzenden Stärken und einer natürlichen Einstellung zum Erfolg finden.

Die partnerschaftliche Zusammenarbeit mit einer Firma bedeutet jedoch noch nicht, dass Sie damit Ihren Teil des Jobs erledigt haben. Bei Dell überlassen wir nichts dem Zufall, obwohl wir die Technologie nicht selbst entwickeln. Das direkte Modell wird in unserer Beziehung mit den Lieferanten besonders signifikant.

Das Direktmodell hatte unterschiedliche Auswirkungen auf unsere Lieferanten. Da wir direkt an die Kunden verkaufen, können wir unseren Lieferanten ein schnelles Feedback geben: Ein Plus, das sie von anderen Computerherstellern nicht bekommen. Da uns die Kunden nahezu umgehend mitteilen, was bei ihnen funktioniert und was nicht, profitieren die Lieferanten davon und können schnell notwendige Verbesserungen vornehmen beziehungsweise die an uns zu liefernden Teile prüfen.

Wir können täglich feststellen, ob sich das Kaufverhalten der Kunden von 17-Zoll- zu 19-Zoll-Displays oder von Röhrendisplays zu Flat-Panel-LCDs verändert. Wir sehen auch, ob das nur für bestimmte Kundentypen oder für den Gesamtmarkt zutrifft. Abhängig von unserer Einschätzung dieses Verhaltens können wir unseren Lieferanten mitteilen, in welche Richtung sich der Markt bewegt. Die Lieferanten sind damit in der Lage, ihren Produktmix recht schnell an der Kundennachfrage auszurichten, was wiederum die Effizienz und die Umschlagsgeschwindigkeit der Läger beim Lieferanten und bei Dell verbessert.

Lieferanten sagen uns, dass dieses Echtzeit-Feedback für die Planung unverzichtbar geworden ist. Traditionelle Geschäftssysteme können dagegen die Markttrends aller Wahrscheinlichkeit nach erst dann erkennen, wenn sie die dreißig bis fünfzig Tage Lagerbevorratung in ihrem Distributionskanal durchgearbeitet haben.

Die Schnelligkeit, mit der neue Produkte mit Hilfe unserer Direkt-
methode in den Markt gebracht werden können, hilft auch unseren Lieferanten, neue Technologien schneller am Markt durchzusetzen. Als wir beispielsweise begannen, mit Sony zusammenzuarbeiten und unsere Notebooks mit Lithium-Ionen-Akkus auszustat-
ten, konnten beide Partner einen entscheidenden strategischen
Gewinn erzielen – wir beim Wiedereintritt in den Notebook-Markt
und Sony beim Durchsetzen einer neuen Technologie. Als mich
der für diese Akkus zuständige Ingenieur in Tokio ansprach, konnte
Sony die Lithium-Ionen-Akkus nur mit maximal zwei Zellen fertigen – man wusste noch nicht, was alles dazugehörte, um die für
Notebooks benötigten Akkus mit zehn Zellen zu fertigen. Das ta-
ten wir. Und wir öffneten Sony einen riesigen Markt.

Wir haben immer eine frühzeitige Übernahme relevanter Technologien, wie etwa Lithium-Ionen, unterstützt. Beispielsweise konnten wir bei den letzten vierzig Neueinführungen von Intel-Mikro-
prozessoren noch am gleichen Tag unsere Computer mit den neu-
en Prozessoren ausliefern – und das in Stückzahlen. Intel-Chairman
Andy Grove sagt gerne: »Nur die Paronoiden überleben.«

Wir meinen, dass selbst ein Paranoider zum Überleben Freunde
braucht.

Aber wir müssen unseren Teil beitragen. Wir müssen bei unseren Kunden ganz oben stehen und wir müssen die Innovationen
im Teilesektor beobachten und verstehen – von Halbleitern über
Polymere bis hin zu Flüssigkristall-Displays. Wir müssen alles verfolgen, was mit dem Fluss von Elektronen zu tun hat, und wir
müssen uns immer fragen, ob diese Entwicklungen für unsere
Kunden einmal nützlich sein werden. Unsere Kunden kommen
nicht zu uns und sagen: »Ich kann es einfach nicht abwarten, bis
ich an einige Lithium-Ionen-Akkus herankomme.« Nein, ein Kunde
sagt: »Ich möchte ein Notebook, mit dem ich einen ganzen Tag
lang arbeiten kann. Ich will keine leeren Akkus, wenn ich im Flugzeug sitze.«

Es liegt an uns, die Wünsche unserer Kunden mit Hilfe vorhandener Technologie effektiv umzusetzen. Dazu müssen wir einen
guten Kontakt sowohl zum Kunden als auch zum Lieferanten ha-

ben, um die entsprechenden Lösungen herausfinden zu können. Ich glaube, dass Dell in einer bestimmten Weise die Gesamtbranche dazu gebracht hat, effizienter zu werden. Mit der Forderung, dass unsere Lieferpartner bei der Bereitstellung der Komponenten äußerst zielgerichtet vorgehen und die bestmögliche Qualität sicherstellen müssen, helfen wir, dass diese Lieferanten wachsen sowie effektiver und konkurrenzfähiger werden. Wenn Kunden uns ihre Wünsche mitteilen und wir glauben, dass diese Wünsche auf einen größeren Markt oder einen Zukunftstrend hinweisen, bitten wir unseren Lieferanten, mit den notwendigen Entwicklungsarbeiten zu beginnen. Außerdem bestellen wir so große Mengen an Komponenten, dass unser Einfluss dabei hilft, von uns eingesetzte neue Technologien zum Industriestandard werden zu lassen. Und das wiederum senkt die Kosten für alle Computeranwender.

Beispielsweise wurden die äußerst schnellen Speicherchips mit der Bezeichnung »Synchronous Dynamic Random Access Memory« (SDRAM) ausschließlich in leistungsstarken Workstations eingesetzt. Als wir unsere Dimension-Desktops mit immer leistungsfähigeren Prozessoren bei immer mehr Performance ausstatteten, teilten uns Kunden mit, dass sie dieses Leistungspotential mit den traditionellen Speicherchips nicht voll ausnutzen könnten, besonders beim Einsatz von Multimedia-Anwendungen. Wir reagierten auf dieses Feedback und brachten unsere Speicher- und Prozessorlieferanten zusammen. Der Speicherlieferant modifizierte die Architektur der Speicherbausteine so, dass sie mit den schnellen Prozessoren zusammenarbeiten konnten. Heute gehören SDRAMs zur Standardausrüstung bei Desktops, werden jedoch wohl bald durch die RDRAMs überholt – ein weiterer Standard, bei dessen Durchsetzung wir geholfen haben.

Das Durchsetzen von Industriestandards – statt immer neuerer, eigener Technologien – als Lösung für Kundenanforderungen hat sich für uns und unsere Lieferanten wirklich gut bewährt und den Markt effizienter gemacht. Unterstellen wir, dass wir und ein Mitbewerber Festplatten vom selben Lieferanten beziehen. Entsprechen die Komponenten den Industriestandards, kann der Bedarf durch mehrere Hersteller gedeckt werden, der Lieferant wird also flexibler. Auch Dell hat Vorteile, da der Lieferant aufgrund des fehlenden Monopols keine Spitzenpreise verlangen kann. Und unsere Kunden sparen Kosten bei gleichzeitiger Kompatibilität.

Das Ergebnis des guten Verhältnisses zu einem Lieferanten drückt sich in mehr als nur Teilen aus. Gemeinsame, sich ergänzende Stärken führen zu einer größeren Effizienz und Produktivität.

Sorgen Sie für Beschaffungspotential in Ihrer Nähe

Schon früh in der Geschichte Dells arbeiteten wir mit mehr als 140 unterschiedlichen Lieferanten zusammen, von denen wir unsere Komponenten erhielten. In dem Maße, in dem wir größer wurden, kamen neue Lieferanten hinzu – nur so konnten wir der immens wachsenden Nachfrage nachkommen. Dennoch stellten wir bald fest, dass die Pflege der Lieferantenbeziehungen immer komplexer wurde und erhebliche Kosten verursachte. Es gab die Entwicklungskosten für all die verschiedenen Komponenten in unseren Computern sowie die Qualitätsüberwachung und die Tests. Es entstanden Kosten bei der Anbahnung neuer Lieferantenkontakte und für die Unterstützung der Lieferanten vor Ort. Und es gab Kosten, die aus dem Durcheinander bei unseren Verkaufs- und Serviceteams sowie beim Kunden entstanden. Nicht zu sprechen von dem lauten Geschrei unserer größten Kunden nach Konsistenz, die nur aus einer intensiven Zusammenarbeit mit einer kleineren Anzahl von Lieferanten entstehen kann.

Heute machen wir es uns so einfach wie möglich – wir arbeiten mit möglichst wenigen Partnern zusammen. Weniger als 40 Lieferanten liefern uns etwa 90 Prozent der benötigten Teile. Engere Partnerschaften mit weniger Lieferanten sind eine großartige Möglichkeit, um Kosten zu senken und neue Produkte schneller anbieten zu können.

So wie Sie nach dem Zielpunkt im Verbrauchermarkt suchen, sollten Sie Produkte für den Zielpunkt in der Nachfrage anbieten. Sie könnten nun sagen: »Okay, um den Markt hundertprozentig abzudecken, sollten wir acht verschiedene Varianten einer bestimmten Komponente haben, obwohl wir 98 Prozent des Marktes mit nur drei Varianten bedienen könnten.« Das umschreibt den Begriff »Zielpunkt«.

Die Lektion ist einfach: Komplexität macht kaputt. Die Konsequenz ist ebenso einfach: Weniger ist mehr.

Als wir weltweit expandierten, mussten wir uns entscheiden, ob wir mit lokal oder global tätigen Lieferanten zusammenarbeiten wollten. Das ist eine kritische Entscheidung für jedes global operierende Unternehmen, besonders da der Wettbewerb auf den einzelnen Weltmärkten immer stärker wird. Wir hatten damals viele unterschiedliche Lieferanten für unsere Konfigurierungszentren in den einzelnen Ländern. Natürlich gab es auch regionale Unterschiede: In einem Land wurde dieser Monitor, im nächsten Land ein anderer Monitor verwendet. Oder es gab Unterschiede bei der Festplatte oder Tastatur.

Damals entstand der Leitspruch »Nähe zahlt sich aus«, da wir für jede einzelne Komponente und jeden Lieferanten als Messlatte den Kapitalertrag zugrunde legten. Nachdem wir den tatsächlichen Kapitalertrag für unsere Aktionäre durch Vergleiche unserer Einkaufspreise nach Lieferanten ermittelt hatten, verhalfen uns die Lieferanten, deren Fabriken in unserer Nähe lagen, zu einem höheren Kapitalertrag als diejenigen, die weiter entfernt angesiedelt waren. Da sie in der Nähe waren, fielen natürlich geringere Frachtkosten an. Und da die Komponenten einen durchschnittlichen wöchentlichen Preisverfall von $1/2$ bis 1 Prozent haben, bedeutet Nähe für uns auch, dass die Teile schneller zu uns kommen und wir die wöchentlich fallenden Einkaufspreise zu unserem Vorteil nutzen können.

Wir gingen auf unsere lokalen Lieferanten zu und sagten: »Wir haben ein global operierendes Geschäft und wollen deshalb, dass Sie zu einem globalen Lieferanten werden. Wir wollen, dass Sie unsere Fabriken auf der ganzen Welt betreuen. Doch dazu müssen Sie entsprechende Möglichkeiten entwickeln.«

Und es funktioniert: Ein Anbieter, der zusammen mit uns in Irland anfing, wusste, dass wir ein Produktionszentrum in Malaysia aufbauten. Deshalb baute er seine Fabrik direkt neben unsere in Penang und dann eine weitere Fabrik neben unserer in China. Als wir kürzlich die Entscheidung trafen, unsere Fabrik in Round Rock in Texas auszubauen, baute derselbe Anbieter auch dort eine Fabrik. Und demnächst wird in Brasilien das Gleiche geschehen. Wenn man erst einmal mit einem global tätigen Lieferanten zusammenarbeitet, ist die Wahrscheinlichkeit für Inkonsistenzen durch Service- und Qualitätsprobleme oder durch Unterschiede zwischen einzelnen Ländern oder Regionen relativ gering. Außerdem werden die sonst für viele Reibungsverluste anfallenden internen Kosten gesenkt, der Herstellungsprozess wird schneller und unsere Kunden kaufen preiswerter ein.

Ersetzen Sie den traditionellen »Bieten-Kaufen«-Reflex

In den meisten Geschäftsmodellen wird der Zulieferer durch den Hersteller und Distributor vom Kunden abgeschnitten. Das direkte Modell arbeitet anders. Es unterstützt und verbessert die Effizienz des Lieferanten, zumindest im Hinblick auf das Lager, zumal unser Prozess der kundenauftragsbezogenen Fertigung vorrangig darauf aufbaut, dass unsere Lieferanten genau dann liefern, wenn wir die entsprechenden Teile benötigen. Mit anderen Worten: Es handelt sich auch um einen kundenauftragsbezogenen Einkauf.

Wenn wir mit Zulieferern zusammenarbeiten, vertreten wir den Kunden. Der arbeitet täglich mit unseren Produkten und sein geschäftlicher Erfolg oder Misserfolg hängt unter anderem auch davon ab, wie gut wir mit unseren Lieferanten zurechtkommen. Wir haben die Pflicht sicherzustellen, dass unsere Partner auf die Marktbedürfnisse so antworten können, dass alle erfolgreich sind – und mit einem offeneren Informationsfluss vom Kunden über uns bis zum Lieferanten ist die Chance viel größer, dass der Erfolg auch eintritt.

Wir verbringen viel Zeit damit, den Zulieferern unsere Vorstellungen hinsichtlich Qualität, Gestaltung, Lager, Logistik, Service sowie der globalen Anforderungen und Kosten zu vermitteln – obwohl die Kosten an sich weniger wichtig sind, als das Wissen darum, ob ein Lieferant langfristig konkurrenzfähig sein wird.

Flexibilität ist ein besonders wichtiges Merkmal, anhand dessen wir unsere Lieferanten auswählen. Weil unser Geschäft um 50 Prozent jährlich wächst, werden wir auch mit einer dramatisch wachsenden Nachfrage konfrontiert. Lieferanten müssen ihre Kapazitäten schnell anpassen können und unser Bedarf darf nicht einen unverhältnismäßig hohen Anteil der Gesamtkapazität des Lieferanten ausmachen.

Die Zulieferer müssen bereit sein zu investieren, um mit uns mithalten zu können. Wir setzen uns mit ihnen zusammen und sagen: »Nach dem heutigen Stand unserer Vorausplanung werden wir 4,7 Millionen Stück von diesem Teil benötigen, doch vielleicht werden es auch 5,8 Millionen. Wie groß ist Ihre Fertigungskapazität? Wie lange brauchen Sie, um eine neue Fabrik zu bauen, und haben Sie das Kapital dafür? Welchen Anteil haben wir an Ihrer Fertigungskapazität? Wenn sich die Nachfrage schneller von 15-Zoll-Monitoren hin zu 17-Zoll-Monitoren verändert oder wenn wir insgesamt mehr Monitore brauchen, werden Sie das hinbekommen?« So wie wir Dreijahrespläne für unser eigenes Geschäft aufstellen, arbeiten wir auch Dreijahrespläne mit unseren Lieferanten aus. Wir vermeiden dadurch die Situation, dass wir innerhalb von drei Jahren 18 Millionen Stück einer bestimmten Komponente benötigen, die Kapazität unseres Lieferanten aber nur für 10 Millionen Stück ausgelegt ist.

Sicherlich gibt es diverse andere Beschaffungsquellen für Computerkomponenten. Wir behandeln unsere Lieferanten so, als würden sie zu unserem Unternehmen gehören. Wir informieren sie über unsere täglichen Produktionszahlen. Wir sagen nicht: »Liefern Sie alle zwei Wochen 10 000 Stück in unser Lager. Wir packen das Ganze dann in die Regale und verarbeiten diese Teile dann zwei Wochen später.« Nein, wir sagen: »Morgen benötigen wir 9 762 Stück. Liefern Sie morgen früh um 7.00 Uhr bei Tor 7 an.«

Unsere offene Informationspolitik führt zu messbaren Unterschieden. Leider arbeiten nur wenige Firmen so. Sie schotten sich normalerweise so sehr ab, dass der Lieferant höchstens die Chance hat, den Auftrag zu erfüllen. Man kann kein Partner sein, wenn einem die Ziele des Käufers nicht bekannt sind. Ersetzen Sie den traditionellen »Bieten-Kaufen«-Prozess durch ein partnerschaftliches Verhältnis, das auf einer permanenten Kommunikation und vielen geteilten Informationen aufbaut.

Formulieren Sie eindeutige, faktenorientierte Ziele

Wir meinen, dass unser schwierigster Kunde unser bester Kunde ist, da man von ihm am meisten lernen kann. Deshalb überrascht es sicher nicht, dass wir unsererseits die Tendenz haben, für unsere Lieferanten ein schwieriger Kunde zu sein. Wir fordern sie ständig heraus, neue Spitzenleistungen im Hinblick auf Qualität, Effizienz und Logistik zu erbringen – was ihre eigenen Abläufe verbessert und sie noch erfolgreicher macht.

Ein Hilfsmittel zur Leistungsverbesserung ist die so genannte Lieferantenkarte, in der wir unsere Standards sehr klar zum Ausdruck bringen: Die von uns noch tolerierbaren Fehler pro Million, unsere Anforderungen hinsichtlich der Lieferanten-Performance im Marktumfeld, in unserer Produktion und im Rahmen der möglichen Geschäftsverbindung. Tatsächlich enthält die Lieferantenkarte alle Anforderungen für einen bestimmten Lieferanten. Wir vergleichen regelmäßig den aktuellen Lieferantenstatus mit unseren Bemessungsgrundlagen sowie mit dem Status anderer Lieferanten, die ähnliche Voraussetzungen haben.

Unsere gegenwärtige Zielsetzung ist, weniger als 1 000 Fehler pro Million bei unserem fertigen Computersystem zu haben, obwohl wir permanent nach Wegen suchen, diesen Wert weiter zu optimieren. Sie mögen nun fragen, was bedeuten 1 000 Fehler pro Million? Wenn Sie beispielsweise 99,5 Prozent aller Vorgaben bei zehn Komponenten realisieren, ist das schon fast in Ordnung, oder?

Falsch. Wenn Sie nämlich dieses Ergebnis richtig interpretieren, kommen am Ende so etwas wie 87 Prozent für das fertige Produkt heraus – insgesamt recht unbefriedigend. Wir definieren die strengen Vorgaben für Fehler pro Million für jede einzelne Komponente, da man nur dann mit kumulierten 1 000 Fehler pro Million oder weniger in einem PC liefern kann, wenn den Lieferanten eine außergewöhnlich hohe Performance abverlangt wird. Das Ganze bedeutet nämlich, dass ein bestimmtes Einzelteil nur eine Fehlerrate von 0,00001 Prozent haben darf.

Wir überprüfen auch Kosten, Lieferfähigkeit, aktuelle Technologie, Lagerumschlag, Unterstützung unserer globalen Geschäftstätigkeit und Möglichkeit der Zulieferer, mit uns über das Internet zusammenzuarbeiten. Gerade das Internet ist ein unglaublich tolles Instrument für eine noch effektivere Zusammenarbeit mit Lieferanten. Es reicht übrigens nicht aus, wenn unsere Vorgaben in nur einem oder zwei Bereichen erfüllt werden können. Lieferanten müssen alle von uns als Unternehmen festgelegten Vorgaben erfüllen. Wir definieren quantitative Bewertungsmaßstäbe – jeder weiß ganz genau, was wir erwarten. Durch regelmäßige Berichte informieren wir unsere Lieferanten, wie gut sie die Vorgaben erfüllen. Die Reaktion der Lieferanten auf dieses Vorgehen ist überraschend positiv. Sie sind für die Objektivität der Daten empfänglich, da sie über die externe Qualitätsbewertung eine zusätzliche Kontrollmöglichkeit für die eigene Geschäftstätigkeit erhalten. Für starke Allianzen mit Lieferanten sollten Sie an Folgendes denken:

• Nutzen Sie die Talente – und Investitionen – von Experten. Fragen Sie sich, ob Sie es sich wirklich leisten können, Leute, Zeit, Geld und Energie für Entwicklungen bereitzustellen, die bereits bei weltweit führenden Lieferanten erhältlich sind. Erfolgreiche Unternehmen erwarten nicht, dass Mitarbeiter ihr Talent vergeuden. Restaurants halten keine Hühner, um sie den Gästen zu servieren, und Fluggesellschaften bauen auch keine Flugzeuge. Finden Sie heraus, wo genau Sie den größten Gegenwert für Ihre Kunden und Aktionäre generieren können, und suchen Sie sich für den Rest die besten Partner.

- Halten Sie alles einfach: Komplizierte Lieferantenbeziehungen führen nur zu Komplikationen. Weniger Lieferanten verursachen weniger Fehler, geringere Kosten, weniger Verwirrung und eine größere Einheitlichkeit. Bei Lieferanten führt weniger wirklich zu mehr.

- Bleiben Sie stets in der Nähe Ihrer Freunde und noch mehr in der Nähe Ihrer Lieferanten. Wenn Sie Lieferanten in Ihr Geschäft einbeziehen, ist das der Beginn einer virtuellen Integration. Die geographische oder elektronische Nähe führt zu besserem Service, intensiverer Kommunikation, geringeren Kosten und kürzeren Vorlaufzeiten für den Markteintritt.

- Investieren Sie in den beiderseitigen Erfolg: Nehmen Sie sich die Zeit, den Lieferanten Ihre Ziele und Strategien zu verdeutlichen. Lösen Sie sich vom traditionellen »Bieten-Kaufen«-Prozess – er bringt keine Vorteile. Ihr Lieferant kann kein Partner sein, wenn er nicht weiß, was Sie erreichen wollen. Die Herausforderung ist dabei, Flexibilität und offene Kommunikationskanäle sicherzustellen. Nur so können die Zulieferer das bereitstellen, was Ihre Kunden wünschen und benötigen – und umgekehrt. Achten Sie auch auf sich ergänzende Stärken und Managementstile, um eine gute Übereinstimmung der beiderseitigen Zielsetzungen sicherzustellen.

- Sie müssen deutlich und objektiv sein: Ihre Qualitätsstandards und Fehler- bzw. Ausfalltoleranzen müssen als Basis für das Lieferantenverhältnis und die reibungslose Zusammenarbeit klar definiert werden. Arbeiten Sie mit genauen Bewertungsmaßstäben für ein effektives Prüf- und Ausgleichssystem.

In der partnerschaftlichen Zusammenarbeit mit unseren Lieferanten ist besonders erfreulich, dass viele von ihnen die häufig konträren Einstellungen und Betrachtungsweisen von Dell übernommen haben. Vor fünf oder sechs Jahren wäre es schwieriger gewesen, die Lieferanten zu überzeugen, ihr Geschäftssystem an unsere Anforderungen anzupassen. Heute wissen die Lieferanten, dass unser direktes Modell die Branche (positiv) verändert hat und wie stark sie selber davon profitiert haben. Und wir können den Gegenwert für unsere Kunden und Aktionäre messen, der sich aus diesen starken strategischen Allianzen ergibt.

Der Aufbau derartiger Verbindungen ist entscheidend für den Erfolg Ihrer Geschäftstätigkeit. Aber es ist etwas anderes, diese Verbindungen für entsprechende Wettbewerbsvorteile zu nutzen.

Beziehen Sie Ihre Partner ein

In unserem Geschäft entwickelte sich die virtuelle Integration – die Idee, eigentlich eigenständige Geschäftstätigkeiten so zu verknüpfen, als seien sie Teil des eigenen Unternehmens wie von selbst, zumal wir immer aussagestärkere Informationen über unsere Kunden erhielten und das Logistikmanagement mit unseren Lieferanten verbesserten.

Im letzten Kapitel haben Sie erfahren, auf welche Weise wir ein engeres, sehr viel direkteres Verhältnis zu unseren Lieferanten geschaffen haben. Jetzt werden Sie lesen, wie die virtuelle Integration unserer zuliefernden Partner in unser Geschäft zu einer Schlüsselkomponente unseres Erfolgs wurde. Sie haben außerdem erfahren, wie wir über die gut koordinierten Lieferkanäle zusammen mit den virtuellen Verbindungen etwas etabliert haben, das von uns als »ein neues Modell für das Informationszeitalter« bezeichnet wird.

Passen Sie die Beschaffung an die Nachfrage an

In unserer Branche lässt sich ein realer Wert erzeugen, wenn man Leute dazu bringt, an Schnelligkeit zu denken, beispielsweise an die Lagerumschlagsgeschwindigkeit. Warum? Wenn ich ein Lager für acht Tage vorhalten muss, unser Mitbewerber nebst seinen Distributionskanälen einen Lagervorrat für 40 Tage hat und wenn Intel einen neuen 700-MHz-Chip herausbringt, kann ich diesen Chip 32 Tage früher anbieten als mein Mitbewerber. Die Lagerumschlagsgeschwindigkeit gehört zu den wichtigen Leistungskriterien, auf die wir sehr genau achten. Dieses Kriterium beeinflusst auch unsere Zusammenarbeit mit den Lieferanten, um das Lager klein zu halten und um unsere Geschwindigkeit zu erhöhen.

In zahlreichen Gesprächen und Verhandlungen mit Zulieferern über die Eigenarten unseres Geschäfts habe ich festgestellt, dass die größte Herausforderung für sie ist, mit uns Schritt zu halten. Ich habe auch festgestellt, dass Informationen der Schlüssel dazu sind. Es klingt so einfach, wie es im Grunde genommen ist: Wenn man die richtigen Informationen hat und sicherstellt, dass diese schnell und direkt an die Leute gehen, die handeln können, vergrößert man seine Geschwindigkeit – entweder indirekt durch eine Qualitätsverbesserung oder direkt durch eine Verbesserung der Logistik.

Als wir erkannt hatten, wie wichtig ein kleines Lager für unseren Erfolg ist, mussten wir als Erstes die Lieferanten dazu bringen, ihre Haltung zu ändern. Es zählte nicht länger, mit welcher Liefergröße unser Lagerbestand wie schnell aufgebaut werden könne. Stattdessen forderten wir sie auf, sich darüber Gedanken zu machen, wie schnell diese Lieferung vom Ende ihrer Fertigungsstraße über unsere Fertigung unsere Kunden erreichen könnte. Einfach ausgedrückt, mussten wir die bisherige Ausrichtung »Kaufen nach Plan« in »Kaufen nach Auftrag« (in unserem Falle ist das der Auftrag des Kunden) verändern – also von »wie viel« in »wie schnell«. Und wir mussten den traditionellen Liefer- und Nachfrageprozess in einen von Nachfrage und Lieferung umkehren.

Die meisten unserer Lieferanten waren an die traditionelle Bulk-Strategie gewöhnt, bei der große Mengen in ein großes Lagerhaus geliefert wurden, wo die Teile häufig herumlagen und an Wert verloren. Wenn die PC-Hersteller dann die Teile benötigten, wurden sie aus dem Lagerhaus abgerufen. Das Problem war nur, dass nicht alle Teile gleichzeitig oder erst später benötigt wurden, was zu Verlusten auf beiden Seiten führte.

Man muss seinen Lieferanten all die Informationen geben, die sie für die richtigen Entscheidungen benötigen. Dazu muss man aber auch seine Strategien und Ziele offen mit ihnen teilen. Wir gingen zu unseren Lieferanten und sagten: »Schauen Sie, hier steht, was unsere Kunden wünschen und von uns haben wollen. Wir wissen zwar, wie wir den Wünschen möglichst nahe kommen, aber dazu benötigen wir Ihre Hilfe. Aber schicken Sie uns die Teile nicht so, wie Sie es gewohnt sind. Schicken Sie sie uns lieber täglich oder stündlich – das heißt dann, wenn wir sie auch tatsächlich benötigen. Wir werden bei Ihnen also schneller einkaufen. Und wenn Sie mithalten können, werden wir noch viel mehr bei Ihnen kaufen.« Die Lieferanten antworteten: »Sie sagen, wenn wir Ihnen weniger Teile häufiger liefern, werden Sie *mehr* kaufen?« Wir einigten uns auf eine neue Art Geschäfte abzuwickeln.

Worin liegen die Vorteile dieses Modells (Nachfrage/Lieferung zu Lieferung/Nachfrage) für den Lieferanten? Unsere Nachfrage ist konstant. Wenn man die durchschnittliche Tagesnachfrage aller unserer Kunden errechnet, erhält man als Ergebnis eine gerade, stetig steigende Linie. Es gibt keine auffallenden Spitzen durch Kunden, die beispielsweise sagen: »Ich möchte am Monatsende fünfmal so viel Computer kaufen wie am Monatsanfang.« Außerdem vermeiden wir das Zustopfen von Kanälen, was in den indirekten Kanälen immer dann passiert, wenn der Hersteller seine Outlets mit veralteten Produkten füllt oder seine quartalsweisen Umsatzvorgaben erfüllen muss. Über uns erhalten die Lieferanten eine gleichmäßigere Nachfrage und ihre Fabriken müssen nicht zur Korrektur einer zu hohen Lagerbevorratung für einen Monat geschlossen werden.

Wir haben noch etwas festgestellt: Neben der Weitergabe der für den Lagerbestand wichtigen Informationen (auf Grundlage der Informationen über die eigenen Kunden) müssen die Zulieferer ebenfalls überzeugt werden, wie und warum es für sie von Vorteil ist, die Teile direkt an den Auftraggeber und nicht in irgendein Lagerhaus zu liefern (was die Norm ist). Der Schlüssel liegt darin, die Vereinbarungen und Partnerschaften mit Lieferanten schon im Vorwege abzusichern. Die Lieferanten müssen zu der Überzeugung gelangen, dass dieser Weg nicht nur für den Auftraggeber der bessere ist, sondern dass auch sie selbst neben den logistischen noch weitere Vorteile daraus ziehen können. Die Lieferanten müssen den Gegenwert erkennen, wenn ausgehend vom aktuellen (und nicht vom lange im Voraus geplanten) Bedarf geliefert wird. Leider ist Letzteres noch immer die Norm. Nur wenn das alles etabliert ist, kann man die Beschaffung optimal an den jeweiligen Kundenbedarf anpassen.

Tauschen Sie Informationen gegen geringe Lagerbestände

Die Relation zwischen dem Trend des Tagesbedarfs und den vom Lieferanten angelieferten Teilen ist für Ihren Erfolg entscheidend – je genauer Sie diese Relation in den Griff bekommen können, desto besser stehen Sie da. Heute können wir auf eine Technologie zurückgreifen, die den Austausch von Informationen großartig unterstützt. Wir können uns mit unseren Lieferpartnern auf eine Art und Weise austauschen, die vor fünf oder zehn Jahren noch nicht möglich gewesen wäre. Das Ergebnis ist eine erheblich kürzere Zeitspanne, um Produkte auf dem Markt verfügbar zu machen.

Wir bezeichnen diesen Prozess mit »Lagerabbau durch Information«. Über diesen Prozess haben wir unseren Lagerbestand auf weniger als acht Tage reduzieren können. Die Schnelligkeit, mit der Produkte gefertigt und angeboten werden können, ist aus zweierlei Gründen wichtig: Erstens wird ein Wettbewerbsvorteil erzielt, der dem Einkäufer und dem Lieferanten zugute kommt. Zweitens kommt es darauf an, das aktuellste Produkt liefern zu können – egal, um was es sich handelt: Entweder man ist schnell oder man ist weg vom Markt.

Wir suchen immer nach Möglichkeiten, unseren Lagerbestand

noch weiter zu reduzieren sowie Zeit und Entfernung zwischen dem Ende der Fertigungsstraße unseres Lieferanten und der Haustür unseres Kunden zu verkürzen. Deshalb haben wir kürzlich entschieden, einen bestimmten Teil unseres Lagers überhaupt nicht mehr zu nutzen. Das klingt unglaublich, aber für uns macht das absolut Sinn.

Wir haben einen Lieferanten, der sehr gute und zuverlässige Monitore herstellt. Wir sind davon so sehr überzeugt, dass wir die Monitore unter unserem Namen anbieten.* Wir haben hart gearbeitet, um die Ausfallrate auf unter 1 000 pro Million zu bringen. Als das erreicht war, haben wir entschieden, die Monitore nicht einmal mehr aus dem Karton zu nehmen, um sie zu prüfen. Bei dem Qualitätsniveau der Monitore hätten die bei der Wareneingangskontrolle anfallenden Schritte – Versand per LKW vom Lieferanten zu uns, Auspacken, Anfassen, Prüfen, Einpacken und Versand an den Endverbraucher – nur noch das Risiko einer Beschädigung gebracht.

Wir gingen deshalb zu unserem Monitorlieferanten und sagten: »Wir werden in diesem Jahr 4 bis 5 Millionen dieser Monitore kaufen. Können Sie uns nur die jeweils benötigte Tagesmenge liefern?« Zuerst war der Lieferant etwas verunsichert. Schließlich sagten wir noch: »Wenn Sie uns helfen, Ihr Produkt direkt vom Ende Ihrer Fertigungsstraße schneller zu unseren Kunden bringen zu können, bräuchten wir keine Monitore in unser Lager zu nehmen.« Ausgehend von den traditionellen Verfahren war unser Wunsch alles andere als positiv – anfangs waren einige unserer Lieferanten sicher, dass wir jetzt endgültig verrückt spielen. Wir beauftragten unsere Spedition, täglich 10 000 Computer aus unserer Fabrik und ebenfalls täglich die entsprechende Anzahl von Monitoren aus der Fabrik unseres Lieferanten einzusammeln. Nachts wurden dann die Computer und dazugehörigen Monitore zusammengestellt und zur Auslieferung an unsere Kunden gebracht.

---

* Wir können bei Produkten so wie bei Monitoren vorgehen, die zwar den Dell-Namen tragen, nicht jedoch von uns hergestellt werden. Das ist in der Branche allgemein üblich.

Wir wollten nie Dinge so tun wie alle anderen, da dieses System für uns nicht geeignet war. Wir sind eigene Wege gegangen und haben – in Zusammenarbeit mit unseren Lieferanten – davon profitiert. Ähnlich wie bei den Monitoren verfahren wir inzwischen mit Hardware, Software und Peripheriegeräten.

Da die Lieferanten unsere Beweggründe inzwischen verstanden haben, ist ihr Job erheblich einfacher geworden. Unsere Aufträge umfassen typischerweise immer Tausende von Einheiten und die Ware muss nur an eines unserer fünf Fertigungszentren geschickt werden: Austin in Texas, Limerick in Irland, Penang in Malaysia, Xiamen in China und Alvorada in Brasilien.

Und da wir kundenauftragsbezogen fertigen, normalerweise mit weniger als fünf Tagen Vorlaufzeit, brauchen sich die Lieferanten keine Gedanken über den Abverkauf oder den Warenfluss zu machen. Teile oder Rohmaterial bleiben bei uns nur wenige Tage – manchmal nur einige Stunden. Die bei uns vorhandenen Lagerbestände und die benötigten Aufstockungen teilen wir den Lieferanten regelmäßig mit – einigen sogar stündlich. Die Lieferanten erhalten ganz genaue Informationen darüber, was in unserer Produktion benötigt wird.

Wir achten nicht nur darauf, wie wir unsere Lagerumschlagsgeschwindigkeit erhöhen können, sondern wir verringern den Wertverlust und helfen unseren Lieferanten, auch ihre eigene Geschwindigkeit zu erhöhen.

Steigern Sie die Geschwindigkeit über den Lieferkanal

So wie das Internet die Kommunikation mit dem Kunden verbessert, kann es auch das Verhältnis zum Lieferanten verbessern. Dahinter steht die Idee, dass die Verknüpfung mit den Lieferanten ähnlich wie die mit den Kunden erfolgt. Wir tauschen über das Internet mit unseren Lieferanten Lagerdaten, Qualitätsdaten und Technologiepläne aus, wir vermitteln ihnen den aktuellen Status und wir benutzen das Internet als Informationspool – auf den beide Seiten in Echtzeit zugreifen können.

Heute erfordert der gesamte Prozess der Vorausplanung und der Nachlieferungen noch menschliche Interaktionen – bei uns und beim Lieferanten. Da unsere Werke nach dem Prozess des kontinuierlichen Warenflusses arbeiten, möchten wir, dass unsere Lieferanten noch enger an uns gebunden werden. Wir wollen ein ganz bestimmtes Ziel erreichen: Wenn wir z.B. ein Netzteil oder eine Festplatte verarbeiten, soll automatisch die benötigte Nachliefermenge aktualisiert und das entsprechende Teil dann angeliefert werden, wenn wir es benötigen.

Dafür erstellen wir Web-Links für jeden unserer Lieferanten – so wie für unsere Kunden. Diese Links werden den Informationsaustausch weiter beschleunigen, einschließlich der von Dell erfassten Komponentenqualität, den aktuellen Kostenstrukturen sowie der aktuellen Vorausplanungen und dem zukünftigen Bedarf. Beispielsweise erlaubt uns der Web-Link, den wir für Intel eingerichtet haben, den Auftragsfluss und die Just-in-Time-Lieferungen schneller und effizienter zu managen. In diesem Zusammenhang haben wir gerade Pilotprogramme aufgebaut, mit denen unsere internen Managementsysteme mit Lieferanten außerhalb der USA verknüpft werden und letztlich mit den Fabriken, in denen die von uns benötigten Komponenten hergestellt werden.

Viele Handelsketten arbeiten mit ähnlichen Strategien, um ihren Lagerbestand zu reduzieren. Beispielsweise lagert Wal-Mart an Hunderten von Orten viele Tausend unterschiedliche Artikel, die alle in einem computerisierten Netzwerk erfasst werden. Sobald z.B. ein Schraubenschlüssel in einem der Wal-Mart-Märkte verkauft wird, wird sofort entsprechender Ersatz nachgeschickt. Verglichen damit ist unser Job einfach. Wir wollen die Komponenten dann ersetzen, wenn wir sie verarbeiten – aber in nur neun Fabriken an fünf verschiedenen Standorten arbeiten wir in einem viel enger definierten geographischen Raum.

Durch den Einsatz des Internets für den kontinuierlichen Materialfluss von unseren Lieferanten in unsere Werke, verbringen unsere Mitarbeiter weniger Zeit damit, die Aufträge zu platzieren oder die Lieferungen zu beschleunigen. Und eingesparter Zeitaufwand führt wieder zu einem höheren Mehrwert.

Außerdem werden über das Internet Qualitätsdaten (und zwar umgehend) bereitgestellt. Wir arbeiten mit Daten über die Produktqualität, die im Minutentakt hereinkommen. Wir wollen, dass unsere Lieferanten diese Informationen in Echtzeit sehen können. Wenn wir den Lieferanten als Ziel eine Fehlerrate von 500 Fehlern pro Million vorgeben und die tatsächliche Fehlerrate beträgt 750 oder 1 000, möchten wir nicht auf das monatliche Meeting warten, um dem Lieferanten die Kundenreaktion mitzuteilen. Wenn wir die Verfügbarkeit von Daten beschleunigen können, werden unsere Chancen, den Lieferanten zur Verbesserung seiner Lieferqualität anzuhalten, erheblich besser werden.

Engere Verbindungen verbessern auch die Lagerumschlagsgeschwindigkeit. Wir haben jetzt eine Lagerbevorratung für weniger als acht Tage. In unserer europäischen Fabrik sind wir bereits bei vier Tagen. Wenn man in Stunden statt in Tagen denkt, wird die Situation noch deutlicher. Man arbeitet mit einer größeren Zahl, die Chance ist dann größer, diese Zahl herunterzubringen.

Natürlich kann man den Punkt erreichen, an dem sich das Lager nicht weiter reduzieren lässt. Beispielsweise sind die finanziellen Auswirkungen minimal, wenn die Lagerbestände von fünf auf vier Tage heruntergefahren werden. Die wirkliche Herausforderung liegt im kontinuierlichen Wachstum, in der Marktausweitung und in einer größeren Produktpalette. Aber wenn wir die Umsätze von 18 Milliarden auf 50 Milliarden Dollar steigern und gleichzeitig die geringe Lagerbevorratung beibehalten können, wäre das wirklich eine Spitzenleistung.

Mit der Bereitstellung von Echtzeit-Informationen über den täglichen Komponentenbedarf können wir unseren Zulieferern helfen, auch ihre Fabriken bei einem kleineren Rohwarenlager voll auszulasten. Indem wir sie darin unterstützen, bei ihren eigenen Lieferungen die Vorlaufzeiten zu reduzieren und die Flexibilität zu vergrößern, können wir die Zeit von der Platzierung unseres Auftrags bis dessen Erfüllung erheblich verkürzen.

Arbeiten Sie in Forschung und Entwicklung zusammen

Die Beträge, die in Forschung und Entwicklung investiert werden, waren lange Zeit der ganze Stolz der Computerbranche. Das Budget für Forschung und Entwicklung war in den letzten 10 Jahren überwiegend ein Indikator nicht nur für den Wert, sondern auch für die Zukunftsperspektiven eines Unternehmens. Wir haben jedoch erkannt, dass nicht der Betrag wichtig ist, sondern das, was von der Forschungs- und Entwicklungsabteilung als Zusatznutzen und Gegenwert für den Kunden geliefert wird.

In unserer Branche werden jährlich über 12 Milliarden Dollar in die Forschung und in die Entwicklung von Computersystemen und damit verwandten Technologien aufgewendet. Etwas mehr als die Hälfte davon entfällt auf Microsoft und Intel. Der Rest verteilt sich auf mehrere Hundert verschiedene Unternehmen.

Wir wenden 300 Millionen Dollar auf und beschäftigen circa 2 500 Mitarbeiter in der Forschung und Entwicklung von Technologien, die dem Bedarf unserer Kunden entsprechen. (Dazu zählen nicht die Investitionen in Technologien wie das Internet, die uns bei der Neuausrichtung unserer Geschäftsabläufe geholfen haben.)

Für diese Summe haben wir Produkte geliefert, die denen unserer Mitbewerber – einige haben viel größere Summen aufgewendet – überlegen sind, und zwar bei Leistungstests (durch die PC-Presse und Branchenanalysten) und, das ist noch wichtiger, in der Marktnachfrage. Grund dafür ist, dass wir die Option, Teile einzukaufen oder selbst zu produzieren, sehr sorgfältig gegeneinander abwägen. Wir entscheiden ganz bewusst, wann wir andere beeinflussen sollten, ihre vorhandene Technologie zu verbessern, und wann wir die Technologien selber entwickeln. Wie bei fast jeder Entscheidung, die bei Dell getroffen wird, lassen wir uns davon leiten, was den besten Gegenwert für unsere Kunden erzeugt.

Für die Entscheidung, was wir selber herstellen oder was wir kaufen sollten, prüfen wir die generelle Verfügbarkeit im Markt.

Wenn eine Technologie über die unterschiedlichsten Quellen bereits allgemein verfügbar ist, gehen wir davon aus, dass die Entwicklung nicht allzu schwierig sein dürfte. Wir können keinen nennenswerten Wert für unsere Kunden erzeugen, wenn wir etwas neu entwickeln, das es bereits gibt. Sofern die Möglichkeit vorhanden ist, wollen wir die Ersten und die Besten sein, die mit einer neuen Technologie herauskommen, da sonst kaum eine Chance auf einen nennenswerten Ertrag besteht.

Denken Sie beispielsweise an das Ende der achtziger Jahre, als viele PC-Unternehmen eigene Videochips entwickelten. Dazu gehörten IBM, Compaq und ungefähr 20 weitere Firmen. Wir mussten wählen. Wir konnten entweder als Firma Nr. 21 an diesem Rennen teilnehmen und versuchen, IBM, Compaq und die anderen zu übertreffen, oder wir könnten unsere Zeit und unsere Talente darauf verwenden, herauszufinden, welche Firma mit den besten Videochips herauskommen würde. Mit dieser Firma könnten wir dann zusammenarbeiten, um das beste Produkt mit der besten Lösung herstellen zu können.

Einige haben vielleicht unsere fehlende Investition in die interne Entwicklung von Videochips als strategischen Fehler angesehen. Andere mögen unsere Entscheidung als ein Marketing- oder Beschaffungsmanöver empfunden haben. Wir waren bereit, mit unserem technischen Wissen die verschiedenen Firmen und Produkte zu prüfen und dann den von aus ausgewählten Partner mit Input, Ideen, Spezifikationen und Erfahrung zu unterstützen, damit schließlich beide Seiten erfolgreich sein würden.

Wir hätten sicherlich auch ein Superteam einstellen und einen Spitzenchip selber entwickeln können. Aber hätten wir so den Ertrag auf unsere Investition erzielen können, der unseren Unternehmenszielen entsprach – und hätten wir diesen Ertrag über längere Zeit absichern können?

Es gibt ein substanzielles Risiko, wenn man Aktivitäten beginnt oder fortsetzt, von denen man lieber die Finger lassen sollte. Die Frage, wo man den größten Kapitalertrag erzielen kann, ist nicht einfach zu beantworten: Sie ist außerdem abhängig von der Zielsetzung. Wenn man weiß, wo man Wert schöpfen kann, kann man die richtige Entscheidung darüber treffen, ob man mit jemandem zusammenarbeiten oder ob man die Dinge selber machen möchte.

Berücksichtigen Sie
die Arbeitsumgebung des Kunden

Besonders wichtig für uns ist rechtzeitig zu erkennen, wann wir unsere Technologiepartner beeinflussen können, ihre Produkte zu verbessern oder zu verändern. Das soll natürlich die Kundenakzeptanz verbessern – nicht in einem Labor oder in der Fabrik, sondern in der gewohnten Arbeitsumgebung des Kunden.

Deshalb fließt ein Großteil unserer Forschungs- und Entwicklungsaufwendungen in Software. Wir achten darauf, den Installations- und Setup-Vorgang zu vereinfachen, wir konfigurieren die Computer für viele verschiedene Sprachen, wir erweitern das Systemmanagement und helfen unseren Kunden, indem wir eigene Software-Images erstellen – der Kunden kann also die von uns gelieferten Systeme sofort einsetzen. Dabei ist es egal, wie technisch versiert jemand ist – er hat einfach Besseres zu tun, als seine Zeit mit dem Konfigurieren eines PCs zu vertun.

Nehmen Sie beispielsweise das Betriebssystem Windows 98 von Microsoft. Seitdem Dell kundenauftragsbezogene Computersysteme baut, gibt es einige Tausend verschiedener Kombinationsmöglichkeiten von Peripheriegeräten. Um sicherzustellen, dass die Software so eingerichtet ist, dass sie in der vom Kunden benutzten Konfiguration läuft, musste der Kunde zwischen 30 und 45 Minuten für das Setup eines Dell-Computers aufwenden.

Wir kannten diese Situation und wussten, dass wir hier einen wirklichen Nutzen hinzufügen konnten. Wir wollten nicht, dass sich unsere Kunden derartig abmühen mussten. Wir arbeiteten deshalb mit Microsoft zusammen und fügten von uns entwickelte Softwareroutinen ein, über die eine große Anzahl von Kombinationen aus Peripheriegeräten, Sprachen und Systemkomponenten erkannt werden konnte. Jetzt waren wir in der Lage, sämtliche

Installationen in unseren Fabriken durchzuführen und zu testen, und konnten dann die Betriebssystemsoftware wieder versiegeln. Der Kunde musste von nun an nur noch zwei bis drei Minuten für das Setup aufwenden.

Manchmal reicht es aber nicht aus, zusammen mit unseren Lieferanten die Probleme unserer Kunden zu lösen. Dann entscheiden wir, dass wir dieses Ziel nur dann erreichen können, indem wir den größten Teil der Designarbeit selbst machen. Eines der Hauptprobleme ist, dass viele unserer Firmenserver-Kunden mit Raumproblemen konfrontiert sind – zumal, wenn mehrere Server in einem großen Schrank montiert sind.

Das mag ziemlich banal klingen, aber die technische Erfahrung, die zur Lösung dieses Problems erforderlich war, war alles andere als gering. Um den Platzbedarf der in Racks montierten Server zu reduzieren, mussten wir erheblich kleinere Server bauen. Da aber die darin verwendeten leistungsstarken Prozessoren und Festplatten eine enorme Wärme produzierten, mussten wir zusätzlich eine Kühlung des Motherboards entwickeln, da der (kühlende) Luftstrom für die Prozessoren und die anderen Komponenten aufgrund der geringeren Ausmaße kleiner war.

Unsere Serveringenieure gingen zu den für die Notebooks zuständigen Ingenieuren und sagten: »Vielleicht können wir zusammenarbeiten und eure Miniaturisierungs- und Kühltechnologie anwenden, für die ihr die Experten seid. Außerdem könnten auch wir beim Design des kleineren Server-Motherboards zusammenarbeiten.« Das Ergebnis war der branchenerste »4U« rackmounted 4-Prozessor-Server mit Intel-Xeon-Pentium II-Prozessoren. In den bisherigen »Schrank« konnten jetzt zehn einzelne High-End-Server mit jeweils vier Prozessoren montiert werden – mit einem Raumbedarf, der bisher von zwei oder drei Servern benötigt wurde.

Das Internet macht die Verbindung zwischen unseren eigenen Designteams und unseren Technologiepartnern noch enger. Der Ingenieur von Dell, der Ingenieur von einem Plastiklieferanten und der Ingenieur von einer Firma, die von uns entwickelte Platinen bestückt, können auf dieselbe Designdatenbank und dieselben Hinweise zugreifen, selbst wenn sie ein Dutzend Zeitzonen auseinander sind. Die Teams mögen zwar nicht physisch in einer Firma zusammenarbeiten, aber sie arbeiten dank Internet virtuell zusammen – an demselben Projekt und mit denselben Spezifikationen und Bewertungskriterien.

Indem wir mit unseren Partnern so zusammenarbeiten, als würden sie unserem Team unmittelbar angehören, schmieden wir eine unschlagbare Allianz. Wir arbeiten mit gemeinsamen Produktunterlagen, testen unsere neuen Produkte mit neuen Komponenten und erklären, welche Features für diese Komponenten wichtig sind, damit wir diese Technologie als Erster im Markt anbieten können. Die Lieferanten weisen unseren Designteams ihre Ingenieure zu, und wenn wir ein neues Produkt einführen, arbeiten die Ingenieure des Lieferanten sogar in unseren Fabriken. Wenn ein Kunde ein Problem hat und uns anruft, haben wir die Möglichkeit, diesem Problem umgehend nachzugehen und, falls erforderlich, Verbesserungen oder Änderungen in Echtzeit durchzuführen. Es handelt sich also nicht um eine konventionelle »Einkauf/Verkauf«-Partnerschaft nach dem Motto »Hier ist das, was wir zu verkaufen haben – wollen Sie es haben?« Nein - es ist eher wie »Hier ist das, was wir erreichen müssen. Lassen Sie uns einen Weg finden, das gemeinsam zu machen.«

Nutzen Sie den kritischen Hinweis aus

Unsere Lieferanten sind normalerweise bereit, alles für uns zu tun, weil wir ihnen die Marktsituation klar verdeutlichen und Ihnen auch sagen, was der Verbraucher zu zahlen bereit ist. Wenn wir unseren Lieferanten sagen: »Wir glauben, dass diese bestimmte Technologie eine ganz heiße Sache wird«, erhalten wir ihre Unterstützung. Oder wenn wir sagen: »Unsere Kunden fragen nach dieser bestimmten Technologie, können Sie das herstellen?«, tun sie es. Wir liefern den kritischen Link, also Hinweis, zwischen unseren Lieferanten und unseren Kunden über das direkte Modell. Wir schließen die Lücke.

Das Direktmodell ermöglicht uns, Produktideen und Technologieideen aufzunehmen und sie direkt entsprechend den Kundenreaktionen und Kundenanforderungen anzupassen. So optimieren wir unsere Produktplanung und können unseren Lieferanten ein Feedback liefern. Die meisten Unternehmen sind auch heute noch nicht so gut mit den Kunden verknüpft, wie sie meinen oder wie sie es sein könnten. Als Ergebnis des engen Verhältnisses zu unseren Kunden hören unsere Lieferanten Dinge von uns, von denen sie sonst nur wenig oder gar nichts erfahren würden.

Und manchmal können die einfachsten Dinge recht lange dauern, um Qualität und Kosten für unsere Kunden zu verbessern. Wir hatten einmal Probleme mit Kunden, die uns anriefen und sich beschwerten, dass ihre Monitore nicht funktionierten. Doch als die Monitore bei uns eintrafen und wir sie ausgiebig testeten, funktionierten sie ausgezeichnet. Nach diversen Nachforschungen und einige Zeit später kamen wir dem Problem auf die Spur.

Die Regler für den Monitor waren relativ schwer zugänglich, und wenn der Bildschirm hell war, konnten die Parameter für den Kontrast und den sichtbaren Bereich nur schwer eingestellt werden. In beiden Fällen war der Kunde aus gutem Grund irritiert. Und die Kosten für den Monitorversand zu uns und wieder zurück waren weder dem Kunden noch uns zumutbar.

Deshalb riefen wir den Lieferanten mit einigen seiner Mitarbeiter zu uns in die Zentrale. Aufmerksam folgten sie der Konversation zwischen unseren Leuten vom technischen Support und den Kunden. Anschließend schickte uns der Lieferant seine Techniker, die unsere Techniker trainierten. Auf Grund dieser gemeinsamen Anstrengungen stellten wir fest, dass eine Softwareerweiterung und eine andere Platzierung der Einstellregler das Problem beheben würden. Unsere Garantiekosten für zurückgeschickte Monitore konnten um 40 Prozent reduziert werden.

Wenn Sie darauf hoffen, nur auf Ihre Zulieferer oder die anderen Branchenkräfte ringsherum reagieren zu müssen, bekommen Sie bestenfalls die Marktstandards, also genau das, was Ihre Mitbewerber auch erhalten. Wenn Sie dagegen mit Ihren Lieferanten und Technologiepartnern zusammenarbeiten können, um sinnvolle

Anregungen in deren Design einzubringen, haben Sie eine starke
Partnerschaft. Das hat Gründe.

Unterschätzen Sie den Wert von Informationen nicht. Gute Manager auf allen Ebenen wissen heute, dass es einen fundamentalen
Bedarf an Kommunikation gibt. Aber es macht einen Unterschied,
ob Sie Informationen einfach teilen oder ob Sie sie nutzen, um
Partnerschaften zu festigen. In einem virtuell integrierten Geschäftsmodell kann die Qualität und Relevanz Ihrer Kommunikation und
Ihrer Daten wichtiger sein als Ihre physikalischen Anlagegüter.

- Kommunizieren Sie direkt mit den Entscheidern: Das offene und
  direkte Gespräch mit Ihren Lieferanten ist genauso wichtig für
  einen gesunden Geschäftsverlauf wie die Kommunikation mit
  Ihren Mitarbeitern und Kunden. Versuchen Sie nicht, den Lieferanten einen »Hinter dem Geschehen«-Status zuzuordnen. Ihr
  Wettbewerbsvorsprung hängt in großem Maße davon ab, wie
  effektiv und wie schnell Ihre Lieferanten das bereitstellen können, was Sie Ihren Kunden verkaufen wollen.
- Kehren Sie die Gleichung um: Setzen Sie nicht auf die standardmäßige Lieferung/Nachfrage-Beziehung – das funktioniert nicht
  mehr. Arbeiten Sie in Richtung Nachfrage/Lieferung. Die Vorteile für beide Seiten hinsichtlich Zeit, Marktflexibilität, Kos-
  teneinsparungen und Wettbewerbsvorteil sind unermesslich.
- Denken Sie in Echtzeit: Gehen Sie über Just-in-Time hinaus –
  »Zusatzzeit« kann den Unterschied zwischen schnell sein und
  kaputt sein ausmachen. Die intensive Kommunikation mit Lieferanten versetzt Sie in die Lage, genau das zu bekommen, was
  Sie brauchen, und zwar genau dann, wenn Sie es brauchen. Ein
  wenig zu spät ist im heutigen Geschäft gerade zu spät.
- Überprüfen Sie den Einsatz Ihrer Investitionen in Forschung und
  Entwicklung: Mehr muss nicht unbedingt mehr sein – und auch
  größer ist nicht immer besser. Ihre Forschung und Entwicklung
  muss einen tatsächlich fassbaren Gegenwert für Ihre Kunden
  liefern. Sonst ist es keine Forschung und Entwicklung, sondern
  eine Vergeudung von Zeit und Geld. Anstatt in hergebrachte
  »me-too«-Produkte zu investieren, sollten Sie das Geld in die

Entwicklung von Produkten und Dienstleistungen stecken, die zur Differenzierung gegenüber dem Wettbewerb geeignet sind.
- Bleiben Sie in der Leitung. Die Schnelligkeit, mit der ein unschätzbar wertvolles Feedback kommuniziert wird, trägt zu einer noch besseren Verbindung von Mitarbeiterteams bei, die zusammen ein gemeinsames Ziel verfolgen – unabhängig davon, in welcher Ecke der Welt diese Leute leben und arbeiten.

Indem wir unsere Lieferanten als Teil von Dell behandeln und Informationen vom Kunden-Feedback über Produkteigenschaften bis hin zu Vorgehensweisen beim Lagermanagement mit den Lieferanten teilen, gewinnen alle. Durch den kollektiven Einsatz der Stärken beider Partner erhält jeder der Beteiligten einen Wettbewerbsvorteil.

Differenzierung als Wettbewerbsvorteil

Nachdem Dell ein ernst zu nehmendes Mitglied mit entsprechend großen Marktanteilen in der Computerbranche geworden war, wurden wir häufig gefragt, wie wir den Wettbewerb einschätzen. Die knappe Antwort lautete: Wenn man nur einen einstelligen Marktanteil hat – und man mit wirklich großen Unternehmen im Wettbewerb steht – muss man entweder differenzieren oder man stirbt. Differenzierung als Strategie sollte vom gesunden Menschenverstand geleitet werden, wenn man nach Möglichkeiten sucht, einen Wettbewerbsvorteil zu entwickeln und auszubauen. Häufig ist das jedoch nicht der Fall. Unabhängig davon übernehmen viele Firmen unwissentlich Strategien, die im Grunde genommen nur leichte Variationen der Strategien ihrer Mitbewerber sind.

Ich habe in diesem Buch einige der wichtigsten Differenzierungsmerkmale beschrieben, die zum Erfolg von Dell beigetragen haben: ein unübertrefflicher Kundenservice, Schnelligkeit beim Lagerumschlag und bei der Einführung neuer Produkte, völlige Kundenausrichtung und, natürlich, das Direktmodell selbst, das uns intime Kenntnisse über die Wünsche unserer Kunden und die Möglichkeiten unserer Lieferanten vermittelt. Basierend auf meiner Erfahrung als Manager und Stratege bei Dell beschreibe ich in den folgenden Absätzen einige Prinzipien und Strategien für das Herausarbeiten von Differenzierungsmerkmalen in Ihrem Bereich beziehungsweise in Ihrer Branche.

Konzentrieren Sie sich auf Ihren Kunden, nicht auf Ihren Wettbewerb

Viele Firmen achten derartig stark auf den Wettbewerb, dass sie mehr Zeit damit verbringen, diesem über die Schulter zu schauen als nach vorne zu blicken. Wenn alle Energien auf die Beobachtung des Wettbewerbs ausgerichtet werden, können Sie die größte Quelle für Wettbewerbsvorteile übersehen: Ihre Kunden. Unternehmen, die heute erfolgreich sind – und vielleicht noch wichtiger, Unternehmen, die morgen erfolgreich sein werden – sind diejenigen, die am besten über die Bedürfnisse ihrer Kunden informiert sind.

Als ich das Unternehmen mit der Absicht gründete, individuell konfigurierte Computer zu entwerfen, direkt an den Endanwender zu verkaufen und dabei die vorherrschende Methode der Computerdistribution überging, schreckte mich dabei überhaupt nicht, dass seit Bestehen der Computerbranche die Computer indirekt über einen Händler oder einen Distributionskanal verkauft wurden. Mich motivierte einfach diese neue Möglichkeit der Geschäftstätigkeit. Obwohl wir uns auf ein völlig neues, bisher noch nicht dagewesenes Gebiet begaben, waren wir durch die Kunden abgesichert. Sie sagten uns genau, welche Produkte mit welchen Features sie benötigten. Unser Ansatz funktionierte, nicht nur, weil wir die Einzigen mit dieser Strategie waren, sondern weil wir die einzige Firma waren, die davon besessen war, den Kundenanforderungen nachzukommen – hinsichtlich Qualität, Schnelligkeit und Service.

Da der Direktverkauf ein derartig großer Vorteil ist, gingen wir an einem bestimmten Punkt davon aus, dass unser Wettbewerb erneut versuchen würde (viele hatten das bereits vor zehn Jahren versucht), unser Konzept zu kopieren. 1977, kurz nachdem Steve Jobs zur kränkelnden Apple Computer zurückgekehrt war, kündigte er an, dass Apple nach Dell nun auch direkt verkaufen würde. Etwa zur gleichen Zeit kündigten auch Compaq und IBM an, dass auch sie mit dem Direktverkauf starten würden.

Wir reagierten darauf, indem wir das fortsetzen, was wir schon immer getan hatten: Konzentration auf den Kunden und nicht auf den Wettbewerb. Als unsere indirekten Mitbewerber erklärten, dass sie jetzt auch direkt verkaufen wollten, hatten sie die Überlegenheit unseres Systems für die Zusammenarbeit mit den Kunden zugegeben. Es ist sicherlich befriedigend, wenn Aktionen eines Mitbewerbers den eigenen Erfolg bestätigen. In unserem Fall glaube ich, dass die Direktverkäufe der Mitbewerber helfen, den Übergang vom alten (indirekten) Geschäftsmodell in das neue (direkte) zu beschleunigen.

Dank der sehr intimen Informationen, die wir permanent von unseren Kunden und Lieferanten erhalten, können wir aus dem Stand heraus entscheiden, welche Produkte und Dienstleistungen wir zu einem bestimmten Zeitpunkt anbieten sollten und womit wir unseren Kunden den größten Gegenwert bieten können. Dabei können wir nicht nur entscheiden, für welche Kunden bestimmte Produkte und Dienstleistungen angeboten werden sollten, sondern auch, mit welchen anderen Anbietern wir den Wettbewerb suchen sollten.

Spielen Sie Judo mit dem Wettbewerb

Um in einer Branche erfolgreich im Wettbewerb zu bestehen, müssen Sie als Erstes die grundlegenden wirtschaftlichen Gegebenheiten der jeweiligen Branche verstehen, um eigene Möglichkeiten für neue Kundengruppen, Produkte und Dienstleistungen auswählen zu können. Wenn Sie ein Geschäft starten oder bereits haben und wenn Sie sich um die wirtschaftlichen Gegebenheiten ganz zuletzt kümmern, werden Sie kaum in der Lage sein, Kunden- und Produktstrategien für einen abgesicherten Erfolg zu entwickeln. Diesen Erfolg definiere ich mit Ausbau des Marktanteils (oder des Umsatzes), Rentabilität und Liquidität (oder Cashflow).

Wenn Sie den Profitpool (dort, wo Ihre Mitbewerber wirklich Geld machen) Ihrer Branche verstehen, werden Ihnen die Augen für neue Möglichkeiten geöffnet. Stellen Sie sich einen Mitbewerber vor, der einen großen Marktanteil besitzt und der in einem bestimmten Marktsegment sehr rentabel arbeitet. Überlegen Sie sich dann, ob es sich lohnt, diese Stärke als Schwäche auszunutzen. Ihr Mitbewerber wird kaum in der Lage sein, auf einen aggressiven Angriff zu antworten, ohne seine Rendite signifikant zu reduzieren. Das bezeichnen wir als »Judo mit dem Wettbewerb spielen«.

Hier ein Beispiel. Mitte der neunziger Jahre wurde uns klar, dass einige unserer Mitbewerber über die Hälfte ihrer Gewinne mit Servern machten. Außerdem hatten diese Server, obwohl gute Produkte, ungerechtfertigt hohe Preise, mit denen die Mitbewerber ihre Verluste in anderen Geschäftsbereichen ausgleichen wollten. Die astronomisch hohen Serverpreise zeigten gleichzeitig aber auch die Verwundbarkeit der Mitbewerber, die ihren besten Kunden darüber hinaus noch diverse Zusatzkosten abverlangten. Daraus ergab sich die unglaubliche Möglichkeit, die Mitbewerber zu stoppen, ihnen Marktanteile wegzunehmen und gleichzeitig unser Servergeschäft auszuweiten.

Im September 1996 führte Dell eine neue Serverlinie mit äußerst wettbewerbsfähigen Preisen ein. Der Markt explodierte. Diese aggressive Einführung machte uns wieder im Servermarkt präsent, einem Markt, in dem wir in den USA jetzt den zweiten Platz mit ungefähr 20 Prozent Marktanteil einnehmen. Da wir außerdem den Profitpool der Mitbewerber ausgetrocknet haben, konnten sie in den anderen Märkten, wie Notebooks und Desktops, die Preise nicht mehr subventionieren – wir holten uns also Wettbewerbsvorteile auch in diesen Märkten.

Das Gleiche hatten wir bereits sieben Jahre früher mit Desktops gemacht – begleitet von den üblichen Kommentaren der Mitbewerber, die meinten, dass dieses Vorgehen nicht funktionieren würde. Trotzdem fuhren wir die gleiche Strategie auch mit Workstations und Speicherprodukten.

Wir gingen erst ein Jahr nach unseren Mitbewerbern in den Workstation-Markt. Aber innerhalb von neun Monaten wurden wir die Nummer 1 in den Vereinigten Staaten und die Nummer 2 weltweit. Statt als Erster auf den Zug aufzuspringen, haben wir erst einmal die Möglichkeiten sorgfältig geprüft und die optimale (und beste) Strategie entwickelt.

Das Internet ist ebenfalls ein großartiges Beispiel dafür, wie man mit dem Wettbewerb Judo spielen kann. Das Internet ist für Dell die ultimative Erweiterung des direkten Modells. Dennoch wird das Internet von vielen unserer indirekten Mitbewerber auch heute noch als Randerscheinung behandelt. Sicher, sie reden davon, wie sie direkt verkaufen und unser Geschäftsmodell kopieren wollen – doch das haben schon viele relativ erfolglos in den letzten zehn Jahren versucht. Hinzu kommt, dass die indirekten Mitbewerber durch den Direktverkauf in Konflikt mit ihren klassischen Distributionskanälen geraten. Sie haben ihr Geschäft auf Distributoren, Großhändler und Einzelhändler aufgebaut und nicht auf eine direkte Verbindung zu den Kunden. Durch den direkten Dialog mit dem Endverbraucher steht der indirekte Hersteller in Konkurrenz zu seinem Wiederverkäufer, der heute noch immer den Großteil seiner Produkte verkauft.

Die Aufmerksamkeit wird also noch stärker und schneller auf Dell gelenkt. Wenn ein Kunde sich überlegt, direkt vom Hersteller zu kaufen, welche bessere Möglichkeit bietet sich, als bei der Firma zu kaufen, die im Direktverkauf führend ist?*

Machen Sie einen Nachteil zum Gewinn

Das Umkehren eines spürbaren Nachteils in einen Vorteil ist eine andere Form von »Judo mit dem Wettbewerb spielen« und eine andere Möglichkeit, wie wir unseren Wettbewerbsvorsprung ausgebaut haben.

Zurück in die achtziger Jahre, als die PC-Verkäufe in Schwung kamen und eine Reparatur des Computers alles andere als problemlos war. Wenn Sie die Maschine zu einem Computerhändler

---

* Besonders, weil viele indirekte Firmen, die direkt verkaufen wollen, es in Wirklichkeit nicht können.

brachten, war das mit Aufwand verbunden: Computer ins Auto packen, zum Servicezentrum bringen, in der Schlange warten, den Computer abgeben und nach Tagen (oder Wochen) zurückkommen, um den (reparierten) Computer wieder abzuholen.

Und es gab keine Garantie, dass man den Computer reparieren konnte – oder wollte.

Als ich Dell gründete, konnten sich die potentiellen Kunden nur sehr schwer vorstellen, einen Computer per Telefon zu kaufen – sie gingen einfach davon aus, dass ein vernünftiger Service unmöglich sei. Es gab keinen Laden, zu dem man einfach hinfahren konnte. Sie dachten, man müsse den Computer im Falle eines Defektes einpacken und verschicken und dann noch länger warten, bis man ihn zurückbekommen würde. Dann gab es natürlich auch die Befürchtung – und ein Computer war damals eine teure Angelegenheit – dass der Postversand ein zusätzliches Beschädigungsrisiko mit sich bringen könnte (die Versandkosten einmal außen vor gelassen).

Mitbewerber gingen ebenfalls von dieser Vorstellung aus und unterstellten, dass Dell auf Grund des Direktverkaufs an seine Kunden keinen Vorteil hinsichtlich des Services würde bieten können. Mit dem »Zusatznutzen« der Wiederverkäufer und der physisch vorhandenen Computerläden meinte man, immer einen Vorteil beim Service zu haben, so schlecht dieser auch gewesen sein mag. Die Einschätzung der Mitbewerber war eindeutig falsch.

Schon von Anfang an sahen wir – im Gegensatz zu unseren Mitbewerbern – eine große Chance für ausgezeichneten Service, der dann auch zu unseren ersten Unternehmenszielen gehörte. 1986 boten wir als Erster in der Branche ein Programm für einen Vor-Ort-Service an – eine Art »Hausbesuch« für kranke Computer. Wenn man mit seinem Computer ein Problem hatte, musste man nicht mehr irgendwo hingehen – wir kamen zu den Kunden: in das Geschäft, nach Hause oder in das Hotelzimmer. Und wir kamen bereits am nächsten Werktag oder noch am selben Tag.*

---

* Später haben wir diesen Service auf einen Vor-Ort-Service innerhalb von zwei oder vier Stunden ausgeweitet.

Plötzlich verblassten die Servicezentren unserer Mitbewerber – und sie waren außerdem langsam. Selbst wenn Sie heute einen Computer in eines dieser Servicezentren bringen, kann die Reparatur bis zu zwei Wochen dauern – weit entfernt vom nächsten Werktag. Und es gibt noch immer keine Garantie dafür, dass der Fehler auch behoben werden kann. Was der Wettbewerb uns anfangs als Nachteil unterstellte, entwickelte sich für uns zu einem großen Vorteil.

Unsere globale Ausweitung ist ein anderes Beispiel für das Umkehren eines vermeintlichen Nachteils. Als wir Mitte der achtziger Jahre über eine Ausweitung nach Großbritannien nachdachten, wurden wir auf die Firma Armstrad aufmerksam, die früher die führende Position im PC-Markt Großbritanniens innehatte. Armstrad war dafür bekannt, dass man im Grunde genommen einen Wegwerf-PC baute – eine sehr preiswerte Maschine mit einer hohen Ausfallrate und wenig Support durch den Anbieter. Da Konkurrenz fehlte, wurden trotzdem unwahrscheinliche Stückzahlen von diesen PCs verkauft – womit wir eine wahnsinnige Chance erhielten.

Warum? Weil Armstrad billige, unzuverlässige und schlecht unterstützte Computer verkaufte, hatten sehr viele britische Verbraucher ihre Lektion gelernt: Kaufe niemals einen Billig-PC mit unzuverlässigen Komponenten und einem lausigen Support. Armstrad hatte außerdem einen Markt mit wissenden, allerdings desillusionierten PC-Anwendern geschaffen, die wie gemacht für den Kauf eines anspruchsvolleren Systems von einer Firma mit großartigem Service und Support waren – selbst wenn diese Firma noch nicht den Vorteil etablierter Marktanteile hatte. Für uns war es einfach ein glücklicher Umstand, dass Armstrad seinen Markt missverstanden hatte und damit das Fundament für das enorme Wachstum und den Erfolg von Dell in Großbritannien vorbereitet hatte. Und da unsere Operation in Großbritannien die Erste außerhalb der Vereinigten Staaten war, war sie das Sprungbrett für unseren späteren weltweiten Erfolg.

Wir sind sogar so weit gegangen, dass wir Chancen in einem Gerichtsverfahren gesucht haben. Ziemlich zu Anfang unserer Ge-

schäftstätigkeit klagte einer unserer Mitbewerber wegen angebli-
cher Falschdarstellungen in unserer (vergleichenden) Werbung.
Aber die Strategie, seinen guten Ruf – und damit wohl auch seine
Kunden – wiederzugewinnen, ging nach hinten los. Aufgrund des
Presseechos, den dieser Fall auslöste, und wegen der Überreaktion
des Mitbewerbers auf unsere Werbung, machten sich dessen Kunden darüber Gedanken, ob vielleicht doch etwas Wahres an unserer Behauptung sei, die gleiche wenn nicht bessere Performance zu
einem günstigeren Preis bieten zu können. Am Ende wurde durch
dieses Gerichtsverfahren mehr Aufmerksamkeit auf unsere Firma
gelenkt und gab uns einen Bekanntheitsgrad, den wir niemals hätten selber (über Werbung) finanzieren können. Und da dieser Mitbewerber damals eine Spitzenposition einnahm, verlor er an Dell
Glaubwürdigkeit und Interesse in Marktsegmenten, in denen er
vorher noch nicht existent war – und das wiederum gab uns zusätzlichen Schwung. Wo andere einen Nachteil sehen, sollten Sie
nach Gewinn suchen.

Suchen Sie Ihren Vorteil in der Umsetzung

Einige Geschäfte gründen sich auf der Idee der Silberkugel – ein
allmächtiges Produkt oder Patent, das in einem Safe liegt und rund
um die Uhr bewacht wird. Doch damit kann weder heute noch
morgen Wirtschaftswachstum erzielt werden. Der Schlüssel liegt
nicht so sehr in einer großen Idee oder in einem Patent, sondern in
der Ausführung und Verankerung einer großen Strategie.

Schauen Sie sich Disney, Wal-Mart oder Coca-Cola an. Man
kann deren Strategien verstehen, weil sie unkompliziert sind. Aber
sie sind trotzdem genial. Obwohl sie begreifbar sind, gibt es nur
wenige Unternehmen, die diesen Erfolg wirklich wiederholen können. Warum? Es fehlt an Wissen und Umsetzung.

Normalerweise lernt man, dass fehlendes Kapital die Grenze
für den Eintritt in einen neuen, wettbewerbsorientierten Markt
ist. Schauen Sie sich um und Sie werden feststellen, das es anders

ist. Informationen werden verstärkt zu einem Werkzeug, mit dem Unternehmen im Wettbewerb bestehen können, und zu einer Waffe als Schutz vor den Mitbewerbern.

Neben Dell gibt es zahllose andere erfolgreiche Unternehmen, denen es gut geht, obwohl sie mit nur wenig mehr als einer Passion und einer guten Idee gestartet waren. Es gibt aber auch viele, die aus genau demselben Grund gescheitert sind. Der Unterschied ist einfach, dass die erfolgreichen Unternehmen das Wissen gesammelt haben, das ihnen einen Wettbewerbsvorteil gab. Dieses Wissen wurde eingesetzt, um die Umsetzung zu optimieren, egal welches Produkt oder welche Dienstleistung angeboten wurde. Diejenigen, die keinen Erfolg hatten, haben das einfach nicht getan.

Unsere Eingebung hinsichtlich der Ausführung kam uns anlässlich des wöchentlichen »Customer Advocate Meeting« (Kundenanwalttreffen), das wir in den frühen Tagen unserer Firmengeschichte eingerichtet haben.

In diesen Meetings waren die Verkäufer die »Anwälte« ihrer Kunden, die Probleme mit Dell hatten und diese mit einer größeren Gruppe von Mitarbeitern aus den unterschiedlichsten Funktionsbereichen innerhalb des Unternehmens teilen wollten. Aus der Situation heraus wurden Aktionen vereinbart, um all die Prozesse zu korrigieren, die möglicherweise die Zufriedenheit der Kunden negativ beeinflussen könnten. Wenn man an diesen Meetings regelmäßig teilgenommen hatte, konnte man schon bald ein bestimmtes Muster erkennen: Fast alle Beschwerden drehten sich um das, was die Branche als »kleine Dinge« einordnet, wie ein fehlendes Netzkabel, einen schwer zu öffnenden Karton oder eine verspätete Lieferung. Wir begannen einzusehen, dass Kunden weniger auf das fixiert waren, was die Branche mit »große Dinge« bezeichnet, wie Produkteigenschaften oder aktuelle Technologie, vielleicht, weil diese Anforderungen weitestgehend erfüllt wurden. Fasziniert erfuhren wir, wie die »kleinen Dinge« plötzlich »große Dinge« für Leute wurden, für die es von Bedeutung war.

Wenn wir die vorherrschende Branchenmentalität übernommen hätten, hätten wir bestimmt gesagt: »Pünktliche Lieferung, Service, Ersatzteile usw. sind Sache des Händlers.« Aber mit der Entscheidung für den Direktverkauf hatten wir uns darauf festgelegt, für alles verantwortlich zu sein, was die Zufriedenheit unserer Kunden beeinträchtigen könnte – speziell die kleinen Dinge.

Die Computerbranche ist auch heute noch kaum in der Lage, Ersatzteile am nächsten Werktag anzuliefern. Jeder akzeptiert das, so schlecht wie es auch sein mag. Doch was wäre, wenn der Paketdienst FedEx nur 90 Prozent der Pakete am nächsten Werktag ausliefern würde? Wäre dieses Unternehmen erfolgreich? Natürlich nicht. Statt darauf zu warten, dass unser Wettbewerb die Standards setzt, schauen wir uns Unternehmen in anderen Branchen an, wie FedEx, die Erfolg in der Ausführung haben und unsere Zielsetzung teilen, eine außerordentliche Kundenzufriedenheit zu erzeugen.

Setzen Sie große Ziele

Ausruhen auf Lorbeeren - egal, wie viel man erreicht hat – ist ein Zeichen von Beunruhigung. Es ist einfach, wenn alles gut läuft, davon auszugehen, dass man unschlagbar ist. Aber genau das ist der Punkt, an dem man am ehesten verwundbar ist. Es ist der Punkt, an dem man nicht mehr nach Innovationen und neuen Möglichkeiten sucht und an dem der Wettbewerb am ehesten Judo mit einem spielen kann.

Wir haben unsere Position erreicht, indem wir uns weit überzogene Ziele gesetzt haben – nicht normale Ziele wie »Lass uns eine Verbesserung um 20 Prozent erzielen«, sondern große Ziele. Beispielsweise haben wir 1997 das Ziel gesetzt, innerhalb weniger Jahre 50 Prozent unserer Systeme über www.dell.com zu verkaufen. Da wir zu dieser Zeit einen Online-Tagesumsatz von ungefähr einer Million Dollar hatten (unsere Planung für den Gesamtjahresumsatz waren 12 Milliarden Dollar), schien das ein äußerst aggressives Ziel gewesen zu sein. Aber die Zahl hatten wir nicht einfach aus der Luft gegriffen. Wir hatten die Wachstumsrate des

Gesamtmarkts sorgfältig berechnet, das Potential für den Online-Verkaufsmarkt und den potentiellen Markt für unsere Produkte. Und wir haben unsere Berechnungen nicht die niedrigsten Werte zugrunde gelegt. Wir sind auch nicht davon ausgegangen, unser Ziel isoliert zu erreichen. Natürlich richteten wir die ganze Firma auf dieses Ziel aus, aber wir brachten auch unsere Kunden und Lieferanten in diesem Mix und integrierten sie als virtuelles Team für die nächste Ebene.

Im Herbst des folgenden Jahres (1998) hatten wir bereits mehr als 20 Prozent unseres Jahresumsatzes über www.dell.com erzielt. Unser Wettbewerb wusste nicht, was los war, und unsere Leute waren nicht zu bremsen. Statt sich zurückzulehnen, die Sachen zusammenzupacken und nach Hause zu gehen, waren sie voll motiviert, das nächste Ziel anzugehen.

Wenn Sie Strategien entwickeln, um Ihren Wettbewerb zu schlagen, halten Sie sich Ihre Stärken vor Augen. Dann drehen Sie etwas weiter an der Schraube. Setzen Sie ein klar formuliertes Ziel und bringen Sie Ihre Mitarbeiter dazu, dass sie hinter diesem Ziel stehen. Fordern Sie zu Fragen wie: »Was müssen wir ändern, um das zu tun?« auf. Lassen Sie Ihre Leute einen Schritt rückwärts gehen und außerhalb ihrer normalen Funktion darüber nachdenken. Die Mitarbeiter könnten Überlegungen anstellen wie: »Ich könnte das Ziel erreichen, wenn jemand in dieser Gruppe bestimmte Dinge ebenfalls etwas anders angehen würde.« In einem Geschäft, in dem es nur wenige fest verankerte Normen gibt, muss man einfach ein größeres Risiko eingehen. Das heißt jedoch nicht, dass man leichtsinnig werden sollte. Während unser Unternehmen immer größer wurde, wurden die von uns einzugehenden Risiken immer kleiner. Wir wussten einfach immer besser, welche Innovationen und Experimente uns zu unserem Erfolg gebracht hatten.

Das Experimentieren bringt Wettbewerbsvorteile. Wenn Sie erst einmal verstanden haben, wie Sie Ihre Leute zum Experimentieren ermuntern können, werden diese von ganz allein nach Verbesserungsmöglichkeiten suchen.

Laufen Sie dem Wettbewerb voraus

Manchmal ist ein guter Angriff die beste Verteidigung. Der große Eishockeyspieler Wayne Gretzky erklärte seinen Erfolg einmal damit, dass er nicht dahin gelaufen war, wo der Puck war, sondern dahin, wo der Puck landen würde. Wir versuchen, schnell und wachsam zu sein – sobald unsere Mitbewerber sich dahin bewegen müssen, wo wir bereits waren, sind wir schon wieder woanders: etwas kräftiger und strategischer für einen noch größeren Erfolg positioniert.

Um dahin zu kommen, wo der Puck landen wird, müssen Sie sich über Veränderungen der wichtigen Aspekte Gedanken machen: Veränderungen im Käuferverhalten, in der Technologie, im vorhandenen Wettbewerb, im potentiellen Wettbewerb und über die grundlegendste Änderung von allen: Ob das Geschäft anders aufgebaut werden kann. Im Technikbereich gibt es die Redewendung, dass das, was getan werden kann, getan wird. Wenn etwas verbessert werden kann, wird es immer jemanden geben, der einen Weg dafür findet. Egal, in welcher Branche Sie arbeiten.

Wir versuchen, diese Änderungen durchzuführen. Wir haben die Kunden motiviert, ihre Computer über das Internet zu kaufen. Und damit haben wir den Internet-Commerce in unserer Branche verändert. Wenn Dell diese Veränderung nicht vorgenommen hätte, wären wir für einen der Mitbewerber (der das Internet entsprechend genutzt hätte) angreifbar geworden.

In einer Welt, in der technologische Veränderungen immer schneller aufeinanderfolgen, hat der Kunde ein viel größeres Mitspracherecht bei der Definition zukünftiger Produkte. Durch das Internet ist das Vorhandensein einer spezifischen, physikalischen Anlaufstelle von immer geringerer Bedeutung und die Möglichkeit, alle Karten offen auf dem Tisch liegen zu sehen, gibt den Kunden die einzigartige Möglichkeit, Produkte und Preise umgehend zu prüfen und zu vergleichen. In einem derart transparenten Markt können die Aktivposten aus der Vergangenheit schnell zu Passivposten werden.

Sie müssen jederzeit auf die Elemente achten, die Veränderun-

gen der Wettbewerbslandschaft für Ihr Geschäft bewirken können. Erahnen Sie die Veränderungen, bevor sie eintreten.

Etwas Phantastisches passiert in Ihrem Geschäft, sobald die kritische Masse Ihrer Mitarbeiter diese grundlegenden Konzepte versteht und in der Lage ist, auf ihnen aufzubauen und sich schnell
anzupassen. Dabei muss immer mehr gelernt werden. Umfassendes Wissen und Erfahrung in Ihrem Unternehmen können einen
erheblichen Wettbewerbsvorteil in der neuen Ökonomie bringen.
Wie differenziert man, um wettbewerbsfähig zu bleiben?

- Denken Sie an den Verbraucher, nicht an den Mitbewerber. Letztere stehen für die Vergangenheit Ihrer Branche, die über die
  letzten Jahre von kollektiven Verhaltensweisen geprägt war. Die
  Kunden sind Ihre Zukunft und stehen für neue Chancen, Ideen
  und bedeutendes Wachstum.
- Arbeiten Sie an einem gesunden Sinn für Dringlichkeit und
  Entscheidungspunkte: Das heißt aber nicht, dass Sie nur noch
  Termindruck fabrizieren oder die Mitarbeiter so unter Stress
  setzen, dass diese schnell ausgebrannt sind. Setzen Sie die Latte
  nur etwas höher als normal, damit Ihre Leute aggressive Ziele
  durch eine konzentriertere Arbeit erreichen können.
- Kehren Sie die größte Stärke Ihres Mitbewerbers in Schwäche
  um: Fast jeder große Athlet hat eine Achillesferse – und so verhält es sich auch mit allen erfolgreichen Firmen. Studieren Sie
  das »Spiel« des Wettbewerbers: Entdecken Sie seine Schwach-
  stellen, indem Sie seine größte Stärke offenlegen.
- Seien Sie opportunistisch, aber auch schnell: Achten Sie auf die
  Chance, besonders wenn diese nicht offensichtlich ist. Kundenorientierung heißt nicht, dass Sie den Wettbewerb ignorieren
  können. Wenn Ihnen etwas, was der Mitbewerber tut oder nicht,
  heute eine Chance bietet, würden Sie das erkennen und sofort
  entsprechend reagieren können? Ein Wettbewerbsvorsprung
  kann heute täglich entschieden werden. Sie müssen schnell reagieren, bereit sein und dann Änderungen vornehmen – schnell.
- Holen Sie für Hits aus, nicht für Home Runs: Geschäft ist wie
  Baseball. Versuchen Sie, die höchste durchschnittliche Treffer-

rate zu erzielen, statt jedesmal zu versuchen, einen Home Run zu schlagen. Wenn Ihr Mitbewerber 300 schlägt, sollten Sie mit 350 oder 400 schlagen. Und seien Sie beruhigt, niemand schlägt mit 1 000. Sie sollten sich darauf konzentrieren, möglichst oft der Beste zu sein. Da es weder ein Grand-Slam-Produkt noch eine immerwährende Technologie gibt, muss Ihr Wettbewerbsvorsprung aus strategischer Umsetzung, besonderer Kenntnis der wirtschaftlichen Gegebenheiten innerhalb Ihres Geschäftsbereichs und über einen optimalen Informationsfluss in Ihrem Unternehmen erwachsen.

- Seien Sie der Jäger, nicht der Gejagte: Erfolg ist eine gefährliche Sache, da wir unbesiegbar und gleichzeitig auch verwundbar sind. Motivieren Sie Ihr Team permanent auf Wachstum des laufenden Geschäfts und das Erschließen und Akquirieren neuer Geschäftsbereiche. Obwohl Ihre Firma vielleicht Marktführer ist, sollten Sie Ihre Mitarbeiter nie so handeln lassen. Das führt zur Selbstzufriedenheit, und die wiederum tötet ab. Fordern Sie Ihre Leute zu folgender Einstellung auf: »Das ist gut. Es funktioniert. Wie können wir das jetzt einsetzen, um neue Geschäftsbereiche aufzutun?« Es gibt einen großen Unterschied zwischen dieser und der folgenden Frage: »Wie können wir unsere vorhandenen Pfründe verteidigen?«

Wenn Sie Dell mit den »Kanal-Mitbewerbern« – Groß- oder Einzelhändler, die an Unternehmen verkaufen – vergleichen, glauben wir, dass Sie diverse, ernst zu nehmende Wettbewerbsvorteile für Dell feststellen werden. Wir stellen unsere Produkte selber her, das heißt wir sprechen mit den wirklichen Technologieplanern innerhalb der Unternehmen und nicht nur mit einer Einkaufsabteilung. Unser Support ist im Vorteil. Wir können zu unseren Ingenieurteams gehen und um Änderungen oder bessere Informationen bitten.

Unser Geschäftsmodell gibt uns eine effizientere und gesündere wirtschaftliche Grundlage, was uns erlaubt, in anspruchsvolle Systeme, in optimalen Support sowie in die Einstellung und Ausbildung der besten Leute zu investieren.

Viele Wiederverkäufer haben zur Zeit große Probleme, da ihre Hersteller die Margen so sehr kürzen, dass es für diese Wiederverkäufer kaum eine Möglichkeit gibt, ausreichende Gewinne zu erzielen. Deshalb können sie auch keine Spitzenkräfte einstellen und diese entsprechend trainieren. Da die Wiederverkäufer so sehr von den indirekten Herstellern gepresst werden, können sie sich auch nicht geographisch ausweiten oder global mit uns in Konkurrenz treten. Wenn Sie sich umschauen, werden Sie feststellen, dass es keine global operierenden Wiederverkäufer gibt.

Der indirekte Kanal befindet sich im Angesicht unserer Offensive permanent in der Verteidigung.

Der ultimative Test für Dell wird die Frage sein, wie gut wir mit der jetzigen Änderung der Geschäftsmodelle unserer Mitbewerber zurechtkommen und gleichzeitig unser Direktmodell ausweiten und unser Wachstum fortsetzen. Wird der Wettbewerb das verbessern können, was der alles entscheidende Unterschied zu uns ist? Die Zeit wird diese Frage beantworten.

15

Setzen Sie auf Veränderungen in einer vernetzten Wirtschaft

Wo immer ich hingehe, ob ich nun Vorträge halte oder mit Kunden spreche, stellt man mir immer wieder Fragen über E-Commerce und die Zukunft unseres Geschäfts. Egal, um wen es sich handelt, die eine einfache Frage wird immer wieder gestellt: Was wird als Nächstes geschehen?

Die High-Tech-Industrie ist besonders bekannt für ihre Schnelllebigkeit – aber heute sind auch andere Branchen weit davon entfernt, immun zu sein. Der alles beherrschende Einsatz von Technologie in kleinen und großen Firmen und ein äußerst intensiver Informationsaustausch machen Veränderungen immer mehr zum entscheidenden Faktor für jeden Geschäftserfolg.

Veränderung steht nicht mehr für eine gelegentliche Notwendigkeit, auf weiterreichende Trends oder Brancheneinflüsse reagieren zu müssen. Sie ähnelt mehr dem chinesischen Zeichen für Krise, das sowohl für Gefahr als auch für Chance steht. Veränderung ist Möglichkeit. Veränderung ist außerdem konstant, direkt und temporär. Wenn sich Dinge erst einmal verändern, können Sie darauf wetten, dass sie sich erneut verändern werden.

Das Lernen, wie man auf konstante Veränderungen setzt, ist die nächste Grenze.

Finden Sie eine Chance im Zeitalter
der Ungewissheit

Bei Dell reden wir nie über »Managen von Veränderungen« oder »Umgang mit Veränderungen«, weil Veränderungen das sind, was uns allen vertraut ist. Der Umgang mit Veränderungen beinhaltet, dass Veränderung ein gelegentliches Ärgernis ist, mit dem man umgehen oder das man in den Griff bekommen kann. Doch das ist nicht der Fall. Der Schlüssel für Chancen im Zeitalter von Veränderungen ist, diese voll zu akzeptieren.

Viele Unternehmen fürchten sich nachweislich vor Veränderungen. Wenn man unterstellt, dass Dinge »so gut, wie sie sein können« sind, können Veränderungen nur als negativ und als gefährlich für den Status quo empfunden werden. Unternehmen wenden unzählig viele wertvolle Stunden und viel Geld für das Krisenmanagement auf, um Veränderungen in den Griff zu bekommen und/oder zu minimieren, ohne zu berücksichtigen, »dass die spezielle Sache, vor der sie sich fürchten, sich als das Beste herausstellen kann, was ihnen je zugestoßen ist.«

Wir tauchen kopfüber in Veränderungen ein. Teilweise, weil sie uns vertraut sind, und auch, weil sie heute eine zwingende Notwendigkeit sind. Wenn man direkt verkauft, gibt es keine Stelle, an der man sich vor Veränderungen verstecken kann. Und das sollte man auch nicht, denn Veränderung hilft beim Wachstum. Wir haben beispielsweise gesehen, dass unser Wille zur konstanten Durchsetzung und Anwendung unserer Direktstrategie uns die Möglichkeit gab, schneller zu wachsen als der Markt, in dem wir uns bewegen. Und je größer man wird, desto schwieriger wird es, die Mitarbeiter, die Infrastruktur und die Räumlichkeiten mit diesem Wachstum in Übereinstimmung zu bringen. Obwohl es alles andere als intuitiv erscheinen mag, wir verbringen viel Zeit für die Planung und die Vorbereitung für Veränderungen sowie das Ausrichten und das Motivieren von Mitarbeitern zu Veränderungen: Sie sollen nach vorne schauen und die sich bietenden Chancen erkennen.

Das Planen von und die klare Kommunikation über die Chancen einer Veränderung der Marktsituation oder der Kundenbedürfnisse ist der Weg, über den die Mitarbeiter die Veränderung ohne Befürchtungen annehmen. Sie können kooperativ an Veränderungen herangehen, das heißt jeder weiß, was er tun muss – Sie können ein gesundes Maß von Mehrdeutigkeit in Ihrem Unternehmen etablieren, sodass es wachsen und sich dynamisch entwickeln kann.

Das Umdenken, eindeutig auf Veränderungen zu setzen, bewirkt mehr als nur Wachstum für Ihr Geschäft. Wenn Mitarbeiter lernen, schneller auf Krisen zu antworten, werden sie auch ermuntert, mit viel mehr Vorstellungskraft nach neuen Chancen zu suchen. Und Sie selber haben viel größere Möglichkeiten, Veränderung als Wettbewerbsstrategie durchzusetzen.

Gehen Sie davon aus, dass Sie in einer flexiblen, dynamischen und sich schnell verändernden Umgebung leben – das ist die Norm und nicht die Ausnahme. Wenn Sie auf Veränderung setzen, müssen Sie verstehen, wie Sie mit ihr umgehen, mit ihr leben und aus ihr gewinnen können. Es gibt keinen anderen Weg.

Umgeben Sie sich mit der Power des Internets

Veränderung war früher einer dieser In-Begriffe im Geschäftsleben, so wie Kultur und Teamarbeit, über die Leute viel redeten, ohne recht zu wissen, worüber. Was hat sich verändert? Alles.

Nehmen Sie das Internet. Es ist einer der kraftvollsten Katalysatoren für die Veränderung der Geschäftswelt in diesem Jahrhundert. Mit Hilfe des Internets haben die Informationsmenge und die Geschwindigkeit, in der Informationen ausgetauscht werden können, dramatisch zugenommen. Dieser schnelle und zuverlässige Informationsfluss spart Zeit und Geld. Er verändert Unternehmensstrukturen, da papiergebundene Funktionen entfallen, organisatorische Ebenen eingeebnet und globale Operationen integriert werden.

Mit der Verfügbarkeit einer größeren Bandbreite zu geringeren

Kosten werden sich die EDV-Kosten dramatisch verringern. Das wiederum wird dramatische Veränderungen in der weltweiten Zusammenarbeit nach sich ziehen – von der Schnelligkeit, mit der die Wirtschaft funktioniert, über die Weise, wie die wirtschaftliche Zusammenarbeit organisiert ist, bis hin zu Verfahren, Gewinne zu erzielen oder Verluste zu machen. Das Internet wird die Art, wie wir ausgebildet und regiert werden, sowie unsere gesamte Lebensweise verändern.

Die Ökonomie wird hauptsächlich von den Kosten für Interaktionen und Transaktionen bestimmt. Mit anderen Worten, die Kosten, die ein Verbraucher aufzuwenden hat, um etwas zu kaufen, sind eine Funktion von Transaktionen sowie der Geschwindigkeit und der Effizienz, mit der Interaktionen vorgenommen werden. Mit der Informationsrevolution im Allgemeinen und dem Internet im Speziellen werden all diese Dinge in eine große Mischmaschine gefüllt und mit hoher Geschwindigkeit in eine völlig neue Sache umgewandelt.

Ich habe bereits darauf hingewiesen, dass der Wert einer Erfindung durch den Wert von Informationen ersetzt werden wird. Physikalische werden gegen intellektuelle Besitztümer gehandelt. Jede kleine Firma kann sich selber mit PCs ausrüsten, die mit dem Internet verbunden sind und über die man dann auf alle in einer großen Firma vorhandenen Instrumente zugreifen kann. Geschlossene Geschäftssysteme machen den Weg für sich ergänzende Geschäftsverbindungen frei und unterschiedliche Geschäftstätigkeiten sind stärker voneinander abhängig als jemals zuvor.

Früher waren es die proprietären, höchstpreisigen Technologien, die als Quelle für einen Wettbewerbsvorteil herhalten mussten. Aber in dem Maße, in dem die Informationsbranche immer erwachsener wird, und in dem Maße, in dem sich die Unternehmen dieser Branche voll entwickeln, wird eine Produktdifferenzierung – und davon gehe ich aus – zwar weiterhin wichtig, aber viel schwieriger zu bewerkstelligen sein. Sie wird der Prozessinnovation als fundamentale Quelle für Wettbewerbsvorteile den Weg freimachen.

Mit der Allgegenwärtigkeit des Internets kann Innovation nicht mehr in kleinen Schritten gemessen werden. Das Internet verwischt die traditionellen Grenzen zwischen Lieferant und Hersteller sowie zwischen Hersteller und Kunde. Es reduziert Zeit und Entfernung auf ein bisher nie für möglich gehaltenes Maß. Und während sich viele auf den Online-Commerce stürzen, glaube ich, dass der Einsatz des Internets als Verkaufskanal nur einen Teil des Netzes als unverzichtbare Erweiterung der Geschäftstätigkeit ist. Das wahre Potential des Internets liegt in seiner Möglichkeit, die Beziehungen innerhalb des traditionellen Lieferant-Verkäufer-Kunde-Kanals umzuwandeln.

Die Unternehmen, die diese Veränderungen nicht voll annehmen, werden mit einem Verkehrsunfall auf der Informationsautobahn enden.

Nehmen Sie die Chancen wahr, die Ihnen ein vorbereitetes Spielfeld bietet

Eine der phänomenalsten Entwicklungen im Internet ist die Art und Weise, wie das Spielfeld vorbereitet ist. Die Vorteile und Effekte sind unbegrenzt für große Firmen oder Firmen, die einen bestimmen Gewinn machen. Da das Internet nicht diskriminiert, gibt es aber auch unglaubliche Möglichkeiten für kleine Firmen, den Branchenführern Marktanteile abzunehmen.

Ich denke, wir werden eine neue Welle schneller Branchenveränderungen erleben – im Gegensatz zur relativ langsamen Weiterentwicklung zum Beispiel des Transportwesens, in dem es viele Jahre dauerte, bis man von der Eisenbahn auf das Flugzeug umstieg. Im Verlauf dieses Veränderungsprozesses wird man erleben, wie traditionell strukturierte Unternehmen ernsthaft von neuen, kleineren und effizienteren Newcomern herausgefordert werden – und diese Situation haben wir bereits jetzt.

Der logische, kosteneffektive Ausbau des Internets bedeutet, dass Marktanteile an die am effektivsten arbeitenden Firmen gehen – nicht an die größten oder reichsten Firmen. Unternehmen, die ihren Kunden den größten Gegenwert liefern können, werden einen größeren Gewinn bei weit geringeren Investitionen einfahren. Die Produktivität des von ihnen eingesetzten Kapitals wird im Vergleich zum traditionellen Modell signifikant verbessert, weil physische Aktiva durch den Besitz von Informationen ersetzt werden.

Da diese Informationen mit Höchstgeschwindigkeit transportiert werden, besitzen die Newcomer ein viel einfacheres und wirkungsvolleres System. Und das wird keine Frage sein von »Haben wir unsere physischen Aktivposten (Lagervorräte und Inventar) richtig vorausgeschätzt? Oder besser: Haben wir unsere Wetten abgeschlossen – auf die richtigen Positionen?« Als Ergebnis werden diese Geschäfte flexibler sein als traditionelle Unternehmen – besonders, wenn sie in große Märkte eintreten. Diese »neuen« Geschäfte werden in der Lage sein, für sehr lange Zeit mit sehr hohen Wachstumsraten operieren zu können.

Das Ganze passiert nicht von heute auf morgen und auch nicht in allen Produktfeldern, aber es wird passieren. Und niemand weiß genau, wie die Welt dann aussehen wird. Aber eine Vorschau auf das, was kommen wird, erhalten Sie, wenn Sie sich Dell und Amazon.com ansehen.

Durch eine frühe und aggressive »Vereinnahmung« des Internets haben beide Unternehmen die Wettbewerbslandschaft der jeweiligen Branchen mit einer völlig neuen Kostenstruktur und einer nie gekannten Effizienz verändert. Wenn diese neuen Ebenen zur Norm werden und nicht mehr die Ausnahme sind, werden Wettbewerbsvorteile durch Service, Personalisierung, Bequemlichkeit und einfache Interaktionen erzielt.

Unternehmen, die diese Herausforderung annehmen und meistern, werden schneller als der Branchendurchschnitt wachsen, mit stetigen jährlichen Umsatz- und Gewinnsteigerungen von mindestens 30 Prozent. Das ist ein Hyperwachstum – und ja, ich glaube fest daran, Sie können das in einer vernetzten Ökonomie tatsächlich auch erreichen.

Setzen Sie auf Hyperwachstum

Die vorherrschende Meinung ist, dass Hyperwachstum nicht über einen längeren Zeitraum beibehalten werden kann. Warum? Man vertritt die Ansicht, dass das Unternehmen entweder außer Kontrolle ist oder dass der zwangsläufige Rhythmus der Produktlebenszyklen das Wachstum verlangsamen wird.

Und wieder behaupte ich, dass diese traditionelle Weisheit falsch ist. Bei Dell leben wir mit dieser Wachstumsrate seit 15 Jahren – und mehr – wir werden damit auch die nächsten 15 Jahre leben. Durch die virtuelle Integration sowohl mit Kunden als auch mit Lieferanten konnten wir ein in höchstem Maße einschätzbares Geschäft aufbauen. Und wir werden unser Wachstum fortsetzen – fünfmal so groß wie der Branchendurchschnitt. Dieses Phänomen beobachten wir jetzt bei immer mehr Unternehmen. Es überrascht, denn viele von ihnen sind neue Firmen, die in internet-basierenden Branchen tätig sind, oder es handelt sich um Unternehmen, die das Internet als zentralen Teil in ihre Geschäftsstrategie integriert haben.

Wie aber behält ein Unternehmen wie Dell sein Wachstum bei? Und wie könnte Ihr Unternehmen ein Hyperwachstum erzielen?

Ihre ökonomischen Möglichkeiten müssen von einem überragenden Produkt oder einer Dienstleistung getragen werden. Und Sie müssen die grundlegenden wirtschaftlichen Voraussetzungen Ihrer Branche verstehen und wissen, wo Chancen vorhanden sind.

Wir haben die unserer Ansicht nach intelligenteste Art und Weise entwickelt, einen PC zu kaufen und zu besitzen. Außerdem fügten wir systematisch neue Geschäftsbereiche hinzu, die aufeinander aufbauen und sich wechselseitig (erfolgreich) beeinflussen. Das Desktop-Geschäft ist beispielsweise ein großes Geschäft, aber Sie können sich vorstellen, dass in dem Maße, wie sich ein Unternehmen auf andere Bereiche ausweitet, sich die Wachstumsrate dieses bestimmten Geschäftsbereichs in etwa auf den Branchendurchschnitt verlangsamt. Mit anderen Worten, Desktops alleine reichen nicht aus, um über einen langen Zeitraum als Triebkraft für Wachstum zu dienen. Weil wir jedoch erfolgreich eine Reihe anderer Geschäftsbereiche hinzugefügt haben – ob Produkte (wie Server und Workstations), Dienstleistungen (wie Leasing, DellPlus und Bestandsmanagement) oder Regionen (wie China oder Südamerika) – konnten wir in den letzten sechs Jahren unsere Wachstumsrate von über 50 Prozent halten.

Natürlich mussten wir unsere Infrastruktur ausbauen und entsprechend anpassen, um mit dem Wachstum Schritt halten zu können. Das Abwägen zwischen einer unterstützenden und gleichzeitig dem Wachstum angemessenen Infrastruktur ist eine der permanenten und schwierigsten Herausforderungen, mit denen ein schnell wachsendes Unternehmen konfrontiert wird.

Da aber eine Hyperwachstum-Firma relativ wenig Vergangenheit hat – unumstößliche Strategien oder seit langem etablierte Praktiken und Abläufe – wird sie bessere Chancen zur Improvisation wahrnehmen können. Hyperwachstum-Firmen sind im Grunde genommen Lernen-durch-Machen-Unternehmen. Ihr Überleben hängt von einer schnellen Anpassung ab. Da Ressourcen und Mitarbeiter knapp sind, gibt es keine exzessiv formalen oder überstrukturierten Systeme. Man sollte nur so viel Struktur haben, dass das Wachstum nicht außer Kontrolle gerät – aber wiederum nicht so viel, dass die Struktur die Möglichkeit einer schnellen Anpassung behindert.

Wenn ein junges, wachsendes Unternehmen ausreichend an seine Zukunft glaubt, wird es in die Managementfähigkeiten und Kontrollmöglichkeiten investieren, mit denen eine hohe Leistungskraft über viele Dekaden gewährleistet wird. Und weil auch Hyperwachstum nicht ewig währt – nichts dauert ewig und viele Faktoren können und werden ihren Einfluss ausüben – ist das die beste Generalprobe für Dekaden mit eindrucksvollem und zuverlässig gemanagtem Wachstum.

Integrieren Sie virtuell

Das Internet beschleunigt die Art und Weise, in der viele Firmen ihre Geschäfte abwickeln sowie den Wechsel vom traditionellen

Geschäftsmodell mit vertikaler Integration in eines mit virtueller Integration. Durch das Etablieren von Informationspartnerschaften mit Kunden und Lieferanten konnte Dell von einem straff organisierten Management des Lieferkanals profitieren, was normalerweise vertikal integrierten Firmen zugeschrieben wird. Gleichzeitig konnten wir uns auf unsere Kernkompetenzen konzentrieren, um die Geschwindigkeit und Flexibilität sicherzustellen, die für den Wettbewerb im Informationszeitalter erforderlich ist. Genau das verstehen wir unter virtueller Integration, die auf dem Wert von Informationen aufbaut – im Gegensatz zur vertikalen Information, die den Erwerb physischer Vermögenswerte als Grundlage hat.

Das Konzept der virtuellen Integration steht für eine natürliche Evolution unseres direkten Geschäftsmodells. Unser Unternehmen wurde mit der einfachen Prämisse gegründet, Computer direkt an die Kunden zu verkaufen. Dell verstand die Kundenwünsche schnell und erfüllte sie mit der effektivsten Computerlösung. Da wir unser Unternehmen mit sehr wenig Kapital starteten, mussten wir die von uns gelieferten Zusatznutzen sehr genau definieren. Statt zu versuchen, sämtliche Computerkomponenten selber herzustellen, vermieden wir dieses äußerst kapitalintensive Unterfangen und gingen Partnerschaften mit Lieferanten ein. Nur so konnten wir uns mit aller Kraft auf die Lieferung kundenorientierter Lösungen konzentrieren.

Das Kernziel der virtuellen Integration ist für uns die permanente Verbesserung der Kundenzufriedenheit. Unser Unternehmen war immer auf den Kunden ausgerichtet, aber wir glauben, dass wir uns noch steigern können. Durch die Entwicklung einer Art von »eindeutigem Blickpunkt« versuchen wir, die Dinge genauso wie unsere Kunden zu sehen, und können deshalb beginnen, die Zufriedenheit unserer Kunden dramatisch zu verbessern. In der Computerbranche reicht es nicht aus, den besten Service zu haben. Wir wollen weltweit zu den Unternehmen zählen, deren Service absolut führend ist, wie zum Beispiel Norstrom und FedEx. Deshalb schauen wir auch auf diese Firmen, um von ihnen zu lernen, und stellen konstant Fragen wie »Wie einfach ist es für einen

Kunden, die Auslieferung eines Pakets bei FedEx elektronisch nach-
zuverfolgen?« oder »Wie kundenfreundlich ist Norstrom?« Wir
wollen nicht nur mit Computerfirmen im Wettbewerb stehen, sondern mit all den Unternehmen, die für einen großartigen Kundenservice bekannt sind.

Es gibt kein Unternehmen, das allein aus sich heraus erfolgreich
ist. Wir benötigen Hilfe von unseren Partnern – den Intels, Micro-
softs, den Logistikfirmen, den Serviceorganisationen sowie den
Festplatten- und Monitorherstellern. Wir benötigen aber ebenso
Hilfe von allen unseren Mitarbeitern im Verkauf, im Service, in
der Herstellung, im Finanzbereich und in den vielen anderen Abteilungen und Gruppen. Die virtuelle Integration ist essenziell für
die Bereitstellung des optimalen Kundenservices, da es der wirklich integrierten Anstrengungen aller Firmen bedarf, mit denen
wir zusammenarbeiten.

Verknüpfen Sie Ihre Welt – elektronisch

Das Internet bietet die ultimative Erweiterung eines Netzwerks
mit Anwendern: Es verknüpft die ganze Welt elektronisch.

Vorbei sind die Zeiten, in denen man das Lager mit Komponenten füllte und hoffte, genau eingeschätzt zu haben, was und wie
viel die Kunden haben wollten. Die Einfachheit und Effizienz des
Einkaufs über das Internet reißt diese Grenzen nieder, weil es die
Möglichkeit bietet, den aktuellen Lagerbestand und die Kostenstruktur zu erfassen sowie festzustellen, in welchen Bereichen die
Gewinne zurückgehen.

Hersteller können ihre Lieferanten nicht mehr wie Anbieter behandeln, deren Preise man bis auf den letzten Pfennig drücken
kann. Auch können wir die Kunden nicht einfach als Markt für
Produkte und Dienstleistungen zu höchstmöglichen Preisen behandeln. Stattdessen müssen wir Lieferanten und Kunden wie Partner
und Verbündete behandeln – die gemeinsam nach Möglichkeiten
suchen, die Effizienz und den Gegenwert im *gesamten* Spektrum

der Wertschöpfung zu verbessern, nicht nur im ureigenen Geschäft. Auf diese Weise können wir engere und länger anhaltende Verbindungen eingehen, die zu gemeinsamer Effizienz, viel größerer Loyalität und einem längerfristigen Gegenwert für alle Beteiligten führen.

Bei Dell bemühen wir uns, eine Organisation aufzubauen, in der alle Funktionen integriert sind. Die Integration mit unseren Kunden, Mitarbeitern und Lieferanten ist schon in sich und für jede einzelne Gruppe gut. Das Modell entfaltet aber seine Stärke erst vollständig, wenn man alle drei integriert. Das ist die ultimative Kraft und das Versprechen des Direktverkaufs – und das Ganze wird angetrieben vom Internet. Um Erfolg zu haben, müssen Sie die Vorteile des Internets nutzen und Informationspartnerschaften mit Ihren Kunden und Lieferanten eingehen. Wenn Sie das nicht tun, werden Sie nicht überleben. Wenn Sie es tun, können Sie Teil der grundlegenden Veränderungen im globalen Wettbewerb sein und den Mehrwert neu definieren, den Sie Ihren Kunden und Aktionären bieten. Die Ergebnisse werden revolutionär sein.

Es folgen die Strategien, die zum großen Teil zu unserem Erfolg geführt haben. Wenn man auf diesen Strategien aufbaut, wird sowohl der Erfolg in der vernetzten Wirtschaft als auch der Erfolg für Ihr und unser Geschäft sichergestellt:

- Gehen Sie von Veränderungen aus – und planen Sie entsprechend. Sehen Sie Veränderungen nicht als eine potentielle Bedrohung oder als ein Problem an, sondern als eine Chance. Motivieren Sie Ihre Mitarbeiter, auf die Indikatoren von Veränderungen in Ihrem speziellen Geschäftsbereich zu achten. Erinnern Sie sich: Es ist kein Risiko, den Status quo beizubehalten, aber es gibt dann auch keinen Gewinn.

- Entdecken Sie das Internet. Das Internet ist die effektivste und einschneidendste Veränderung in der vernetzten Wirtschaft. Unabhängig von der Branche, in der Sie tätig sind, können Sie es sich nicht leisten, wie bisher weiterzumachen. Nutzen Sie das Internet, um traditionelle Grenzen zu sprengen – wenn Sie ein großes Unternehmen sind, kann es Ihnen helfen, direkter mit Ihren Mitarbeitern, Kunden und Lieferanten verbunden zu sein. Es kann Sie in die Lage versetzen, schneller zu arbeiten und sich mehr an die wogenden Wellen der Veränderung zu gewöhnen. Wenn Sie eine kleine Firma sind, verwischt das Internet den Unterschied zwischen Ihnen und den Großunternehmen, weil es die Kosten von Interaktionen und Transaktionen verringert und neue Wege der Kommunikation und des Wettbewerbs eröffnet.

- Ordnen Sie Ihre Prioritäten neu. Preis ist nicht der vorherrschende Faktor in der verbundenen Ökonomie. Da das Internet das Spielfeld für den Wettbewerb einebnet, sind Wettbewerbsstärken eher in der Ausführung zu finden. Vergrößern Sie für Ihre Kunden die Faktoren persönliche Bindung, die Bequemlichkeit und die einfache Interaktion.

- Setzen Sie auf Wachstum – wohl überlegt. Um eine Hyperwachstum-Firma zu werden, sind gleichermaßen Improvisation und Planung erforderlich. In der vernetzten Wirtschaft können Sie hohe Wachstumsraten erzielen *und* beibehalten.

- Integrieren Sie Ihr Geschäft – virtuell. Suchen Sie nach Wegen für virtuelle Partnerschaften, um überflüssige Schritte auszuschalten, die Effizienz zu steigern und um noch besser auf die Kundenwünsche eingehen zu können. Versuchen Sie, der Beste auf der Welt und nicht nur der Beste in Ihrem Geschäftsbereich zu sein.

Zusammenfassung

Dell hat bislang sehr viel Erfolg gehabt. Ich sehe das gern als guten Start an. Unsere Aktien sind in den letzten zehn Jahren um mehr als 36 000 Prozent gestiegen. In derselben Zeit steigerten wir unseren Jahresumsatz von 159 Millionen auf 18 Milliarden Dollar.

Deshalb ist es ganz natürlich, wenn ich gefragt werde, wann Dell das Tempo verlangsamen oder wann der PC-Markt gesättigt sein wird.

Ich bin der festen Meinung, das wir einer Branche angehören, die sich schnell zur größten auf der Welt entwickeln wird. Die Anwendungs- und die Sättigungsrate für PCs ist noch sehr niedrig – verglichen mit der Größe der Weltbevölkerung. Wenn man berücksichtigt, wie sich Fernsehgeräte, Taschenrechner oder selbst Telefonapparate durchgesetzt haben und Millionen von Geschäften sowie Milliarden von Haushalten infiltriert haben, glaube ich, dass im Laufe der Zeit das Gleiche auch mit PCs passieren wird. Der Markt für Personal Computer und damit zusammenhängende Produkte und Dienstleistungen wird in den nächsten zehn oder zwanzig Jahren gewaltig wachsen und die Weltwirtschaft noch viel stärker beeinflussen, als das heute der Fall ist.

Ich weiß, dass kein Unternehmen für immer ein jährliches Wachstum von über 50 Prozent erzielen kann. Dennoch glaube ich, dass Dell unwahrscheinliche Möglichkeiten hat, noch für lange Zeit schneller als die Branche zu wachsen. Warum?

Unser Unternehmen besitzt erst einen Marktanteil von neun Prozent. Wenn wir einen Marktanteil von 50 Prozent hätten – wie Coca-Cola – würde ich mir etwas mehr Gedanken darüber machen, ob unsere Wachstumsrate auf den Branchendurchschnitt zurückfallen könnte. Und obwohl wir bereits in einigen Märkten die Nr. 1 sind, entsprechen neun Prozent in keinster Weise den sich uns bietenden Möglichkeiten – besonders wenn wir weiterhin neue Regionen, neue Produkte, neue Kundensegmente, neue Dienstleistungen und – am wichtigsten – ein noch besseres Eingehen auf die Kundenwünsche hinzufügen. Selbst unsere klassischen Geschäftsbereiche wachsen noch immer deutlich schneller als der Branchendurchschnitt.

Wir haben einen strukturellen wirtschaftlichen Vorteil und noch viele, bislang ungenutzte Möglichkeiten. Stellen Sie sich die vielen Geschäftätigkeiten vor, die wir noch hinzufügen könnten. Bei den Produkten sind es Desktops, Notebooks, Server, Speicher und vieles andere mehr. Bei den Regionen sind es die Vereinigten Staaten, Europa, Japan, Asien und Südamerika. Und denken Sie an die Strategien, die unser Wachstum erzeugt haben: auftragsbezogene Fertigung, Segmentierung, Internet und individuelle Kundenansprache.

Ich glaube, dass wir das richtige Geschäftsmodell für das Internet-Zeitalter haben. Wir nehmen eine signifikante Führungsrolle im direkten Umgang mit Kunden und Lieferanten ein, was sich noch stärker als unschätzbarer Vorteil herausstellen wird, wenn sich die Märkte von der indirekten zur direkten Distribution hin verschieben und wenn unsere Mitbewerber toben, weil sie nicht mehr mithalten können. Vielleicht am wichtigsten ist, dass wir eine Partnerschaft aus Vertrauen und Kommunikation zwischen unseren wichtigsten Verbündeten aufgebaut haben: unseren Mitarbeitern, Kunden und Lieferanten. Gemeinsam blicken wir in eine Zukunft mit einem gesunden Sinn für Abenteuer, der Bereitschaft zum Lernen und dem Willen, die Veränderungen in einer sich im permanenten Umbruch befindlichen Branche anzunehmen.

Nein, es gibt kein Unternehmen, das auf alle Ewigkeit in allem perfekt ist. Der wirkliche Schlüssel für unseren Erfolg liegt in uns selber. Wir kennen unsere Stärken und sind bereit für Experimente. Wir wollen aus unseren Fehlern lernen und suchen nach Wegen, um uns permanent zu verbessern. Wir stellen althergebrachte Regeln in Frage und haben den Mut, unseren Überzeugungen zu folgen. Und wir sind immer begeistert, wenn wir unnötige Schritte vermeiden können.

Das sind die wirklichen Wurzeln unserer Strategien, die uns – und Ihnen – weiterhin helfen sollten, die Industrie in der noch vor uns liegenden Zeit zu revolutionieren.

Kundenauftragsbezogene Fertigung bei Dell

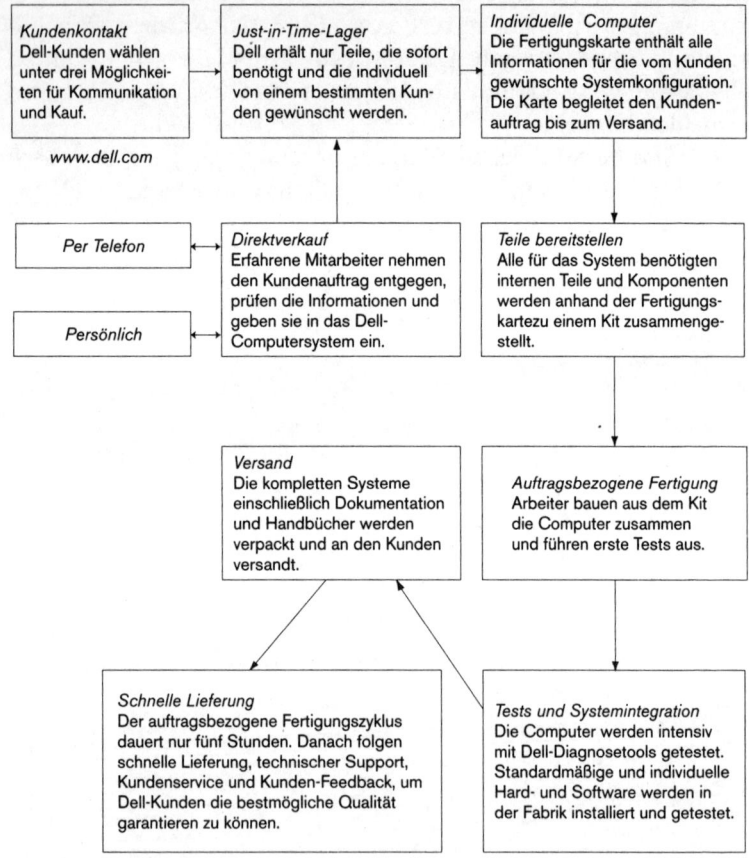

Kundenkontakt
Dell-Kunden wählen unter drei Möglichkeiten für Kommunikation und Kauf.

www.dell.com

Just-in-Time-Lager
Dell erhält nur Teile, die sofort benötigt und die individuell von einem bestimmten Kunden gewünscht werden.

Individuelle Computer
Die Fertigungskarte enthält alle Informationen für die vom Kunden gewünschte Systemkonfiguration. Die Karte begleitet den Kundenauftrag bis zum Versand.

Per Telefon

Persönlich

Direktverkauf
Erfahrene Mitarbeiter nehmen den Kundenauftrag entgegen, prüfen die Informationen und geben sie in das Dell-Computersystem ein.

Teile bereitstellen
Alle für das System benötigten internen Teile und Komponenten werden anhand der Fertigungskartezu einem Kit zusammengestellt.

Versand
Die kompletten Systeme einschließlich Dokumentation und Handbücher werden verpackt und an den Kunden versandt.

Auftragsbezogene Fertigung
Arbeiter bauen aus dem Kit die Computer zusammen und führen erste Tests aus.

Schnelle Lieferung
Der auftragsbezogene Fertigungszyklus dauert nur fünf Stunden. Danach folgen schnelle Lieferung, technischer Support, Kundenservice und Kunden-Feedback, um Dell-Kunden die bestmögliche Qualität garantieren zu können.

Tests und Systemintegration
Die Computer werden intensiv mit Dell-Diagnosetools getestet. Standardmäßige und individuelle Hard- und Software werden in der Fabrik installiert und getestet.

Danksagung

Ich möchte allen Freunden für die ständige Unterstützung und die vielen Anregungen sowohl in guten als auch in schlechten Zeiten danken. Ohne sie wäre der in diesem Buch beschriebene Aufstieg von Dell nicht möglich gewesen. Der Dank geht an:

Unsere Kunden, die eine immer während Quelle für neue Anregungen und Erfahrungen sind. Sie haben uns die vielen Hinweise und das Feedback gegeben, die Grundlage unseres Erfolgs sind.

Meine Eltern, die mir Wissbegierde und den Drang nach vorn in die Wiege gelegt haben – zwei Eigenschaften, mit denen ich immer gut gefahren bin. Ich danke ihnen für ihr Verständnis für einen Sohn, der einen ungewöhnlichen Weg wählte.

Die Männer und Frauen der Dell Computer Corporation, die täglich beweisen, dass Innovation und Begeisterung für ein gutes Unternehmen stehen und es groß machen. Ganz besonders möchte ich meinen Kollegen in der Geschäftsführung danken, mit denen das Abenteuer, ein großes Unternehmen zu leiten, zur täglichen Freude wird, und die weiterhin meine Einstellungen beeinflussen werden.

Die drei Damen, mit denen ich bei diesem Projekt eng zusammengearbeitet habe: Catherine Fredman, meine kreative Partnerin, die mit ihren Recherchen und sondierenden Fragen dieses Projekt ins Leben rief und mir dabei half, meine Gedanken verständlich zu Papier zu bringen; meine Lektorin Laureen (»Sie müssen dieses Buch schreiben!«) sowie Michele Moore bei Dell, die wie bei so vielen anderen Projekten im Lauf der Jahre auch für dieses unentbehrlich war. Dank aber auch an Rowland, der mir unschätzbar geholfen hat und alle Hebel bei HarperCollins in Bewegung gesetzt hat.

Schließlich möchte ich meiner wundervollen Frau Susan für ihre nie endende Unterstützung, Begeisterung, Liebe und ihre ungeheuer positive Einstellung danken. Ich hätte keine bessere Lebenspartnerin finden können.

Michael Dell
Round Rock, Texas
Februar 1999

Zeitplan

1980
Als Auftakt einer Symphonie des Erfolgs kauft Michael Dell seinen ersten Computer – einen Apple II – und nimmt ihn sofort auseinander, um das Design und die Bauweise zu erforschen.

1983
Mit keinem geringeren Ziel, als IBM zu überrunden, führt der junge Michael Dell ein lukratives Geschäft in seiner Mansarde der Universität von Texas und verkauft aufgerüstete PCs und Zusatzkomponenten.

1984
Mit 1 000 Dollar Startkapital in der Tasche lässt Michael sein Geschäft als Dell Computer Corporation registrieren, macht seine Geschäfte unter PCs Limited und verlässt die Schule im Mai des Jahres. Seine Firma ist die Erste in der Branche, die individuell hergestellte Computer direkt an den Endanwender verkauft. Sie umgeht das vorherrschende System der Wiederverkäufer.

1986
Dell stellt auf der nationalen Computermesse, der Frühjahrs-Comdex, den schnellsten Rechner am Markt vor: Ein 12 MHz-System mit einem 286-Prozessor. Das System findet größte Aufmerksamkeit in der Computerpresse.

Das Unternehmen bietet als Erstes in der Branche eine 30-Tage-Geld-zurück-Garantie. Weitreichende Dienstleistungen und eine überragende Kundenzufriedenheit werden zum Credo des jungen Unternehmens. Als Erster in der Branche offeriert Dell den Vor-Ort-Service.

1987

Das gerade flügge gewordene Unternehmen gründet kühn die erste ausländische Niederlassung in Großbritannien. In den folgenden vier Jahren werden noch elf weitere Länder folgen.

1988

Dell geht mit Aktien für 30 Millionen Dollar an die Börse und erhält vom Kapitalmarkt 85 Millionen Dollar – und das mit einem einstigen Startkapital von gerade 1 000 Dollar.

1989

Das schnell wachsende Unternehmen hat die ersten großen Probleme: Zu viele Speicherchips blockieren das Lager. Sie müssen abgeschrieben werden und das zu ehrgeizige Produktentwicklungsprogramm mit dem Kodenamen »Olympic« muss ebenfalls gestrichen werden.

1990

Dell wird das erste Computerunternehmen, das seine Computer über Endverbraucher-Großmärkte wie CompUSA und Best Buy anbietet. Später wird Dell ebenfalls als erstes Computerunternehmen dieses Marktsegment wieder aufgeben, nachdem man herausgefunden hat, dass dieses Wiederverkäufer-Modell die finanziellen Erwartungen nicht erfüllen kann.

1991

Eine Umstellung der gesamten Produktlinie auf die neuen, leistungsstarken Intel-486-Prozessoren stellt sicher, dass Dell seinen Kunden die aktuellste Technologie liefern kann.

1992

Für das Ende Januar 1993 abgeschlossene Fiskaljahr erzielt Dell etwas mehr als 2 Milliarden Dollar Umsatz mit einer bemerkenswerten Steigerung von 127 Prozent.

1993

Ausgehend von den Problemen, die durch das extrem schnelle Wachstum verursacht wurden, stoppt Dell einen zweiten Börsengang und verzeichnet den ersten – und bisher einzigen – Quartalsverlust. Die Gründe liegen im zeitweisen Rückzug aus dem Notebook-Markt, in der Aufgabe der Händlerschiene und der Neustrukturierung der europäischen Operationen.

»Liquidität, Rentabilität und Wachstum« lautet das Firmencredo. Es steht für das neue Denken: Nicht nur ausschließlich Wachstum, sondern ausgewogene parallele Prioritäten. Die Zeitschrift *Upside* bezeichnet Michael Dell als »Tournaround-Chef des Jahres«.

1994

Nach der Lücke, die der zeitweilige Rückzug aus dem Notebook-Geschäft gerissen hat, meldet sich Dell mit den neuen Latitude-Notebooks zurück, die eine rekordbrechende Akkubetriebszeit haben.

Dell startet in der Region Asien-Pazifik durch, nachdem bereits Dell Japan gegründet worden ist – die am schnellsten wachsende Niederlassung in der Unternehmensgeschichte.

1996

Dell greift mit der Einführung der PowerEdge-Serverlinie den traditionellen Markt der hochpreisigen Server mit proprietärer, also urheberrechtlich geschützter Technologie an. In weniger als zwei Jahren katapultiert PowerEdge das Unternehmen Dell vom 10. Platz bei den Marktanteilen auf die Position des weltweit drittgrößten Anbieters.

Der leise Einstieg von Dell in den Computerverkauf über das

Internet wird schnell zu einer öffentlichen Revolution, als Dell einen Tagesumsatz von einer Million Dollar über www.dell.com bekannt gibt. Im selben Jahr führt Dell die ersten individuellen Web-Links für Kunden ein. Diese »Premier Pages« verbinden die Kunden direkt mit den Service- und Supportdatenbanken von Dell.

1998

Dell festigt die führende Rolle im Internet-Verkauf mit einem Tagesumsatz von 12 Millionen Dollar. Die »Premier Pages« stehen nun über 9.000 Kunden zur Verfügung. Gleichzeitig werden die Lieferanten über das Web mit Dell verknüpft, was den Austausch von Lager- und Qualitätsinformationen erheblich beschleunigt.

Dell eröffnet ein integriertes Verkaufs-, Herstellungs- und Supportzentrum in China.

Register

Nathaniel Branden
Die 6 Säulen des Selbstwertgefühls
Erfolgreich und zufrieden durch ein starkes Selbst. Aus dem Amerikanischen von Anni Pott. 355 Seiten. Serie Piper

Ein stabiles Selbstwertgefühl und positive Ausstrahlung sind entscheidende Voraussetzungen für privaten und beruflichen Erfolg. Die Selbstwahrnehmung der eigenen Stärken und Schwächen beeinflußt tatsächlich jeden Moment der persönlichen Existenz. Leider ist man sich jedoch selbst am meisten im Weg und verhindert dadurch Zufriedenheit und Erfolg. Wer den Weg zu einem gesunden Selbstwertgefühl sucht, findet den Schlüssel dazu in diesem Buch. Nathaniel Branden stellt die Grundprinzipien vor, die zu innerer Stärke, Gleichgewicht und Harmonie führen. Anhand vieler Beispiele und Übungen zeigt der Erfinder des modernen Begriffs des Selbstwertgefühls, wie Sie dies in Ihrem eigenen Leben umsetzen können.

Uwe Scheler
Erfolgsfaktor Networking
278 Seiten. Serie Piper

»Beziehungen schaden nur dem, der keine hat.« Wer dagegen die richtigen Leute kennt und von ihnen geschätzt wird, profitiert in allen Lebensbereichen davon. Wenn Sie also noch nicht über Ihr persönliches Netzwerk verfügen, sollten Sie schnellstmöglich damit beginnen, es aufzubauen. Mit Netzen fängt man nicht nur Fische. Networking ist ein methodisches und systematisches Vorgehen, Kontakte zu knüpfen, Beziehungen zu pflegen und längerfristig zu gestalten. Networking beruht auf Gegenseitigkeit – was ein Vorteil für den anderen ist, hat auch immer gute Folgen für einen selbst. Networking heißt Interesse an anderen Menschen haben und Kontakte sowie Begegnungen aktiv herbeiführen. Ob es um einen Tip, eine Information oder um Hilfestellungen geht: Wer über ein funktionierendes Netzwerk verfügt, kommt schneller ans Ziel – beruflich wie privat.

SERIE PIPER

05/1209/01/L   05/1207/01/R